JN071999

「ひきこもり当事者」の社会学

当事者研究×生きづらさ×当事者活動

伊藤康貴

晃洋書房

目　　次

はじめに

1 本書の問題意識と研究動機

「伊藤さんって，ふだんなに考えてるか分からへんよね」

　冒頭からやや唐突な印象を読者諸氏には与えてしまったかもしれないが，この言葉は，ひきこもった経験のある最も親しい人から，二人で会話していた時にたびたび私に対して投げかけられた何気ない言葉の一つである．お互い出会ってから随分と年月が経ち，一緒に活動もしていたため，それなりにお互いのことを話し合ったつもりであるが，ずっと，「伊藤さんていつも何してる人なんやろ」というのがその人の疑問であったそうだ.

　このような問いかけに対して，私自身すんなりとした答えを口にすることは，正直いまでも難しい．自分自身のことについて，とてもひとことでは言い表すことができないようなもどかしさが，私自身のなかにべったりと貼り付いている．なるほど，大学に在籍して「ひきこもり」のことを研究しているのだから，端的にそのことを伝えればよいと思う人も，読者諸氏のなかにはいらっしゃるだろう．しかし，そう口にしてしまったとたんにこぼれ落ちてしまう事柄はことのほか多く，一方でそういった事柄が，研究においても，また私自身の人生においても極めて重要な位置を占めていることは強く実感していた.

　結局のところその時は，自身のかつての経験や，今やっている調査テーマなどをぐだぐだと説明することになるのだが，私自身の口下手も手伝って，とうてい相手を納得させるだけの言葉を紡ぎだせた試しがなかった.

　本書でも示すように，私にはかつてひきこもっていた時期があった．高校時代に不登校を経験し，その後「ひきこもり」の状態も数年経験し，その後に高校や大学，大学院に通い出していても，何らかの生きづらい経験を抱えた生活がずっと継続していた．「ひきこもり」のフィールドに入りだしたのも，それが研究上必要という側面もあったが，私自身の人生においてそれが必要だったという側面もある.

　しかし，研究は研究，自分の生活は生活と，自分自身の立場や経験を切り分けることに対しては，正直「どうなん？」と自問自答することが多くあった．いやむしろ，切り分けることは不可能だったということが正解かもしれない．自分自身にメスを入れない研究は，自分自身を知ることも，自分自身をよくすることにもつながらない．そんな直感があったのだと思う．

　自分のつらい経験を糧に研究するということは，はっきり言って大変なことである．傷ついた過去の経験に触れることを繰り返すという意味では，自傷行為に等しいというふうにとらえる向きもあるかもしれない．一方で，自分の経験を言葉にすることが持つ効用もあろう．経験を整理し，それを社会を捉え返す武器とすることで，経験それ自体の意味をも変化させることができるのではないか．

　この両義的な思いつきで，私は，「ひきこもり」をめぐって様々に展開されている当事者活動（居場所や自助グループ，社会運動など）に参入し，そこで私と同様にかつてひきこもった経験があり，かつ「ひきこもり」を自己定義の語彙として用いている人々（以下，「ひきこもり当事者」とする）[1]と出会うことになった．それから10年，私は，彼らとともに活動し，語り，ときには怒り，ときには涙し，飲み会ではよく笑いあっていた．

　そんな中で飛び出した言葉が，冒頭の言葉であり，そんな言葉にまともに返答できない私の間抜けな姿であった．

　本書は，そんな間抜けな私が，少しでも間抜けでなくなるよう，自分が何者であるかを整理し，相手に伝え，それが社会といかに関連しているのかを説明しようとしたものである．

　本書では，私自身の問題経験を出発点に，フィールドワークを通して出会った人々との問題経験と対話しながら，「ひきこもり」という現象を社会学的にどのように理解できうるのかを問おうとしているが，その際に自身の経験を起点とし，自己と社会を交錯させることを意識している．ゆえに本書は，社会的なものの探求であると同時に，自己を探求するものとしても捉えられると思う．

　この自己探求として，私がまず行ったことは，私自身のこれまでの生活史（自分史）の整理である．そのために私は，卒業論文（とその補足）で自分が生まれてこの方までの自分史を書いた（伊藤康貴 2010→本書第Ⅱ部，伊藤康貴 2011）．自分史を書こうと思ったきっかけは，中野卓の『「学徒出陣」前後──ある従軍学生のみた戦争』(1992)に触れたことが大きい．リジットな学術論文風でもなく，

また何らかのカテゴリーを対象に当てはめたうえで外在的に分析していくのでもなく，書き手自身の生活史的経験を時系列で淡々と書き綴っていく中野の作風に触発され，私は，当時，自身のごちゃごちゃした経験を歴史的かつ物語的に整理し，私に対して一定の納得をもたらそうとしたわけである．

　一方で，自身の経験を社会的・歴史的文脈に位置づける作業は，卒論では十分に達成できなかった．それは，当時の問題把握の仕方それ自体が，これまでの「ひきこもり」研究によって産出された言説に引っ張られてしまい，障害の個人モデルのように，個人の課題解決の水準にとどまってしまったからである．例えば，「ひきこもり」を精神保健福祉の問題として把握して精神科受診の敷居を下げたほうが良いというような言論を，自分史のパートに続く卒論の考察パート²⁾で展開していたが，今思えばそれは，医療化のもとで個人的に問題解決を目指すことが強調されるばかりで，そもそもの「生きづらさ」がどのような社会的・歴史的文脈のもとで成立しているのかが不問にされていた．少なくとも当時は，就労問題にせよ対人関係の問題にせよ，どこかに就職すれば，だれかと付き合えば，問題は解決するという志向が「ひきこもり」の研究をめぐっては支配的な言説であった．私は当時，その言説のもつ引力に引っ張られていたわけである．

　しかし，社会学的な関心としては，そもそもなぜ「ひきこもり」のような問題が社会的に成立し，人々がどのように問題に向けて引きつけられているのかを知らなければ，社会的に流通している言説を私なりに評価できず，したがって私がどのように生きればいいのか納得したかたちで自分や他人に示せないという問題に，当時の私はぶち当たったわけである．大学院に入ってから以降の研究作業は，この納得を得るための作業だったといってもいいだろう．

　私自身の問いに目を向けることは，問いを私自身に完結させることを意味しない．私の問題は他者の問題と連関しており，それが社会的な「生きづらさ」として現象している．その連関の仕方を見極めるために，私は他の「ひきこもり当事者」との対話を，フィールドワークを通して実践し，社会学的な想像力を働かせ，まとめられていったのが本書ということになる．本書において私は，他の当事者の視点を私の研究に呼び込み，対話することで，私自身の経験を相対化しようとしている．そしてその自身の経験を起点に，フィールドワークと社会学的な知識や捉え方とを結び付けたうえで「ひきこもり」を考えようとしている．

　以下，本章の第2節では，本書がとる「当事者の視点」からの社会学的アプローチを検討し，本書の方法論的特徴を浮き彫りにしたい．続く第3節では，本書第Ⅲ部および第Ⅳ部の調査研究において行った調査概要と本書の分析視角，および調査倫理への配慮について明示する．第4節においては，本書における各章の概要を紹介しつつ，本書の構成と記述スタイルについて述べたいと思う．

2　「当事者」という地点から「ひきこもり」と社会を問う

2.1　当事者への／からのアプローチの必要性

　ここで，「ひきこもり」の実態調査について触れつつ，当事者への／からのアプローチの重要性を確認しておこう．2010年7月，内閣府は「若者の意識に関する調査（ひきこもりに関する実態調査）」（内閣府 2010）を公表した．「『ひきこもり』に該当する子ども・若者がどの程度存在し，どのような支援を必要としているのかを把握することで，地域支援ネットワークの形成を促進するための基礎資料とする」ことを目的としたこの統計調査において，「ひきこもり群」とされた人々は有効回収数の1.79％であり，全国においては約69.6万人の「ひきこもり群」とされる人々が存在すると推計された．またこの調査においては，実際には「ひきこもり」ではないが，ひきこもっている人々の気持ちがわかるとか，自分でもひきこもりたいと思ったことがあると回答した人々を「ひきこもり親和群」と設定したが，そのような人々は有効回収数の3.99％であり，全国で約155万人が存在すると推計された．

　確かに，「ひきこもり」であることが社会的な問題とされ，かつ「ひきこもり」に対する支援が必要とされるとき，支援の対象となる当の「ひきこもり」を（潜在的なものも含め）数（人口）として把握し，名付けられた社会的カテゴリ（群）として特定していくための調査は，必要な営みであろう．とくに，内閣府が実施した全国の人々を対象にした統計調査は，「ひきこもり」に関する実態を統計学的な手続きにのっとって網羅的に把握することを試みている点おいて実証的であり，この調査において提示された数値は，「ひきこもり」を政策課題として設定するための説得的な材料となり，また支援のデザインを構築する上での重要な基礎資料となろう．「ひきこもり」の統計的な把握は，「政策」や「支援」という文脈においては，確かな意義を持っていると考えられるの

ある.

　しかしながら, ひとくちに「ひきこもり」という言葉で括ってしまっても, そのあり方は多様である. 先述した内閣府による調査においても,「ひきこもり群」とされた約69.6万人のうち,「自室からほとんど出ない」あるいは「自室からは出るが, 家からは出ない」,「ふだんは家にいるが, 近所のコンビニなどには出かけられる」といった「狭義のひきこもり」とされる人々は約23.6万人と推計される一方で,「ふだんは家にいるが, 自分の趣味に関する用事のときだけ外出する」という「準ひきこもり」とされる人々は約46万人と推計されている.「ひきこもり群」とされる人々のうち, 66.1％の人々は, ふだんは家にいながらも, 自分の趣味に関する用事のときには外出可能であり,「ひきこもり」として一般にイメージされているであろう「家から出ない」という人々(「自室からほとんど出ない」,「自室からは出るが, 家からは出ない」)は,「ひきこもり群」のなかでも11.9％に留まっている. また,「ひきこもり群」のうちで「無職」と答えた人々は67.8％である一方で,「学生」と答えた人々は16.9％,「正社員」もしくは「契約社員」,「派遣社員」,「パート・アルバイト」として「勤めている」と答えた人々はあわせて13.6％, また「家事手伝いをしている」と答えた人々は1.7％である.「無職」と答えた人々のなかでも, 75％の人々は「いままでに働いた経験がある」と答えており, かつ40％の人々は「現在就職活動をしている」と答えている. このように, 質問紙における調査においても,「ひきこもり」とされる人々の実態は多様であることが垣間見られる. つまりは「ひきこもり」といっても, その当事者のあり方は, 一枚岩の定義に収まり切るものではないと考えられるのである.

　質問紙調査は, こうした「ひきこもり」の多様さを垣間見せてくれるわけだが, 個々の当事者のあり様を深く描くには限界がある. とくに, 標準化された質問項目を選択させるだけの調査の場合においては, 調査する側が想定もしていなかったであろう多様な当事者の個人史的側面, および彼らの生活の質的側面を描くことは難しい. やはり, このような当事者らに向き合いつつ, 質問紙による大量調査だけでは見えてこない個々の「ひきこもり」の内実を理解しようと努めるときには, かつて社会学者中野卓も言及したようにライフ・ヒストリー調査による当事者へのアプローチが要請されるのではないだろうか.

　中野は「特定個人のモノグラフ的研究を通して——もとより多様な個々人の事例を積み重ねながら——そうした人間個人から全体社会へ接近する試み」の

重要性を説き，「大量調査では捉えられないものを捉えたいという考え」から，「社会的存在である人間個人というものについて，ライフ・ヒストリーを聴くことによって，いったいどこまで知ることができるかという理論的で実証的な関心に基づく（中略）探索的な研究」を志向する（中野［1981］2003）．「ひきこもり」の当事者の語りにアプローチした社会学者の石川良子もまた，

> 問題は若者の意識ではなく社会構造にこそあるという認識，そのために現行の制度を改善していくべきだという主張は非常に重要である．だが，他方で社会構造が個人の意識を深く規定していることを考えれば，たったいま個々の若者が何を思い，どのような困難を抱え，そのただなかを生きているのかということも把握しなければならない．若者が求めているものを明らかにし，そのうえで望ましい社会とは一体いかなるものか構想していく必要があるだろう．（石川良子 2007：9）

と述べ，当事者の語りから，人々が日常を生きている全体社会や社会構造へとアプローチしようと試みているからである．

2.2　社会的問題として「ひきこもり」を問う視点

また石川良子は，「ひきこもり」を〈実存的問題〉であると主張する．つまり「ひきこもり」は，実存的な〈疑問〉にともなう様々な意味を問いながら，社会との接点を模索しつつ，自分なりの納得した答えを得るという試行錯誤の過程であり，生きていくことへの〈意思〉を確認する内面的プロセスであるということである．ここからは，「ひきこもり」当事者の経験に，ある種の積極的な意義を認めようとする石川良子の姿勢が伺えよう．

一方で，石川良子が示す当事者像は，あくまで自助グループという場に参与して，「自己を語るための語彙」として「ひきこもり」という言葉を引き受けた人々である．またそこへ至るまでの過程は，石川良子が提示する当事者の語りでも示されているように，「混乱」したものであった．

自助グループなどの支援機関に参与していない／できない，長い年月を混乱した状況のなかで生活している「ひきこもり」の人々，あるいはそのような人々を掬い取ろうとする支援者・専門家の立場からすれば，石川良子の主張に対しては多少の違和感を抱くかもしれない．石川良子の提示する「ひきこもり」を〈実存的問題〉と捉える認識枠組みは，自らの経験を語りえない（語りたくない）

当事者が置き去りにされやすいような認識枠組みであると同時に，当事者やその家族が内在する経済的・時間的に多大な負担を，等閑視しているとみなされやすいからである．

　社会学者の井出草平は，実証的な調査によりながら，いま現在「ひきこもり」の渦中にある人々のニーズを捉えて，支援サービスの制度的構築を急ぐべきだと訴えるが（井出 2009），そこには，「ひきこもり」の現状（例えば，当事者や親の高齢化，ひきこもっている期間の長期化など）を社会的に解決すべき「問題」と捉える視点が存在する（井出 2007）．このように，社会政策的に解決すべき社会問題として「ひきこもり」を捉えることも必要なことではあるだろう．「ひきこもり」には「社会サービスが不在」しているという議論（樋口 2008）を鑑みれば，何らかの課題を抱えた当事者が，自身の課題の解決のために自助グループなどの支援施設の社会的資源にアクセスする際に，そのような支援環境が整備されているという状況がつくり出されているということは，同時に当事者が個々の課題を解決しやすい状況がつくり出されているということでもある．「ひきこもり」を政策的課題に載せ，解決すべき社会問題として取り扱う意義はここにあると思われる．先述した統計調査は，まさにこの文脈においてなされたものであり，そこには「ひきこもり」という社会問題を早急に解決すべきという姿勢が伺えるのである．

2.3 〈実存的問題〉と社会問題のあいだ

　石川良子のいう，「ひきこもり」を〈実存的問題〉と捉える見方と，早急に解決すべき社会問題と捉える見方は相対立するものなのであろうか．前者は，「ひきこもり」当事者の営みが，その人の人生を問い直す営みであるという点において意義があるという見方であり，後者は「ひきこもり」当事者が直面している状況は，単に自殺を引き起こすまでに至っていない状況であって，少しでも「ひきこもり」の期間を短くした方がよいという見方である．

　自らの課題に直面している個々の当事者は，それを早急に何とかしたいと考えている場合においては，様々な社会的資源にアクセスしやすい状況を好ましく思うだろうし，そのような社会的資源は，当事者の個々の人生におけるある種の「生きづらさ」を軽減させやすくするであろう．よって，社会問題として「ひきこもり」を扱うことにも，（病理・逸脱というまなざしをもたらすこともあるが）一定の意義はあると思われる．

　ただし，「ひきこもり」を社会問題としてのみ見ることは，社会における短期的な処方箋を組み立てることには役立つだろうが，社会における社会構造や社会意識の中長期的な変革を構想する際には，当事者を取り巻く社会のありようをも問う必要性があろう．ゆえに，石川良子が強調した，当事者は社会によって「ひきこもらされている」という視点を持つことも重要であると考える．つまりは〈実存的問題〉として「ひきこもり」を捉える視点は，「ひきこもり」の個々のケースを理解するための視点であると同時に，「ひきこもり」という社会問題が存在することを社会に問い返すための視点でもあるのである．

　また，当事者が抱えている「生きづらさ」は，研究者が「ひきこもり」を語るうえでは〈実存的問題〉として捉えられるとしても，実際にその「生きづらさ」のただなかを生きる当事者にとっては，その〈実存的問題〉が社会的に認められない限り，自らが内に抱く「生きづらさ」は軽減され得ない．さらに言えば，当事者が現に感じている「痛み」や，「生きづらさ」が軽減され得ないままに過ぎ去っていく時間を，いかにしてケアしていくのかという課題もあろう．〈実存的問題〉が，当事者の直面する課題である以上，それは研究者の分析枠組み以前のものであり，当事者が課題に対処するためには，それを営むこと自体が「社会的に」受け入れられている必要がある．

　したがって，〈実存的問題〉と社会問題という両方の視点を持ちながら，中長期的な社会変革の構想力を保ちつつも，当事者に対する短期的で実践的なサービスをも供給されるべきであろう．

　この両方の視点を持つのに肝要なのは，やはり「個人」と「社会」との関係性のありようを問い直すことであろう．社会学者の貴戸理恵は，不登校や「ひきこもり」，「ニート」とされる若者に対して問われている「社会性」とは一体何であるのかを考察するなかにおいて，「ひきこもり」などを生きる若者の「生きづらさ」は，「個人」と「社会」のあいだにあるディスコミュニケーションによる「関係的なもの」であると指摘し，このみえにくい「個人」と「社会」のあいだにある「関係的な生きづらさ」に目を向ける必要があると説く（貴戸2010）．

　私は，そのような若者の持つ「関係的な生きづらさ」を問う視点は，まさに短期的な取り組みと中長期的な構想力をともに持つことによって，「見えやすくなる」ものと考える．そして，このような「ひきこもり」（を含めた若者）をめぐる問いは，いま現在の喫緊の課題として解決する志向性を持たせつつ，中

長期的な社会変革への構想力をも志向させるという取り組みのなかにおいて，「答えらしきもの」が導かれるのではないだろうか．

　よって私は，「ひきこもり」を考える際には，〈実存的問題〉と社会問題のあいだに横たわる緊張関係を意識しつつ，両者をともに組み合わせた視点を持つ姿勢こそが必要であると考える．「ひきこもり」をめぐる問いは，何も「ひきこもり」当事者を問うだけには留まらず，当事者をめぐる「社会」や，その「社会」に生きる無数の「個人」を問う視点をも提供すると思われるからである．そしておそらく，この両者をともに見る視点がなければ，ただいたずらに「問題」を抱える当事者を苦しませる結果となるであろう．おそらく当事者は，自身の抱える「問題」や，それによってもたらされた自らの状態の長期間の持続を望まない一方で，それらが全く無価値であるとみなされることも望んでいないからである．

2.4　当事者として「ひきこもり」と「社会／個人」を問う視点

　では，「ひきこもり」を〈実存的問題〉かつ社会問題として総合的に見る視点は，いかにして可能であるのだろうか．私がここで提起したいのは，「当事者の視点」，つまりは，自らの経験を語れる「当事者」の語りから，自らを語りえない当事者への想像力を抱きつつ，当の「問題」，課題を内省的に理解し把握する視点の重要性である．石川良子が提示した「当事者」は，「ひきこもり」という語彙を自己定義の言葉として取り入れた人々である．つまり石川良子の言う「当事者」は，まさに「自己定義によって，自分の問題が何かを見きわめ，自分のニーズをはっきり自覚することによって」（中西・上野 2003：196-7）「当事者」になった人々と言えよう．

　しかし，私自身，調査を通じて当事者の語りを聞き，その語りを書き起こしたトランスクリプトを読み解いていくと，「ひきこもり」という語彙を積極的に選び取ったというよりも，それ以外に自己を定義する語彙が無かったがために，受動的に「ひきこもり」という語彙を引き受けざるを得なかったのではないかとも思えてくる．要するに，ひとくちに「ひきこもり」の「当事者」といっても，そのあり様は一枚岩ではないということだ．

　ただし，自らを「ひきこもり」と定義した彼／彼女らの語りからは，自らの経験にもとづいた，自らが置かれた現状に対する課題が提起されているように思われる．このような「当事者」は，外部から客観的に測定される客体という

よりも,「ニーズ」を持った主体として立ち現れるものであり,自らの経験の語りのなかに自らの「ニーズ」を組み込むことによって,自己のうちに抱える課題を社会に対して表明することができるようになった「当事者」である.「ひきこもり」という文脈においては,「パッシング」という営みを介すこと無く,むしろ自らの経験をさらすことによって,「当事者」になったということになる.

　もちろん,このようなそれぞれの「当事者」は,「ひきこもり」の人々全体を代弁できるわけではない.一方で,それぞれの「当事者」の語りを,個々の特性だけに帰されるものとして扱い,社会的にはほとんど無意味なものであるとみなすこともできない.極論を言えば,「ひきこもり」に関わっていない人々などいないとも言えるが,そのように当事者を認識することも,当の「問題」というものを曖昧にしてしまう危険性があるだろう.自らを「ひきこもり」と定義づける「当事者」の語りを読み解くことも重要ではあるが,自らの状態を語れない当事者への想像力も棄ててはならないのである.

　たとえ全体を代弁できる語りではないにせよ,彼／彼女ら「当事者」の語りは,社会における「常識的なものの見方」に再考を迫る可能性を持つという点において,価値があるものである.つまりは,個々の「当事者」の〈実存的〉な課題が,彼らの経験的語りを通じることにより,〈社会的〉な課題にもなるということである.〈実存的問題〉のみならず社会問題においても「当事者の視点」に目配りをする重要性がここにある.

3　調査概要と分析視角および調査倫理への配慮

　私は,大学院入学後の2011年から,現在に至るまで,「ひきこもり」に関するグループに対して調査を行っている.本書において対象としたのは,主に関西地方で活動している「ひきこもり当事者」の会である「グローバル・シップスこうべ（愛称：ノア）」を中心とした,関西圏のグループである.具体的な方法としては,自助グループや家族会,支援機関での参与観察,およびそこのメンバーに対する非構造的なインタビューを組み合わせたフィールドワークを,単なる研究としてだけではなく,一人の「当事者」として実践してきた.

　また2012年からは,関西や東京,その他の地方都市で行われているフューチャー・セッションや,2014年ごろより関西で行われている「ひきこもり大学」

に定期的に参加しており，しばしば講師役を担当する機会もあった．なお，2018年からは，私の就職の都合もあり，関西圏のグループとの関係は維持しつつ，長崎県佐世保市を中心とした地域における不登校・「ひきこもり」関係のグループにもアクション・リサーチを試み，都市と地方を行き来しつつ，社会的排除の力学と支援のあり様の比較研究を行っている．

　調査の現場での私のふるまい方としては，自らを単なる調査者ではなく，高校中退後の10代後半から20代にかけて「ひきこもり」を経験し，現在も「ひきこもり的な生きづらさ」を抱える一人の「当事者」として開示していた．本研究で用いるデータは，これら日常生活における社会学的フィールドワーク（好井・三浦編 2004）によって得られたものである．この意味で，本研究は，当事者研究や自己エスノグラフィに分類される可能性を持つが，そこだけに限定されず，さらに開かれた社会学的研究であることを意識して研究を遂行した．

　実際の手続きとしては，私のこれまでのライフヒストリーを記述した自分史（伊藤康貴 2010→本書第Ⅱ部）を事前に調査協力者に手渡し，私の自分史の記述を範型にライフヒストリー／ライフストーリーを語り合う形式で行われた．したがって，インタビューは，調査者と調査協力者の立場を超えた，当事者同士の対話にもなっている．私の問題意識がデータに色濃く出てしまう点は否めないが，本研究の主題の一つである親密性やセクシュアリティといった個人的な話題に接近する際には，日常の生活場面においてもそうであるように，むしろ私が何者なのかを呈示しつつ当事者とやり取りを行うことが必要であった．

　また本書の一部では，上記の一次データの他に，当事者が出版した手記やインターネット上に公開しているブログなどの二次データを用いている．当事者発信が著しい現在においては，こうした二次データをすべて渉猟することは事実上不可能だが，当事者の手によるテキストは，社会と個人の間の葛藤を探る上で役立つ情報が多く得られると考える．

　さて，本研究の主題に照らし合わせてみても，私自身はすでにこの研究を始める以前にフィールドの一部あるいは研究対象として組み込まれてしまっており，現在は当事者とも研究者とも取れる立ち位置にある．そのため本研究において私が行う概念やカテゴリーの使用が，当事者としてのものなのか，それとも研究者としてのものなのかは区別することは難しい．本研究が「当事者研究」という名称を使用するのも，そのような私自身のあいまいな立場性に対する，読者に対する一つの説明責任だと考えたからだ．

　なお，本研究は日本社会学会の「日本社会学会倫理綱領」および「日本社会学会倫理綱領にもとづく研究指針」にのっとったものである．とくにインタビューデータの使用と公表にあたっては事前に承諾を得た．協力していただいた方々に感謝したい．

4　本書の構成と記述スタイルについて

　次の序章では，社会問題としての「ひきこもり」問題がどのような経過をたどって社会的かつ社会学的にクローズアップされてきたのかについて，「ひきこもり」の当事者活動を中心に整理している．この章と第Ⅱ部の自分史と合わせて読んでいただくことで，社会構造における個人史をふまえた「ひきこもり」についての社会学的想像力を喚起するものと思う．

　本書は，第1章から第11章の4部構成をとっている．第Ⅰ部（第1章，第2章）では，本書で採用する研究スタイルが，社会学的かつ当事者学・当事者研究的な方法・パースペクティヴとしてどのように位置づけられるのか，当事者研究者の独特の立ち位置もふまえて論じた．第Ⅱ部（第3章〜第5章）は私自身の自分史の記述であり，第Ⅲ部（第6章〜第8章）は，「ひきこもり」の当事者団体への参与観察をもとに，「ひきこもり」の生きづらさに関して，社会学的かつ当事者研究的に考察を行ったパートである．とくにここでは，性規範や欲望の模倣困難という観点から，「ひきこもり当事者」という主体に対する想像力を喚起しようとしている．第Ⅳ部（第9章〜第11章）は，「ひきこもり」などとの生きづらさに対処すべく活動している当事者へのインタビュー調査や参与観察にもとづき，当事者活動の実態を描きつつ，当事者活動の持つ社会運動的側面に注目した議論を行っている．

　各章の概要は以下の通りである．

　まず第1章は，第Ⅱ部で展開する自分史という方法についてのパースペクティヴを考察したものである．自分史は，質的な調査研究の方法としても位置付けられるが，とくに今回は，自分と社会を交錯させる試みとして注目した．また，「当事者」としての主体化の契機としての自分史にも触れつつ，本書第Ⅱ部で展開した私の自分史の執筆経緯についても記してある．

　第2章では，当事者としての経験がどのように社会学的研究において立ち現れ，また「生かされる」のかを議論した．とくに2000年代以降の当事者による

取り組みが活発になるなかで，アカデミズムの世界でも当事者研究が参入しつつある．本章では，当事者研究者特有の立ち位置を議論しつつ，〈境界〉に立たされつつその〈境界〉を〈越境〉する「マージナル・マン」としての当事者研究者について考察を行っている．

　第3章から第5章では，私自身の「ひきこもり」に関する経験を含めた自分史を展開している．やや単純すぎるきらいがあるが，ひきこもる前の出来事を第3章，ひきこもっている最中を第4章，ひきこもった後を第5章として区分し，私の一番古い記憶の時点（1987年）から，2009年の10月までを記述している．約20年分の記述なのでだいぶ紙幅を割いているが，この章をとおして私は，私自身の「ひきこもり」（および人生）に関する問題意識の一端を読者に開示しようとしている．

　第6章では，「経済的に自立せよ＝就職せよ」という命令形を達成しえない「ひきこもり」当事者にとっての「生きづらさ」を考察し，「親からの期待」と自分の現状との間に板挟みになることで「生きづらさ」の語りが構築されていることを示している．

　第7章では，「ひきこもり当事者」のセクシュアリティを中心とした語りを通して，そこに潜む性規範を明らかにしようとしている．とくに当事者の関係的な生きづらさに注目し，当事者の親密な関係性における課題が，他者とは共有されずに個人の問題とされ続けている状況を議論している．

　第8章では，第7章の議論をさらに理論的に拡張し，ルネ・ジラールの欲望の三角形理論をもとに，「ひきこもり」経験を，欲望の模倣という観点から議論した．ひきこもった〈私〉にとって，他者を模倣することがいかにして困難であり，また同様な経験をしたと想定される他の「ひきこもり当事者」がいかにして私にとってモデル＝ライバルとなるのかを議論している．

　第9章では，私が2011年より参与観察を行った当事者団体ノアの活動を概観した．ノアは，2006年秋に森下徹氏を代表に任意団体として活動を開始し，2009年にNPO法人となった．以来現在に至るまで，定款に定める①自助グループ活動，②シンポジウム開催，③情報提供の3つの事業を中心に活動を行っているが，本書ではそれぞれの活動についてその社会的意義を描いている．

　第10章では，「ひきこもりの当事者的な〈支援〉」が果たす役割について考察している．そこでは，当事者自身の身体を通した「新しい生き方」の呈示や，一般的な「ひきこもり」像や「社会参加の仕方」の問い直し，「ひきこもりの

自助グループ」における参加者の役割の転換などを明らかにしている.

　最後の第11章では，社会における既存の価値観を変えようとするマイノリ
ティの社会運動として「ひきこもり」の当事者活動を検討した．とくに石川准
の議論を手掛かりに，「ひきこもり」の当事者の存在証明戦略のあり方として
の私的戦略（「印象操作」「補償努力」「他者の価値剥奪」）と集合的戦略（「価値の取り
戻し」）を検討し，当事者活動が価値を取り戻す社会運動として拡大していく過
程を論じている.

　読者諸氏になかには，第II部の自分史に対してはやや回りくどい印象を抱く
方もおられる（そもそも通読するだけでも大変）だろうから，これについては読み
飛ばしても構わないと思う．その他の章も，当事者研究についての考察（第I
部），「ひきこもり」の生きづらさ（第III部），当事者活動（第IV部）と，基本的に
各部ごとに問題関心を集約しているので，各々の興味関心に応じて部ごとにお
読みいただければ幸いである.

　なお，本書の記述スタイルとしては，論文的な文章もあれば，ルポルタージュ
や物語（自分史）などの文体で書かれた章もある．読者諸氏にとっては統一感
のない文体に疑問を抱かれる向きもあるかもしれない.

　しかし，本書においては，論文で表すことが適切なテーマもあれば（問いが
ある程度明確で，それについて解き明かしていくもの），物語で表すことが適切なテー
マ（自分史），あるいはルポで表すことが適切なテーマ（団体の活動実態）が混在
している．当初は，それぞれ別の本としてまとめることも考えたが，むしろ1
冊の本としてまとめておく方が，本章冒頭の私への問いかけの言葉，すなわち，
私がなにを考え，どうのようなことを行ってきたのか，その問いかけに答える
ものになると考えた．論文として出来上がったものだけを提示するよりも，論
文として提示される以前の素材をも物語やルポとして提示することで，読者諸
氏に対しても納得のいく説明を行うことが出来るのではないかと考えたため
に，本書では異なる文体の文章を配置する記述スタイルを採用している.

注
　1）　本書での「当事者」とは，実際に自らを「ひきこもりの当事者」と名乗ったり，「ひ
　　　きこもり」の自助グループ等に参加している人たちのことである．ただ家族だとして
　　　も「ひきこもり」について関心を持つ限りにおいて「当事者」であると主張されるよ
　　　うに，「当事者」は曖昧なカテゴリーであることも事実である．これら「当事者論」に

は様々な論点がある（cf. 宮内・好井編 2010）.

2）　学校，対人関係，年齢に関する意識，履歴書上の空白期間，精神保健福祉問題，金
　　銭的問題の6点の問題を上げたが，対策論に終始している（伊藤康貴 2010）.

3）　森下徹氏（1960年代後半生まれ）は，本書で紹介する「ひきこもり」の当事者団体
　　NPO法人グローバル・シップスこうべ（愛称：ノア）の代表理事であり，自身も不登
　　校やひきこもった経験を持つ．現在は支援者としても活動している.

序　章
「ひきこもり」小史
──「ひきこもり」の当事者活動を中心に

1　「ひきこもり」の社会問題化の過程

1.1　1980年代末から2000年代初頭

　本書で注目する「ひきこもり」という言葉は，1980年代から90年代にかけて，まず不登校の文脈において用いられた（富田 1992；工藤定次 1997）[1]．すなわち，学校以外に「居場所」を持たず，家にひきこもっている児童生徒層に対して用いられていたものである．不登校支援の文脈における「ひきこもり」は，その後，この児童生徒層に対する精神医学的なアプローチが提起されるにつれ，精神医療における問題としても立ち上がっていった（斎藤 1998）．そして次第に不登校の文脈から分化するかたちで，「（学齢期を過ぎた後にも）対人関係に不安がある」という観点から社会的問題の語彙として一般化していくことになった．

　この「ひきこもり」という言葉を一躍有名にしたのが，2000年前後において立て続けに発生した刑事事件に関するマスメディアによる報道である．これをきっかけに，「ひきこもり」への社会的な注目が集まるようになった．これは，事件の背景や要因として「ひきこもり」が想定されたためであり，事件報道を機に「ひきこもり」と「犯罪リスク」を結び付ける見方が広がっていった（工藤宏司 2008：48-52）．そして1990年代から2000年代中頃にかけては，「ひきこもり」の問題解決のために民間の支援機関や家族会が全国各地に設立され，精神科医やカウンセラー等の専門家たちが対応に乗り出すようになった（高山 2008；工藤宏司 2008）．

　行政の対応も2000年代初頭から見られるようになった．2000年度から2002年度にかけては，厚生省（現・厚生労働省）によって，「厚生科学研究費補助金こころの健康科学研究事業」として「地域精神保健活動における介入のあり方に関する研究」が行われ，その成果を踏まえ，2003年に『10代・20代を中心とし

2

た「ひきこもり」をめぐる地域精神保健活動のガイドライン』が作成された．このガイドラインは，全国の保健所や精神保健福祉センター等の相談機関に通知され，それらの相談機関は「ひきこもり」の対応のための第一次的な相談窓口としての性格をもつことになった．

　当事者活動も，1990年代後半ごろから行われてきた．おもに当事者による自助グループ活動などが，首都圏や関西圏などの大都市部を中心に草の根レベルで展開されていた（塩倉 2000）．同時期には当事者に対するインタビューにもとづく著作も複数刊行され（塩倉 1999；田辺 2000；池上 2001など），2000年代初頭になると，当事者自身が，自らの経験や思いを手記などに著したいわゆる「当事者本」が出版されたり（上山 2001；勝山 2001など），ミニコミ誌や同人誌などの雑誌が発行されるなど，当事者による発言が積極的になされていた．[2]

1.2　2000年代中頃
1.2.1　「ひきこもり」と「ニート」の混同と居場所の衰退

　2000年中頃になると，いわゆる「ニート」言説が流行した．2004年に，「ニート（NEET：Not in Education, Employment or Training）」という語彙が日本社会の文脈に適合的に変形された上で海外から輸入され，「ひきこもり」は「ニート」という語彙に包括されて語られることになった．したがって，「ひきこもり」支援と「ニート」支援は混同されることとなり，その「ニート」支援においては，それまで社会的に流通していた「ひきこもり」のイメージが流用されることとなった．そして同時期に社会的に浸透していた自己責任論を背景に，「ニート」や「ひきこもり」に対する否定的な見方（「ひきこもりやニートは甘えだ」）が広がっていった（本田ほか 2006）．このようなことを背景に，「ニート」において中核的な問題とされた「就労」に関することが，「ひきこもり」においても一層厳しく問われるようになり，就労支援（「若者自立塾」など）が強調されることとなった．

　2001年より「ひきこもり」に関するコミュニティに出入りし始めた石川良子は，2000年代中頃に流行した「ニート」言説が「ひきこもり」コミュニティに影響した可能性を示唆している．石川良子によれば，民間の支援機関の最大の悩みは資金不足であり，「ニート」支援に対して助成される厚生労働省の助成金は「ひきこもり」の支援機関にとって重要な資金源となったため，多くの支援機関は「ニート」支援を掲げ，就労支援を取り入れるようになっていったこ

とが報告されている（石川良子 2007：66）．

　当事者のなかでも，「ニート」言説が登場する以前より，「居場所」で対人関係を獲得した後にいかにして「経済的自立」を果たすのかを意識する者が多く存在していた．すなわち，「居場所」以外の場所へどのように活動を広げていくか，親の高齢化にともなう生活不安を背景に，「不安と焦燥感」が高まっていった（石川良子 2016：97）．このような状況の中で「ニート」言説が登場し，彼らは自らを「ひきこもり」ではなく「ニート」と定義づけることで，「ひきこもり」の自助グループなどの当事者活動からは足が遠のいていったと推測されていた（石川良子 2007：65-7）．

　ゆえに2000年代中頃には，参加者の減少もあり，東京近郊にあった自助グループやフリースペースといった居場所が相次いで閉鎖・活動休止していった（石川良子 2007：24）．そして「ひきこもり」に関する活動は「ニート」に関する活動に組み入れられ，当初は講演会活動なども積極的に行っていた「ひきこもり」の当事者活動も，2000年代中頃には一旦衰退したかにみえた．

1.2.2　当事者発信の多様化

　ただ一方で，当事者による情報発信は続くこととなった．自身のひきこもった経験を中心に手記にしたものや（林 2003；諸星 2003；月乃 2004），自助グループの経験や立ち上げ過程を取り上げたもの（聞風坊 2005）など，当事者の手による当事者本の刊行が続き，また体験発表としてシンポジウムや講演会などに登壇する当事者もしばしば存在していた．

　加えて，とくにこの2000年代中頃の時期は，ブログ（Blog）が普及し市民権を得るようになっており，ブログを通じた発言やトラックバック機能による発言者同士のネットワーク形成もみられるようになった．前述の「ニート」言説に対する論評も多く書かれ，私自身もこの期間においてひきこもりを経験している最中であり，その体験を振り返って記した自分史において以下のように記述した．

　　「ニート言説」に対して「異議申し立て」的な意見を表明する人たちもいました．「ひきこもり」経験者の人たちや元不登校の人たち，あるいは大学生の人やフリーターの人などは，大手メディアによって表象されている「ニート」に対して，さまざまな疑問を呈していました．（伊藤康貴 2010→本書第4

4

章第4節）

2006年から2008年にかけては，当事者としての経験をもとに手記や論考を著し，ブログで執筆活動を行っていた上山和樹と，「ひきこもり」について医療化の先鞭をつけた斎藤環とが『ビッグイシュー日本版』誌上にて往復書簡を行うなど，多様な当事者発信が試みられることになった．そしてこの当事者発信のなかで，「ひきこもり」の支援に対する問題提起もなされた．この問題提起のきっかけとなった象徴的な事件が，2006年4月に発生した逮捕監禁致死事件である．当時，東京都から名古屋市の支援施設に移送され入寮した当事者男性が，外傷性ショックによって死亡するという事件が発生した．この事件を契機に，この施設において採用されていた親と支援者の間で取り決められる当事者不在の「引き出し型」の支援手法について批判が巻き起こることになった（芹沢編 2007）．

1.3　2010年代以降
1.3.1　支援環境の整備

2007年から2009年にかけては，厚生労働省の「厚生労働科学研究費補助金こころの健康科学研究事業」として「思春期のひきこもりをもたらす精神科疾患の実態把握と精神医学的治療・援助システムの構築に関する研究」が行われ，その成果として前述の2003年に出されたガイドラインの改訂版である『ひきこもりの評価・支援に関するガイドライン』が2010年に公表された．同時期の2009年には，厚生労働省によって「ひきこもり対策推進事業」が立ち上げられ，公的な相談窓口でありかつ地域における支援拠点としての「ひきこもり地域支援センター」が全国の都道府県・政令市に設置されるようになった[3]．

厚生労働省主導の各種事業が展開されているなかで，2008年9月のリーマン・ショックや2011年3月の東日本大震災などの影響により，日本経済は悪化していく．そして，厳しい労働環境に疲弊した人々が仕事を辞め，ひきこもっていくことに注目が集まるようになった（池上 2014）．これまで主に「若者」の問題として見られてきた「ひきこもり」が，次第に中高年の問題としても見られるようになっていったわけである．

このため行政の対応にも変化がみられた．2010年4月には，内閣府を主管とする「子ども・若者育成支援推進法」が施行され，同法にもとづく子ども・若

者育成支援施策の推進を図るために大綱「子ども・若者ビジョン」(2010年7月策定) が定められた．ここでは，「困難を有する子ども・若者やその家族を支援する」枠組みのもとで「ニート，ひきこもり，不登校の子ども・若者への支援等」が謳われ，「ひきこもり」を含めた若者支援のあり方が明確化されることとなった．また，同法にもとづき，地域の関係機関のネットワーク形成を促進させるために「子ども・若者支援地域協議会」が各自治体において設置されるようになり，これらの動きに合わせて，全国各地に「ひきこもり」支援を謳う相談窓口が数多く設立されるようになった．

　内閣府による実態調査も進められ，2010年7月には「若者の意識に関する調査 (ひきこもりに関する実態調査)」が公表された (内閣府 2010)．この調査は，全国の15歳以上，39歳以下の者を対象とした統計調査で，「ひきこもり群」は1.79%[4] と推計された．同年齢の人口 (3880万人) から，全国の15歳～39歳の年齢では69.6万人の「ひきこもり群」とされる人々が推計された．同様の内閣府による統計調査は，5年後の2015年12月にも実施され，結果は2016年9月に公表された(内閣府 2016)．その調査において「ひきこもり群」は，15歳～39歳の年齢では全国に1.57% (54万人) 存在すると推計された[5]．

　「ひきこもり」の実態が明らかになるにつれ，法整備も進むことになった．2015年4月には，「生活困窮者自立支援法」が施行され，任意事業ながら「就労準備支援事業」の枠組みで「ひきこもり」支援が展開されるようになった．また2016年2月には，前述の「子ども・若者ビジョン」が「子供・若者育成支援推進大綱」として見直され，「ひきこもり」支援を含めた自治体における子ども・若者への支援計画が拡充されることとなった．

1.3.2 「8050問題」の台頭

　2010年代後半になると，「中高年のひきこもり」や「8050問題」というキーワードに代表されるように，これまで若者問題としてみなされてきた「ひきこもり」をめぐって新たな動きが出てきた．公的な「ひきこもり支援」の多くは，対象年齢を39歳以下とするものが多かったが，2010年代の自治体レベルの調査では，40代以上の「ひきこもり」の実態が明らかになりつつあった．2016年から2017年にかけては，ひきこもっている人の親が会員の中心である「KHJ全国ひきこもり家族会連合会」(以下，KHJ) が「ひきこもり」の相談を受け付けている全国の自立相談支援窓口を対象とした標本調査を実施した (KHJ 2017)．

この調査においては，相談対応した当事者本人の年齢の最頻値は40代であり，また20代30代と同じく，50代の相談も目立つことが明らかとなった(川北 2019).

「中高年のひきこもり」の実態を明らかにするため，内閣府も，2016年の内閣府調査では把握できていなかった40歳から64歳を対象とした統計調査(「生活状況に関する調査」)を実施し，結果，1.45％（対象年齢の人口で61.3万人）の「中高年のひきこもり」が明らかになった（内閣府 2019）.これまで不可視化されてきた「中高年のひきこもり」の実態が明るみになり，高齢の親と40代以上の（ひきこもっている）未婚の子が同居している生活困窮者世帯が「8050問題」として社会的に注目を浴びるようになった.

また2018年10月には，「改正生活困窮者自立支援法」が施行され，「就労準備支援事業」などの努力義務化や国庫補助率の引き上げといった支援の拡充が図られた.2020年6月には「改正社会福祉法」が成立し（2021年4月施行），地域共生社会の名の下，「ひきこもり」や介護，貧困など複合的な課題を抱える家庭に対する支援体制強化が図られるようになった.都道府県・政令市レベルで広域的に行われてきた相談事業を，地域住民に身近な基礎自治体（市区町村）にまで拡充する動きも出てきたわけだ.

1.3.3 「ひきこもり当事者活動」の活発化

このような「ひきこもり」の当事者や家族への支援が整備される一方で，2010年代以降は，当事者活動も全国各地で広がりをみせるようになった.

石川良子は，当事者による発信が活発化するきっかけとして，勝山実の『安心ひきこもりライフ』(勝山 2011)を取り上げつつ，勝山の「ひきこもり経験」を「資産」に転換する視座，すなわち「収入や人間関係が限られているなかでも穏やかさを保って暮らすための術」や「生きることや社会に対する洞察」といったひきこもることによって得られた「資産」に注目し（石川良子 2016：102-4），「経験」を「資産」へ転換する実践として，首都圏における「ひきこもり大学」や「ひきこもりUX会議」における実践を報告した（石川良子 2016）.

私自身も，2010年以降に，神戸を中心に自助グループなどの活動していた当事者グループ「NPO法人グローバル・シップスこうべ」（以下，愛称のノアで記す）に参加するなど，「ひきこもり」に関するコミュニティに対して社会学的なフィールドワークを行うようになり，当事者活動が活発化していく状況を目の当たりにした.

　2010年当時の関西圏内の状況としては，かつてひきこもっていた人を中心に組織された複数の当事者グループが存在しており，毎月もしくは毎週のように，それぞれのグループが定期的に自助グループや「居場所」を開催していた．一人で複数のグループを渡り歩く当事者もおり，私が行く先々で必ず出会う「コミュニティで顔が利く当事者」も多くいた．

　また同時期に流行りだした Facebook や Twitter などの SNS によって当事者同士の「つながり」の形成が比較的容易になり，私自身，フィールドで出会った当事者たちと連絡先を交換する機会も多くあったため，フィールドで直接会うだけでなく，Facebook や LINE のメッセージ機能などで他の当事者とやり取りすることが日常であった．

　本書でも述べるように，この頃から，「ひきこもり大学」やフューチャー・セッション[6]なども定期的に開催されている．たとえば，2012年9月より東京においては「ひきこもり問題フューチャーセッション　庵——IORI——」が定期的に開催され[7]，昨今では80名から100名程度の参加がある．家族や親，支援者やその他一般からの参加者もあるが，参加者のおよそ半数は「ひきこもり当事者」ないし「経験者」である（フィールドノート2015年2月）．「ひきこもり」の家族会の全国的組織である KHJ は，2015年度より日本財団の助成を受けて，「ひきこもり大学」やフューチャー・セッションの全国キャラバンを実施した[8]．

　2016年には，ひきこもりやセクシュアル・マイノリティなどの当事者・経験者らで立ち上げられたひきこもり UX 会議などが中心となって性自認が女性であることに限定した集まり「ひきこもり女子会」が定期的に開催されるようになり（林 2020），2017年からは日本財団の助成を受け，全国キャラバンとして各地で開催されるようになった．このひきこもり UX 会議が主導した実態調査によって「女性のひきこもり」を可視化する試みもなされた（ひきこもり UX 会議 2018）．加えて，少なからず存在する LGBTQ などの性的マイノリティとしての経験に「特化・配慮した支援」も求められるようになるなど（林 2020），「ひきこもり」とジェンダーやセクシュアリティを関連させる試みも始まった．

　また，大阪で行われている「生きづらさからの当事者研究会（づら研）」（2011年より定期的に開催）など，べてるの家の当事者研究を参考にした「当事者研究会」も各地で行われるようになった．また，会の名称に「研究」と銘打たないまでも，自らの「生きづらさ」から社会のあり方を考える実践は，当事者メディアやテーマトークを行う居場所を中心に展開されるようになった．最近では，

自治体との協働で居場所を運営したり（豊中市など），自治体が設置する審議会や協議会の委員として当事者が参与する事例（長崎県，東京都など）も見られるようになっており，政策形成の場への当事者参画が進もうとしている．

1.3.4　社会運動としての「ひきこもり」の当事者活動

支援環境が整備されていく一方で，2010年代においては，これまで行われてきた「ひきこもり支援」に対する批判的見方も提起された．そもそも「就学・就労」のみを「ひきこもり」の「回復目標」として想定すること自体に対しては，当事者や家族だけでなく，支援者や専門家の立場からも繰り返し違和感が表明されている．いみじくも厚生労働省の「ひきこもりの評価・支援に関するガイドライン」(2010) においては，現状の「ひきこもり支援」の課題として以下のような記述がある．

> 第一の課題は，現在のところ提唱され実践されている支援体系がいずれも基本的には不登校・ひきこもり状態からの脱却，すなわち学校復帰や進学，あるいは就労を唯一のアウトカムとして想定している点ではないでしょうか．（厚生労働省 2010：66）

また，自らも不登校や「ひきこもり」の経験を持ち，現在は支援活動などを行っている丸山康彦は，ひきこもっている当事者本人のペースに先行して支援が展開され，本人のペースや「生きざま」が置き去りにされている点を批判し，当事者本人主体の支援のあり方を提起している（丸山 2014）．丸山の支援論をもとに社会学者関水徹平は，支援者側が客観的に判断する生活の質を重視するあまり，本人が主観的に判断する生活の質の向上には目が向けられてない点，あるいは家族主義的福祉レジームが強い日本において，当事者の生活保障の負担が家族にのみ過重となっている点を指摘し，本人が「自分の問い」と対峙できることの重要性を提起している（関水 2016）．

そもそも回復目標としての「就学・就労」のみが想定されることによって見過ごされてきた，社会の側における問題に着目していく姿勢も，当事者の側から発せられた．私がかかわってきたノアの Web サイトにも，以下のような「当事者の声」が載せられている．

> 医療関係者により「ひきこもり」という言葉が出来て20年ほどですが，

支援機関では本人の問題（病気・障がい・甘え・コミュニケーション能力不足）として，本人への治療・就労への訓練が行われている事がほとんどです．事件もありましたが，その認識はほぼ変わっていないように思います．行政や支援機関によるご尽力の一方で，総数は増え，本人とご家族の高齢化が進んでいます．／私たちの親世代は「食べる」事に必死だった戦中・戦後からがんばって，奇跡的な復興・右肩上がりの成長をとげました．その影で大切な事を置き去りにしてきたのではないでしょうか？　不登校・ひきこもりはそんな社会への問題提起の面があると思います．／ご一緒に当事者の声を社会に伝えましょう！[9]

　この文章には，「ひきこもり」は「社会への問題提起」であるという主張が書かれている．ここで展開されている主張の根底には，①「本人への治療・就労」が中心となりがちな従来の「ひきこもり支援」に対する批判的な視点があり，②当事者本人への帰責の一方で見過ごされている社会的な問題に対する関心が見て取れる．すなわちこの二つが，当事者活動を支える視点・問題関心であり，これらの視点・問題関心に支えられて，社会に対する問題提起のために「当事者の声を社会に伝える」ということ，そのために外部と連携して様々な活動を展開することへと当事者活動はつながっていくわけである．

　社会運動を「運動文化」という観点から考察した西城戸誠は，今日的な社会運動を考察する上での，日常的な生活や実践のなかで育まれる「運動文化」（＝「運動性」の内実）に迫ることの重要性を指摘する．NPOや社会的企業といった「組織」を前提にした議論ではなく，「組織化以前の」活動に着目し，その「抗い」の意味を問うことこそが，一見わかりやすい抗議活動の裏に隠れている日常生活における社会運動を考えていく上では必要であるという指摘だ（西城戸2008：266-74）．

　それを踏まえて西城戸は，「ひきこもり」という行為それ自体を「個人化した（社会）運動」としてとらえる発想を提起している（西城戸2008：270）．かつて「内にこもって」いた人々が，自らを「ひきこもり当事者」と呈示しながら複数の個人や集団を巻き込みつつなされている当事者活動は，就労支援中心の「ひきこもり支援」にはみられない社会運動としての性質を持つようになってきたともいえよう．

2 「ひきこもり」への社会学的研究の流れ

2.1 「ひきこもり」を問題化する論理
——対人関係とコミュニケーションという視点

　ここまで「ひきこもり」をめぐる歴史的な経緯を概観してきた．このように「ひきこもり」が社会的に問題化していくなかで，「ひきこもり」に関する社会学的研究も多く見られるようになった．

　まず「ひきこもり」とはどのようなものとして社会的に定義づけられてきたのだろうか，これを確認しておこう．例えば「ひきこもり」を問題とすることに先鞭をつけた斎藤環は，「①（自宅にひきこもって）社会参加をしない状態が6か月以上持続しており，②精神障害がその第一の原因とは考えにくいもの．（ただし『社会参加』とは，就学・就労しているか，家族以外に親密な対人関係がある状態を指す）」（斎藤 2002：22）を「ひきこもり」の定義とする．社会問題の構築主義的パースペクティヴ（Emerson & Messinger 1977など）にもとづくと，ここでは「社会参加」を「就学・就労しているか，家族以外に親密な対人関係がある状態」とすることで，そのような「社会参加」をしていない人々を「ひきこもり」として問題化していることが見て取れる．とくにここで注目すべきは，「家族以外に親密な対人関係がない」ことを問題としている点である．1990年代以降，若者のアイデンティティをめぐる語りが，消費から対人関係や対人関係において取り結ばれる相互行為（コミュニケーション）のあり方へと変化していくなか（浅野［2013］2015），いみじくも「ひきこもり」は，若者の対人関係やコミュニケーションを象徴する語彙として用いられるようになったということである．

　また2004年以降には，「ニート」言説が流行し，「ニート」と混同された「ひきこもり」への視点として「就労」が前面に押し出されるようになった（石川良子 2007；工藤宏司 2008）．その一方で，「ひきこもり」への社会的イメージを流用することで，対人関係やコミュニケーションから離脱するように見える人々を「ニート」の特徴とする見方もあった（玄田・曲沼 2004：48）．若者に対するこのような見方は，対人関係やコミュニケーションに難を感じる若者の存在を社会的に前景化したと同時に，むしろそれらを問題とする大人側（社会）の意識の表れをも示していた．加えて，この社会的状況に呼応するように，対人関係やコミュニケーションは若者を社会学的に捉える視点としても注目されてき

た．とくに，友人関係や恋愛関係等「親密な性質」（親密性）を伴った関係性（親密な関係）は焦点化され（浅野［2013］2015など），「若者の恋愛」にみる社会規範も着目されてきた（羽渕2012など）．

2.2 「ひきこもり」への社会学的接近の試み
2.2.1 「支援の受け手」としての当事者

「ひきこもり」は，不登校の延長線上に切り出された問題としてみなされてきた事情もあり，当初の社会学的な研究においては，主に教育社会学を中心になされてきた．研究の多くは，特定の支援機関においてフィールドワークを行い，そこで展開されている支援実践を観察することで得られたデータをもとに分析を展開するものが中心であった．すなわち，ある特定の支援機関のさまざまな実践を観察し，その支援を受けた当事者がどのように応答しているのかという図式のもとでの研究が中心であった（荻野ほか編2008；川北2014；荻野2013など）．それらの支援機関において行われている支援とは，基本的には「対人関係の獲得」から「就学・就労」へと段階的に進められる，いわば就労を最終目標とした「ひきこもり支援」の枠組みに即した支援を展開するものであり，したがってその枠組みに即した実践を研究対象とすることは，「支援の受け手」としての当事者に焦点を絞るものであったといえよう．

「ひきこもり」に関する社会学的な議論においては，社会政策的な観点にもとづく議論もなされており，2000年代中頃には，「ひきこもり」を対象とする「社会サービスが不在」であるために支援枠組みの構築が急務であるという認識が繰り返し提起されてきた（井出2007, 2009；樋口2008）．ただし，「就労」への支援が充実する一方で，本人の主観的QOLの向上が置き去りにされている点や，家族主義的福祉レジームにおいて，当事者の生活保障の負担が家族にのみ過重となっている点も指摘されてきた（関水2016）．

2.2.2 当事者へ向かう社会学

当事者による語りや活動を取り上げた研究としては，まず石川良子の研究があげられる．石川良子は，当事者のライフストーリーに焦点を当て，「ひきこもり」状態に置かれた者は「自己を語るための語彙の喪失」した状態，つまりは，自分が何者であるかを定義することができず，他者に向けても自分が何者なのかを語ることができない状態に置かれていると分析した．そして当事者は，

「居場所[11]」において「ひきこもり」という語彙を引き受ける（「自分はひきこもりだ」と位置づける）ことで，自らを語るための語彙（＝自らを位置づける「肩書き」）を獲得し，「ひきこもり」状態からの脱出の糸口をつかんでいると主張した．

　加えて石川良子は，ギデンズの存在論的不安の議論を参照しつつ，当事者は日常のルーティーン（生活パターン）が破綻したことで生じる「なぜ働かなければならないのか」といった〈実存的疑問〉と対峙していると主張した．石川良子によれば，〈実存的疑問〉に対する当事者の「問うという営み」は，当事者の内省的なプロセスとして社会参加への試行錯誤と相即するとされた（石川良子 2007：192）.

　この石川良子の議論を踏まえつつ，関水徹平は現象学的社会学の観点から「ひきこもり経験者」の主観的意味に着目した（関水 2016）．物語る対象が自分の経験か他人の経験かによって，「ひきこもり」カテゴリーの用法が異なることに注目した関水は（関水 2014），本人とそれ以外（家族や支援者等）の経験を別々に捉え，経験者本人の語りに見出される，多数派への同化主義的な価値観にもとづき「不適応な自分」を詰問する「他人の〈問い〉」と，その〈問い〉自体を問い直そうとする「自分の問い」に着目し（関水 2016：39），経験者は，家族主義的な福祉レジームと日本社会における多数派への同化圧力（同化主義）のもとで「他人の〈問い〉」と「自分の問い」に板挟みとなりつつも，自らの言語化以前（実践意識）にある「生きることへの意志」を，自他の重層的な相互作用を通じて言語化（言説意識）し，自らの人生の物語を構築していくとした（関水 2016：336-54）.

　加えて関水は，ニーズの帰属先に対して位置的主体化を果たした当事者概念の他に，自己の位置自体を反省的に問い直す，問題経験としての当事者概念を提起した．そのうえで，知的障害者の当事者活動と同様に，「ひきこもり」の当事者活動にも①セルフヘルプ（経験の分かち合い）と②セルフアドボカシー（自己の権利を擁護すること）の二側面があり，就労等を目指す「可能性への期待」だけでなく，当事者の「動けなさ[12]」を尊重する「不可能性への配慮」という態度が要請されることを指摘した（関水 2018）.

　先にあげた石川良子による〈実存的疑問〉に対峙する当事者像や，関水による両義的な問いと格闘する当事者像は，どちらかといえばセルフヘルプにおける当事者像であり，支援の枠内で活動する当事者像といえる．しかし，当事者活動においてセルフアドボカシーの側面に注目するとき，もはや支援の〈受け

手〉としての当事者像は後景化し，支援の枠を超え，社会に対して活動する〈担い手〉としての当事者像が前景化しているといえる．

　私もかつて，当事者活動が持つ社会的な側面として，多数派の生き方に再適応することを目指す支援に対する異議申し立てである点に着目した（伊藤康貴2014→本書第10章）．そこでは，当事者活動を行う当事者が，自らの経験や身体を他者に呈示することを通じて，マスメディアによって流通し，支援の前提ともなっている社会的に固定化された「ひきこもり」のイメージ（＝未成熟な若者像）を揺るがし，かつ「支援する／支援される」という二分法的な関係性を問い直す活動であることを指摘した．加えて，当事者活動を行う人々は，現在はひきこもっていなくとも，あえて「当事者」という語彙を用いることで，現在ひきこもっている当事者を含めたほかの当事者に対して「同輩」として振る舞い，働きかけていることを指摘した．本書の第11章ではこの議論をさらに拡張し，当事者活動の社会運動という側面を考察したいと思う．

2.2.3　当事者から出発する社会学

　このように「ひきこもり当事者」へと注目が向かう研究がある一方で，最近では，当事者活動を行う当事者自身が，自助グループや居場所，ピアサポート活動などの自らの活動について考察を行うという再帰的な取り組みも行われている．そこでは，「当事者」として活動を行うことで生じる他の当事者や社会に対する「権力性」や，当事者活動を続けることの困難にも目が向けられるようになった（割田 2017；泉 2019）．

　かつてひきこもった経験のある人間が，自身の問題経験（草柳 2004）から研究を立ち上げる，広い意味での「当事者研究」もみられるようになった．すなわち，自身の問題経験を踏まえて，そこから出発する形で，自分や他の当事者の語りや活動，ひいては社会のあり方までをも考察するような，いわば「当事者研究」ともいうべき研究活動が，「ひきこもり」においてもにわかに高まりを見せているわけである．私自身，本書においては，「ひきこもり」という現象を社会学的な知識を用いてどのように整理できるのかを問うと同時に，自身の経験から私たちが生きるこの社会のあり方をも問おうとしている．

　第2章でも触れるように，研究主体それ自身の経験が質的研究の記述に不可避的に立ち現れるならば，いったんは「当事者研究」として自らの研究を位置づけざるを得ない．現象学の立場からべてるの家の当事者研究に注目する石原

孝二が言うように，当事者研究それ自体は，現象学的実践として捉えられる可能性を持つ．

　　当事者研究は，当事者が自らの体験について，一歩引いた視点から捉え直し，言葉へともたらし，他者との体験とのすり合わせを行い，新たに意味づけていくという作業である．こうした実践はまさに現象学的な研究実践にほかならない．(石原 2013)

　この段階を踏んだうえで，私は，「自らの体験についての新たな意味づけ」でだけはなく，社会的・歴史的文脈に自他の経験を位置づけつつ，社会および社会学へのインパクトを企図して，社会学の知識を用いての「ひきこもり」および社会の説明を，本書において試みようとしているわけである．

　この自身の問題経験を踏まえた「ひきこもり」をめぐる問いとして私が最初に提起したのは，「ひきこもり」におけるジェンダーやセクシュアリティに関する問いであった（伊藤康貴 2011）．そして私は，この私や他の当事者のジェンダーやセクシュアリティの側面からの問題経験を踏まえ，当事者の生きづらさにアプローチし，生きづらさの語りの背後にある性規範を明らかにした（伊藤康貴 2016→本書第7章）．そこでは，日本社会におけるホモフォビアやミソジニー（女性嫌悪）のあり方ゆえに生じる「ホモソーシャルな集団に自らを同一化できない」という当事者の視点を通して，性別二元論の枠組みで成立する日本社会における男性／女性としての自立観に適応できないと思われ，苦しめられる当事者の姿や，支援においてもそのような自立観が強調されている点が指摘された．

　そもそもこれまでの「ひきこもり」研究において，ジェンダーやセクシュアリティへの注目は，ほぼ無かったといってよい．しかし一方で，2000年代前半の当事者の手記やインタビューでは，ジェンダーやセクシュアリティに焦点化した「生きづらさ」が表明されていたし，ここ最近になって注目度が高くなっている（池上 2016；杉山 2016）．2016年には「ひきこもり女子会」という名前で，性自認が女性であることに限定した集まりが定期的に開催されるようにもなった．名が知られていないだけで，おそらく似たような集まりは草の根的に行われてきた可能性もある．いずれにせよ，これまで社会的に無視されてきた当事者の「ニーズ（要求）」（中西・上野 2003）を社会に対して撃ち出すのも，当事者としての研究主体の重要な役割であり，当事者から出発する社会学を構成する

重要なピースの一つだと考えられる．

注
1）　工藤宏司は，「ひきこもり」の社会問題化の過程において精神医学が果たした役割を分析するなかで，「ひきこもり」をタイトルに用いた学術論文は1985年に登場したこと，四大新聞への初登場は1989年であることを報告している（工藤宏司 2013）．
2）　2000年から2012年にかけて，不登校情報センターによって『ひきコミ』が刊行され，読者投稿欄を通じた当事者同士の交流が図られていた．また2002年から2004年にかけて，当事者たちの居場所スペース１によって『クラヴェリナ』が，2003年から2006年にかけて，不登校者向けのフリースクールなどを展開している東京シューレによって『IRIS（イリス）』が刊行され，当事者による特集などが組まれ発信されていた（ひきポス「20年前に〈ひきこもり当事者の雑誌〉が３つあったって知ってる？　『ひきコミ』『クラヴェリナ』『イリス』の遺産」，〈https://www.hikipos.info/entry/2020/12/07/070000〉2021年３月24日取得）．
3）　「ひきこもり地域支援センター」は，2009年から全国各地に段階的に設置され，2018年では全ての都道府県・政令指定都市に設置されるようになった（厚生労働省 2019：122-40）．
4）　内閣府調査による「ひきこもり群」とは，外出頻度の質問に「趣味の用事」「近所のコンビニなど」「自室からは出るが，家からは出ない」「自室からほとんど出ない」のいずれかを回答し，それが６か月以上継続する者から，「統合失調症又は身体的な病気」「妊娠」「自宅で仕事」「出産・育児」「家事・育児」と回答した者を除いたものである．
5）　2015年12月に実施，2016年９月に公表された内閣府調査によると，「ひきこもり群」は約54万人，「ひきこもり新和群」は約166万人であった（内閣府 2016）．一見すると６年間で「ひきこもり群」は減少し，「ひきこもり親和群」は増加しているように見えるが，この数値は点推定値であり，井出によれば，「ひきこもり群」は「（95％信頼区間で）2015年調査は39.1〜69.3万人の区間が推定値であり，前回の2010年調査は52.0〜87.3万人の区間が推定値」となる（井出 2016）．区間推定値が重なる以上，統計学的には減少したとも増加したともいえない（「親和群」も同様である）が，15歳から39歳の範囲で数十万程度の「ひきこもり群」が存在するのは客観的事実とされる．ちなみに2015年の調査では，過去にひきこもった経験の設問（本人票 Q27）が設定され，全体に占める割合は8.4％であり，「推定値は287万8448人（253万8092人〜321万8805人，95％信頼区間）」（井出 2016）である．
6）　「フューチャー・セッション」とは，第三者を交えた様々な関係者を集め，対話を通じて相互に問題解決を志向する実践・場である．1990年代に北欧で概念化されEUでは広く展開している（新エネルギー・産業技術総合開発機構 2008）．日本でも政府自治体や民間企業，大学，NPO/NGO 等で広まっており，「ひきこもり」問題をめぐっ

ても浸透している（池上 2012）. 本書では第9章においてこの取り組みを取りあげている.

7）偶数月の第一日曜日に開催されていたが, 本書執筆中の2021年8月1日の第50回目の開催をもって定期開催を終了した.

8）詳細は,「ひきこもり大学　KHJ 全国キャラバン2015」〈http : //www.khj-h.com/khj-c.net/〉（2021年3月24日取得）を参照のこと. ひきこもり大学は, 2014年以降, 大阪や兵庫, 愛知等で地元の当事者団体や支援機関の協力で行われ, 2015年度から2016年度にかけて KHJ によって全国キャラバンが行われた（2015年度は日本財団助成事業）.

9）NPO 法人グローバル・シップスホームページ〈http : //www.global-ships.net/voice/〉（2021年3月24日取得）より引用.

10）「規範」は社会学の分析概念としてこれまで多岐的に使用されてきた. 盛山和夫は規範を, 人々の期待や同調行動, サンクション,「〜すべし」という言明のいずれにも還元しえない, これらの背後に共通に存在するものとして整理する（盛山 1995：117-39）. 本研究では便宜的に規範を, 結果的に「〜すべし」という言明で表現されるものの, その言明に先立って存在し, かつ超個人性を持って人々を拘束するものとして捉えている.

11）なお, 石川良子の使用する「居場所」は,「家」のような具体的な場所を意味しているわけではなく,「社会のなかの自分の居場所」という, より抽象的なものである（石川良子 2007：112）.

12）この「動けなさ」や「不可能性」に関しては,「ひきこもり当事者」の小川一平が自らの手記において論じている（小川 2021）.

第Ⅰ部
当事者研究としての社会学

第1章
方法としての自分史
―― 当事者学としての自分史の可能性

1　本章の課題

　私は，2000年代の前半において，いわゆる「ひきこもり」状態を数年間経験
したことがあり，後にその経験を含めた自分の人生（生まれてから執筆当時までの
約25年間）を自分史として書いたことがある（伊藤康貴 2010→本書第Ⅱ部）．その自
分史は，当時在籍していた関西学院大学社会学部の卒業論文の一部として書か
れたものであったが，執筆当時の私の感覚としては，たかだか25年ほどしか生
きていなかった私が，自分史と銘打つ代物を書き記し，あまつさえそれを卒業
論文として提出することに対して，自分の行いながらも私自身はそれを傲慢で
あると感じていた．果たしてそれを研究とみなしてよいのか，執筆当時の私は
その問いに対して明確な答えを出せないままに，自分史を書くことにしたわけ
である．

　他方で，その傲慢さを自覚しつつも，なお自分史として自分の経験・体験を
書き記し，それを自分以外の他者に向かって発信する必要性も，執筆当時の私
は非常に強く感じていた．それはなぜか．当時の私が考えた理由は以下の二つ
であった．一つは，私が経験した「ひきこもり」状態というものを，自分史と
いう試みを通じて，自分の中で整理したいという思いがあったからだ．もう一
つは，自らの経験をまとめた自分史を自分以外の他の人々に向けて発信するこ
とにより，読者（つまりは他者）とのいわゆる〈対話〉を試みたいという思いが
あったからだ．

　このような私の自分史の執筆の経緯や執筆過程については，最後の第5節で
展開するが，自分史の執筆から10年が経ち，なんとなく「社会学者」になって
きた私としては，自分史という方法について整理をしておく必要性を感じるよ
うになった．すなわち，自分史を書くことが，社会学・社会科学という学問に

おいて妥当な学問的・知的営みであるのかを検討する必要性を感じるように
なったわけである．したがって本章では，私が試みた自分史という方法につい
て検討することを通じて，自分史という方法の可能性ついて探ってみたい．

　まず次節においては，一般的な自分史の書かれ方，すなわち，自分史という
ものが自己物語産出の実践として，いわば自分の〈回復〉のために試みられて
いることを検討する（第2節）．次いで第3節においては，調査・研究の文脈に
おいて自分史を書くことの意味を検討する．まず，生活史研究における資料と
しての自分史の位置づけを確認し（第3節1項），次いで自分史とインタビュー
調査とを比較することを通じて，自分史を書くということの特徴を浮かび上が
らせる（第3節2項）．次に，自分史と自己エスノグラフィやソシオグラフィの
関連を見ることで，質的な社会調査・研究として自分史を位置付けていく（第
3節3項）．そして，実際に自分史の執筆に取り組んだ色川大吉や中野卓の自分
史に対する認識を検討し，自分と社会とを交錯させる歴史的・社会的実践とし
ての自分史について検討する（第3節4項）．

　その後の第4節では，狭い意味でのアカデミズムとしての自分史としてでは
なく，当事者学としての自分史の可能性を探っていく．まず，自分史が書き手
の経験の再定義を通して「当事者」としての主体化を促す実践であること（第
4節1項），そして，他者＝読者へ向けて書くことで，自分史が当事者のニーズ
の表明の実践として理解できること（第4節2項）を示し，そのような当事者学
としての自分史が，上野千鶴子のニーズの4類型でいうところの①非認知ニー
ズを要求ニーズの水準に引き上げる実践として，また②要求ニーズを承認ニー
ズに引き上げる実践として位置づけられることを検討する（第4節3項）．

　最後に，これまでの議論を踏まえて，私の書いた「『ひきこもり』の自分史」
の執筆経緯や実践としての意義を確認しつつ（第5節），次章で検討する「当事
者研究」として私が実践した社会学の意味の探求へとつなげたい．

　なお本論に入る前に，「当事者研究」と「当事者学」の違いについて触れて
おきたい．実際この両者の言葉の関係は少しややこしい．中西正司・上野千鶴
子の『当事者主権』（2003）では，障害学や女性学，患者学などを総称する言葉
として「当事者学」が使用されており，この「当事者学」の取り組みの一例と
して，べてるの家で行われていた「当事者研究」が紹介されている．すなわち，
「当事者研究」という言葉は，かつてはべてるの家での方法として，より限定
されたものとして捉えられていた．

　ただし，上野自身はその後，「当事者学」と「当事者研究」をほぼ互換的に用いることもあり（上野 2013b；2017），上野自身は「学」と「研究」の違いにこだわっていたわけではなかったようだ．

　一方，障害学の文脈では，星加良司が，障害学会創立10周年を記念した特別セッション「『当事者学』に未来はあるか」にて，「当事者学としての障害学」と「当事者研究」をあえて区分したうえで，前者から後者へと社会的な注目がシフトしている現状を踏まえながら，前者が備える社会における「抑圧」や「差別」に対抗しようとする当事者運動との連続性ゆえの政治性と，それと比較した後者の政治的中立性を指摘している（星加 2014）．

　ただし，同セッションの登壇者であり，「当事者研究」を研究する熊谷晋一郎は，その後の著作において「当事者研究」の源流の一つとして当事者運動（と障害の社会モデル）を定位し，「当事者研究」における「オルタナティブな社会規範や知識を立ち上げる，社会モデル的な実践」を見出している（熊谷 2020：57）．また，「当事者研究」から派生して，個人の特性ゆえに生じる困りごとと社会の問題を切り分け，社会の問題は社会に返すために「多数派の身体特性をもった者同士が，無自覚につくりあげている相互作用のパターン」を研究する「ソーシャル・マジョリティ（社会的多数派）研究」が立ち上がり，個人の特性ゆえに生じる困りごとを仲間とともに研究する「当事者研究」との両輪で行うことの必要性が指摘されている（綾屋編 2018）．ゆえに現状においては，「当事者研究」においても決して政治性が見逃されているわけでもないと思われる．

　いずれにせよ現在における「当事者研究」は，べてるの家で行なわれていたものだけにとどまらず，実践ごとのローカルな文脈に合わせた形で行われており，方法はバラエティに富んでいる．ゆえに「当事者学」と「当事者研究」の言葉の境界も非常にあやふやになっているように思われる．このような経緯を踏まえ，本書の副題としては，近年「当事者学」にとって代わってよく使われるようになった「当事者研究」の方を採用したが，本章における議論においては，むしろ自分史が持つ政治性を強調するため，かつて上野千鶴子が用いていた用法での「当事者学」の方を採用した．

2　〈回復〉のための自分史
——自己物語産出の実践としての自分史

　第3節において研究実践としての自分史の議論に入る前に，まずは自分史が一般的にどのような性質を持つ記述なのか見ておこう．自分史を執筆した人に対してインタビューを行った社会学者小林多寿子は，「自分史は個人の歴史を書きあらわしたものである」としつつも，以下のように述べる．

> 　自分史は，個人の歴史を書きあらわしたものである．／自分はどのように生きてきたのかと問い，生いたちや青春時代のような過去の自己のことを記すために，自分史は書かれる．しかし，意外に，現在のこと，あるいは現在に近いことがもっとも書きたい場合がある．あるいは現在にいたる軌跡を書いて，現在にどういたったかをあとづけたかったという人がある．（中略）自分史は，じつは過去の自己よりもむしろ現在の自己をもっとも如実にあらわしているものなのである．(小林 1997：149)

　自分史とは，単に過去の出来事を記したものではなく，現在の自己をこそ記述に反映させたものだというわけだ．くわえて，自分史を書くということは，過去の自己をふりかえり整理することを通じて「自己の経験を秩序づける行為」であり，また，「現在の自己が何者であるかを過去にさかのぼって探求」し，「自分が何者であるかを自分なりに確認する」ことを通じて「過去の自己を意義づける行為」であるとも小林は指摘している (小林 1997：216-8)．すなわち，自らの人生に対する意味付与の行為として自分史は書かれるということである[1]．
　とくに生きづらさに関する経験は，それ自体が言語化されることで，ある種の「癒し」といった心理的効果がもたらされることがある．生きづらさを言語化することでもたらされる「癒し」の効果については，1990年代以降にナラティヴ・アプローチとして注目され，ナラティヴ・セラピーといった心理療法だけでなく，医療や看護，社会福祉の領域にも広まっていった．また，このナラティヴの効果は，自助グループや当事者研究（べてるの家），オープンダイアローグの実践のなかにおいても組み込まれていたものである．
　このナラティヴの実践において重要なものの一つに，自分自身の経験をナラティヴとして言語化すること，すなわち自身の経験を自己物語化することがあ

げられる．言語化以前のあいまいな自身の経験を，他者の物語に触発されなが
ら自己物語として紡ぐことを通じて自身の経験を秩序づけ，また他者によって
その物語が聞かれることで自己物語の語り手は自身の経験を意味づけるわけで
ある．

　自分史を書くということも，上記のようなナラティヴの実践と重なり合う部
分が多い．小林は，自分史を書いた人へのインタビューをもとに人生を物語る
ことについてナラティヴ・アプローチの視角から論じ，①自分史の物語の主題
は「秩序づけたい経験であり，表出したい経験であり，読まれたい経験」であ
ること，②物語のバージョンは一つではないこと，③「語ることによる自己確
認」と「他者による批准」の重要性をあげている（小林 2000）．自分史はただ書
くだけで終わるものではない．小林も指摘するように，自分史を書くというこ
とは，「書くことで，自分で自己の経験を客体化し外在化させる」ものであり，
自分の〈回復〉のために，自己の経験を秩序づけ，過去の自己を意義づけるた
めの自分史は，他者（＝読者）にも聞かれる必要がある．「自分が何者であるか
というアイデンティティは，他者が共有してくれることによって，はじめて成
立するストーリー」（小林 1997：218）だからである．自分史の書き手は，ただ自
分が納得するだけでなく，「他者からの確認や批准」（井上 1996＝2000：156）を
も求めているわけであり，そのような他者からの承認が行われることによって，
自分史の記述による自分の過去の意味付けに対してリアリティがもたらされる
わけである．

　また自己物語を論じる浅野智彦が指摘するように，「自伝や自分史を書くと
き，人は自らの過去について単に記録しているのではなく，過去を物語へと加
工することによって現在の自分を作り出している」（浅野 2001：6）．自分史に
おいて物語として秩序づけられた（ある部分は隠蔽された）物語によって作り出
された自己は，他者によって読まれることで社会的に共有され，リアリティを
持つことになる．書き手と読者の相互作用を通じて自己が承認されるわけであ
り，書き手は傷ついた自分の経験を物語として読者に呈示することを通じて（そ
してそれが読者に承認されることによって），自分を〈回復〉していくわけである．
まさしく，「自分史は，弱くなっていた〈自分〉を回復させるためのひとつの
手段」（小林 1997：222）として書かれることもあるのだ．

3　調査・研究としての自分史の位置づけ

　広く一般的に書かれている自分史であるが，それでは，調査・研究という文脈において自分史はどのように位置づけられるであろうか．本節で以下，検討していきたい．

3.1　生活史研究における自分史の位置づけ

　社会学においては，この自分史という試みは，おもに生活史(ライフヒストリー)研究の領域においてなされてきた[3]．自分史の生活史としての側面に着目したとき，H. S. ベッカーによるライフヒストリーのかんする次の指摘は重要である．すなわち，社会科学が「他の方法では決して接することのできない社会の各層の生活様式を人々に知らせる」ものであるならば，「社会的行為者の『自身の物語』(own story)」であるライフヒストリーは，「『その場』(down there)からの生き生きとしたメッセージ」となり，「決して顔を合わせないような人にとってそれがどういう意味を持つのか教えてくれる」ものになるという指摘である(Becker 1966＝1998：12)．

　無論，2020年の現在においては，上のベッカーの発言があった1960年代と比べても，社会の流動化が進み，個人によるメディア発信も増大しており，したがってまったく異なる階層の人々が顔を合わせる事態は過去と比べても随分と増大したように思われる．しかし，むしろ個人化にともなう個人の多様性の増大や，グローバル化にともなう文化的多様性の増大によって，他者に対する理解が一層必要とされているのが現在の状況であろう．自分史は，他の生活史の資料と同じく，当事者とはほとんど接点を持たない人々に対する理解可能性を広げる資料として活用することができる．とくに，生きづらい経験や困難，痛み，あるいはマイノリティとしての経験は，その経験自体が個人ごとに多様である（あるいは同一人物であっても様々な経験の語りがある）ため，そのような経験が記録されることは，社会的にも社会学的にも重要である．それは，マイノリティの人々の現実に根差した社会学的研究であったり，あるいは望ましい社会のあり方を考えるにあたっての，「現実的な基盤」(Becker 1966＝1998：11)を提供するであろう．

　さて，自分史を執筆した経験のある中野卓の分類（表1-1）によると[4]，生活

表 1-1　中野卓による「ライフ・ヒストリー研究の資料となりうるパーソナル・ド
　　　　キュメンツ」の分類

A 伝記（広義の伝記）		
	1 自伝（自分史も同義）	
		1a 研究者が依頼して注文つきで被調査者に書いてもらった自伝 （例・ズナニエツキのポーランド系小農民の自伝など）
		1b 研究者の面接調査による被調査者の口述生活史（口述による自分史，自伝） （例・中野卓編『口述の生活史——或る女の愛と呪いの日本近代』など）
		1c ライフ・ヒストリー研究者自身が研究目的で書いた自伝（自分史） （例・中野卓『「学徒出陣」前後』など）
	2 他伝（他者の伝記，狭義の「伝記」）	
		2a 社会学的など研究目的で書かれた伝記 （例・前山隆『非相続者の精神史』など）
		2b 普通の伝記
B 日記		
C 手紙・葉書，手記，覚え書きなど		
D 文芸作品，その他の著作，絵画など伝記対象者の作品一般		

（出所）中野［1992］2003：73-4）から一部省略の上で表として加工して掲載．

　史研究における研究の資料としては，A）伝記（広義の伝記），B）日記，C）手
紙・葉書，手記，覚え書きなど，D）文芸作品，その他の著作，絵画など伝記
対象者の作品一般が用いられてきた（中野［1992］2003：73-4）．また，中野によ
ると，A）伝記は，1）自伝（「自分史」も同義）と2）他伝（他者の伝記，狭義の
「伝記」）に大別され，さらに細かいサブカテゴリーが以下のように分類されて
いる．
　中野の分類によれば，自伝は，研究者が被調査者に対して注文して書いても
らった自伝，口述による自分史，研究者自身が研究目的で書いた自伝の三つに
分類される．初期シカゴ学派の代表的作品である W. I. タマスと F. ズナニエ
ツキの『ヨーロッパとアメリカにおけるポーランド農民』(1918-20)や C. R. ショ
ウの『ジャック・ローラー』(1930) などは，生活史研究の嚆矢として挙げられ
るが，これらで取り扱われている自伝は研究者の注文にもとづきながら被調査
者が著したものであり，研究者＝被調査者というものではない（1a）．また，
中野による『口述の生活史』も，口述の主体はあくまで被調査者であることか
ら，研究者＝被調査者である自分史とは異なるものと捉えられよう（1b）．そ

して，研究者が自分自身で著した自分史（1c）としては，中野卓によって書かれた中野自身の自分史『「学徒出陣」前後』がある．中野によれば，この（1c）の自分史は，（1a）の研究者の注文によって書かれた自伝よりも，（1b）の面接調査により聞き取った口述生活史に近似したデータ・ソースと捉えられている（中野［1992］2003：75）．したがって次に，当事者（調査者＝被調査者）自身が執筆する自分史と研究者（調査者）と当事者（被調査者）が相対しながら展開されるインタビュー調査の比較を通じて，研究として書かれる自分史の特徴を浮き彫りにしてみよう．

3.2　研究者自身による自分史の執筆の意義

中野は，研究者自身が著した自分史のデータは，研究者の注文により被調査者によって書かれた自伝（C. R. ショウ『ジャック・ローラー』など）のデータというよりも，生活史の聞き取り調査によって得られた口述生活史のデータ（中野卓『口述の生活史』など）に近いと捉えており，また，自分史の「研究者が同時に研究対象者でもあるため他者を面接聴取する場合同様に注意深く自問自答の自己調査が期待できる点」（中野［1992］2003：75）を評価している．この点は，私が自分史を執筆している最中でも，よく意識されるところであった．おそらく，社会学者が自分史を試みた際には，多くが自分史と社会調査の相似に気づかされるであろう．

とくに，「ライフ・ヒストリー研究者が自分史を執筆することは方法論的内省のためにも有益である」（中野［1995］2003：128）との中野の指摘は重要である．インタビュー調査によって語り手が感じるであろう，自らの経験を他者に対して暴露することによってもたらされる「苦痛」や「怖さ」，「恥ずかしさ」を，自分史の書き手も自らの経験を書くことによって意識することができる．すなわち，自分史を書くときに感じる「苦痛」や「怖さ」，「恥ずかしさ」といった感情は，インタビュー調査において語り手が感じるものと似通ったものではないかということを自分史の書き手は想像することができるということである．「こんなことを書いていいのだろうか」とか，「これを他者に対して開示することは恥ずかしい」などということを，書いている最中や公表の段階において思い悩むことになるからである．自分史はいわばインタビュー調査（さらには社会調査一般）の持つ暴力性や権力性というものを，自分に引き寄せて認識させてくれる試みとも捉えられるのである．

3.3　自分史執筆とインタビュー調査の比較検討
——記録のされ方と被調査者の自己の現れ方の違い

　生活史研究としての自分史の位置づけを確認したが，それでは他の調査との比較において自分史はどのよう特徴を持つものなのか．ここでは，まず自分史とインタビュー調査を比較検討することで，自分史の特徴を明確にしてみよう．

　記述されたもの／語られたものの水準において検討すると，自分史の記述は，「過去にあった自分に関する出来事を，現時点の自分が遡及的に振り返って記述するもの」であり，登場人物としての過去の自分とそれを記述する現在の自分という自己の二重性によって生み出されるものである．一方で，インタビューにおける語りとは，とくにライフストーリー・インタビューの枠組みにおいては，「過去にあった語り手に関する出来事が，会話やインタビューの場などでその場において生成されるもの」と捉えられるが，そこでの語り自体は，語り手の「物語世界」と「ストーリー領域」によって構成されるものであり（桜井2002；Young 1987），したがってインタビューの語りも，被調査者の自己の二重性によって生み出されることが分かる．自分史の記述とインタビューにおける語りは，いずれも被調査者の体験・経験した出来事（つまりは自己物語）を紡ぎ出すという点において共通するわけだ．[5]

　それでは，自分史執筆とインタビュー調査が異なっている点は何か．まず思いつくのが，自分史とインタビュー調査の記録のされ方の違いである．インタビューの場合は，聞き手と語り手が別人であることによって成立する相互行為であるため，その場において即興的に物語を作り上げ，それらの相互行為は IC レコーダーやビデオカメラなどの記録機器によって音声や映像として保存される．一方で自分史の場合は，聞き手と語り手が同一人物のため，あえて音声として発する場合を除いて，聞き手＝語り手である書き手は，頭の中で文章を組み立て，結果的に物語となるように編集を加えながら時間をかけてテキストデータを産出していくことになる．無論，自分史の場合であっても，記録機器に対して音声を吹き込む場合は，インタビュー調査と記録のされ方が近似するので，記録にされ方だけ両者を差異化するのは不完全であろう．

　より重要なのは，調査自体が，一人で完結するものか（自分史），二人以上の独立した人間の間で行われるものか（インタビュー調査）という違いである．なお，調査における立ち位置（調査者か被調査者か）によって見方が異なることが考えられる．おそらく調査者側の視点では，どちらも自己物語としてのデータ

という点において等価だとみなされるであろうが，被調査者側の立場に立つと，両者の違いが明確になる．したがって以下では基本的に語り手である被調査者側に視点に立って議論していきたい．

　自分史は，「自らの手で自己のことを記述する行為」であり，これは「聞き手と語り手とが別人で，その間の対話（相互行為）によって紡ぎ出される」インタビューとは明らかに異なる．両者はともに自己物語を算出する行為でありながらも，その産出過程において，自分以外の第三者が介在するか否かが，自分史とインタビュー調査の大きな違いといえよう．アクティヴ・インタヴュー論や，それをもとに発展したライフストーリー・インタビューの議論では，この自分以外の第三者の存在がどのようなものかによって，語りの内容そのものが変化することが指摘されている．

　インタビューは語り手と聞き手の相互行為によって成り立っているという観点（Holstein & Gubrium 1995＝2004）に立てば，語り手は，情報を詰め込んだ単なる「回答の容器」ではありえず，聞き手である調査者がどのような人物かを見定めながら語っているわけである．聞き手の方も，語り手を誘導したり，インタビュー中に生じた疑問をその場で提示しあったり，聞き手の方で語り手の意図しない質問を投げかけたりしながら能動的にインタビューの場に参与している．インタビューが別人同士の間の相互行為によって成り立つものであるがゆえに，そのようなことが可能となっている．したがって，相互行為として成り立たないものはメッセージとして相手に届けられることはない．語り手が開示したくないことは，メタ・メッセージ（しぐさや言いよどみなど）によって聞き手に推察されることはあるが，具体的なメッセージとして届けられることはないのである．

　自分史の場合，インタビュー調査とは異なり，聞き手の役割自体も自分で担うことになる．すなわち，インタビュー調査の場合は，語り手と聞き手が別人であり，語り手の方で「過去の自己」と「現在の自己」の二重化が想定されるのに対し，自分史の記述の場合は，語り手と聞き手が同一人物であることから，「過去の自己」と「現在の自己」だけでなく（ここまではインタビュー調査と同じである），それら語り手としての自己を「聞く（＝書く）自己」も想定されうるのである．インタビュー調査の語りと自分史の記述どちらも語り手の自己の二重化によって生み出された自己物語である点では同じだが，自分史の場合は，さらに聞き手さえも自分であることによって，実は，いわば自己の三重化によっ

てなされている実践といえるのである.

　加えて, 自分史として外在化した自己物語を最初に読むのは自分自身である
点（小林 2000）を踏まえるならば, すなわち, 書くことと読むことがほぼ同時
に行われていることや, あるいは書き上がったものを最初に読むのは書いた本
人であるとを踏まえるならば, 自分史においては, 過去と現在という時間軸上
で二つに分割できるそれぞれの書かれる自己, 自分史を書く自己, そしてその
自分史を読む自己によって成り立つということをも想定できる. したがって,
書くだけでなく, 読むということをも視野に入れるならば, 自分史を書くこと
において現れる自己は四重にもなる. このように自己の多重性によって自己物
語の産出が行われるのが自分史の特徴ともいえよう.

　インタビュー調査のように別人としての聞き手がどのような人物かによって
語られる内容そのものが変化するということ自体は自分史の場合は起こりえな
いが, 語り手と聞き手が同一人物であることによって, 語り手が開示したくな
いことの具体的メッセージを, 語り手の感情をも含めてそのまま聞き手が体感
できるという特徴を自分史はもつ. あるいはこの記述を読者が読んだらどう思
うのかをそのまま体感しながら自分史は書かれることになる. 先に見た自分史
を書くことによってもたらされる社会調査における権力性や暴力性の気づき
は, まさに語り手と聞き手（あるいは読み手）が同一人物であることによって語
り手の語り得ないものの具体的内容やそれへの感情をそのまま聞き手が体感で
きることによってもたらされる事態であるといえよう.

　このように, 自分史とインタビュー調査は, どちらも自己物語を生み出す行
為である点において共通するが, 記録のされ方や, 被調査者側の自己の現れ方
において異なっているわけである.

3.4　他の方法と自分史との関連

　それでは次に, この自分史を書くということの調査・研究の方法としての位
置づけについて, 他の方法との関連でさらに明確にしてみよう. 様々な可能性
が想定できるが, 本章では紙幅の都合上, オート（自己）エスノグラフィ, お
よびソシオグラフィという二つの方法との関連で, 自分史をとらえてみたいと
思う.

3.4.1　オートエスノグラフィ

　まずオートエスノグラフィであるが，これは，いわゆる論文的な文章だけでなく，小説や日記，誌，音楽，映像など様々な実践が存在するため，明確な定義づけをすることは難しい．オートエスノグラフィを執筆した経験のある社会学者のキャロリン・エリスらは，関連文献を参照しつつ，『Handbook of qualitative research second edition』（邦訳『質的研究ハンドブック』）の「自己エスノグラフィー・個人的語り・再帰性：研究対象としての研究者」（邦訳は第3巻に所収）にて以下のように述べている．

　　　自己エスノグラフィーとは，ジャンル的には自叙伝的な記述とそれをとおした研究に属し，個人と文化を結びつける重層的な意識のあり様を開示するものである．自己エスノグラフィーの実践者は，エスノグラフィックな広角レンズを通して，過去と未来を見据えながら，まずは，自らの個人的経験の社会的・文化的諸側面へと外から迫っていく．そののち，そうした経験の内面へと迫り，文化が提供する慣習的な解釈のありようによって動かされたり，またそうした解釈を促進したり変形したり差し止めたりする，バルネラブルな自己というものを開示することになる．（Ellis & Bochner 2000＝2006：135-6）

　ここではいみじくも「自叙伝的な記述」と記されているが，エリスらが重要視しているのはそれだけではなく，それにくわえて自叙伝的な記述をとおした研究実践を行うことそれ自体と思われる．自分史との関連でこれを言い換えるとするならばそれは，自分史を書くだけではなく，それにくわえて，自分史を書くことを通して見えてきた個人的経験と文化・社会との関係を人類学ないし社会学的に問うことにほかならない．そしてその際に記述されるのが，「バルネラブルな自己」，すなわち「傷ついた自己」であり，その自己がいかに社会的・文化的な物事と関わってきたのかが分析され，読者に伝えられるである．自分史も，弱くなった自己を〈回復〉させるという点が強調されており，ゆえに，オートエスノグラフィと自分史との重なりが指摘できよう．

3.4.2　ソシオグラフィ

　次に，ソシオグラフィであるが，本章でいう「ソシオグラフィ」とは，これまで（社会的あるいは社会学的に）意味づけられてこなかった社会関係（＝〈関係性

の間隙〉）を，社会的な認識として掬い上げるために，「詳細なフィールド調査にもとづいた，（社会的な関係性にかんする）深さのある社会記述」を行うものである（三浦 2006：5-6）．三浦耕吉郎によればそれは，「記述の基本的な対象が（中略）さまざまな社会的な関係性の水準に置かれているという点」や「当事者性と実践性を重視し（中略）『当事者のまなざし』が十分に記述に反映され（中略）例えば既存の『差別する／される』という関係性を，いかにして組み替えていけるのか，といった実践的な志向性」を有するものである（三浦 2006：6-7）．

　くわえてこのソシオグラフィは，職業的研究者だけでなく，すべての生活者に開かれたものである．すなわち，日常生活におけるフィールドワーク（好井・三浦編 2004）において自分たちが巻き込まれている状況をじっくりと観察し，それを論理的な文章だけでなく，場合によっては川柳や手記のような作品として表現・出版することも，その社会的な記述がこれまで意味づけられてこなかった社会的な関係性における〈間隙〉に肉薄するものであればソシオグラフィと位置づけられる（三浦 2006：7）．

　私の自分史の試みは，自分という個人から社会というものを観察し・考え・書くという，いわば自分（個人）と社会との関係性を見つめる作業である．そして，当事者たる自分自身の手で自分自身のことを書き，場合によっては他者に向けて発信することによって，自分自身ないし他者に対して何らかの作用を及ぼすことを企図した実践でもあったわけだから，自分史はソシオグラフィとも重なり合うものととれる[6]．

3.5　質的研究としての自分史

　そもそも自分史は，何も「自分のこと」だけを記述したものに終始しない．私の自分史（や世に出された数多くの自分史）を一読してもらえれば理解できるように，自分史は，自分と関係した人々や社会現象，社会制度といったものもふんだんに盛り込まれて記述されている．身近な家族との関係，学校や地域社会のあり方やそこでの人間関係，受験制度，移動・転居の経験，仕事，介護，病院，死，ジェンダーやセクシュアリティに関わることなど，各人のライフコースにおいて直面した個人的出来事は，社会的な諸条件や社会構造との相互作用で現れるものであり，したがって自分史を書くということは，自らの人生がどのように社会と交錯して展開されたのかをオートエスノグラフィック／ソシオグラ

フィックに把握・記述する実践として捉えられよう.[7)]

　ちなみに中野は,研究者自身の自分史という取り組みは,単なる資料の作成にとどまらない社会的・歴史的意義があることに言及している.

　　　研究者自身の自分史の記述もまた当然「客観的事実」の再構成などではない.（中略）生活そのものではなく,当時の当人（被調査者）が当時の生活を主体的に把握した結果を示す資料である日記を,現在の当人（調査研究者）が現在の観点で編集して（中略）歴史的・社会的現実を再構成したものにほかならない.（中略）過去や現在の「現実」を社会学が観察・分析にもとづいて「再構成」するのは,「客観的事実」を再現しようとするのではなく,あらゆるモノグラフ的研究,エスノグラフィ,ソシオグラフィに共通なように,「現実」を再構成して提示することにより,また,その記述提示の仕方自体によって「現実」をどう解釈したかが示されており,また,それを分析する理論的枠組みをも予め示してさえいるのである.（中野 [1995] 2003：106)

　すなわち,自分史の記述において重要なのは,過去の客観的事実を再現することではなく,過去から現在にかけての書き手の歴史的・社会的現実の再構成を記述によって行うことを通じて,現在の自分がどのようにその現実を解釈しているのかを提示することであり,加えてその記述においては,書き手が現実をどのように分析したのかが示されているということである.

　かつての私自身も,社会問題や社会現象としての「ひきこもり」を社会学的に考察するためには,私個人が経験した「ひきこもり」という状態を自分史として著すことが,すなわち,私自身が当の研究テーマである「ひきこもり」についてどのような認識を持っていたのかを明確にすることがまずは必要ではないかと考えていたため,卒業論文として自分史を試みることにしたわけである.

　オートエスノグラフィにせよソシオグラフィにせよ,重要なのは,自らの当事者性とそれを踏まえた研究実践の二つである.自分史の執筆も,単に自分の生活史を記述するのみならず,自分史を起点にして自分と関係する社会的な水準の問題にアプローチできるという点において,オートエスノグラフィやソシオグラフィと重なり合っており,自らの経験を起点にした社会学的なフィールドワークあるいは質的な社会調査・研究の実践といい得ると考えられるのである.

3.6　自分と社会を交錯する試み──個人から全体への接近

　ここまで，ややアカデミズムよりの調査・研究としての自分史について考察してきた．しかし，自分史を執筆するということは，なにも狭い意味での，すなわちアカデミズムに閉じこもるような研究にとどまるものではないと思われる．

　中野が自分史に対する姿勢として最も強調していたことは，自らの体験・経験した出来事を歴史的資料・記録として残すことだけでなく，以下にも示すように，個人の生活史と社会史を結び付けて歴史や社会を考えることにあった．また，オートエスノグラフィやソシオグラフィといった方法においても，研究者それ自身が持っていた社会認識や歴史認識，あるいは理論枠組みといったものが常に更新されうる可能性を持つものであり，記述においてはそれらの変化の過程について具体的に描写することが重視されていると言えよう．したがって以下では，自分と社会とを交錯させる思考が，自分史を書くという実践においていかに意識されているのかということを検討しておきたい．

　日本における自分史の嚆矢は，歴史学者色川大吉の『ある昭和史──自分史の試み』(1975) とされる．この著作では，色川自身の戦争体験を中心とした自分史と，色川のいう自分史の源流として位置づけられる「ふだん記 (ぎ)」運動を展開した橋本義夫の個人史，そして昭和天皇の個人史がそれぞれ叙述され，「十五年戦争を生きた一庶民＝私の"個人史"を足場にして全体の状況を浮かび上がらせようと試み」(色川 [1975] 2010：10) られている．そしてこの著作は，1975年の第29回毎日出版文化賞（人文・社会部門）を受賞するだけでなく，現在にかけて30万部のベストセラーとなり，その後の80年代における庶民による第一次自分史ブームの火付け役となった．

　色川はこの著作の「あとがき」でこう記している．

> （ふだん記運動などを通して）民衆一人一人が文字を通して自分史を表現することをはじめている．独白や口承を文字化することによって，人は自分を相対化し，自分以外の人生を生きる他者や世界を発見し，人たることの深遠な意味に到達する．同時にそれは自分の経験を理論化し，精神的な共有財産にも変えさせる．(色川 [1975] 2010：381)

　また，後に色川は，この著作を振り返り，自分史についてこう記している．

　　私は思う．自分史の核心は歴史と切りむすぶその主体性にある，と．自
　　分と歴史との接点を書くことになる．だから「自分×史」なのである．／
　　自分の人生の方向を決定づけたような原体験（最も重い経験，その後の経験の
　　もとになったような体験）を記述することによって，その時代の活きた情況
　　──世相，風俗，社会意識やそれに捉われていた自分の姿を描きだす．や
　　さしくいえば一人々々の庶民の切実な自己認識の記録なのだ．（色川 1992：
　　17）

　この色川の主張は，色川自身によれば，当時の歴史学の主流であったドイツ
実証主義史学やマルクス主義的な社会構造論的歴史認識に対する挑戦であっ
た．すなわち，色川の自分史の試みは，法則定立科学としての歴史学が見過ご
してきた，自らの生を全体史の中にいかに位置づけるのかという歴史認識にお
ける自覚を，自分史を叙述することを通して実践していくものとして位置づけ
られるものであった（色川［1975］2010：38-9；色川 2000：150）．
　この色川の認識を引き受けて，中野は以下のように述べている．

　　いったい「自分史」という言葉は，日本史学者の色川大吉さんが『ある
　　昭和史──自分史の試み──』（中央公論社，1975年）を書いたことから始ま
　　りました．その後彼は『元祖が語る自分史のすべて』（草の根出版会，2000年）
　　という本をも出して「誰にも書ける自分史」とその書き方を教えるなどし
　　たため，大いに「自分史」を書くことが流行したのは良いことでした．自
　　分の生涯に即して社会の歴史を考えてみるからです．（中野 2003：4）

　中野も，色川と同様に自分（という個人）と社会（および歴史）を結び付けて考
える手段として，自分史という試みの有効性を主張している．中野がこのよう
に自分史の意義を抱いているのは，彼が社会学の調査研究において，個人とい
う主体を理解することを非常に重視していたためでもある（中野［1981］2003）．
すなわち，「社会と個人が相互規定するというのは，その個人の生涯を通じて
のことであり，社会が個人に状況として受けとめられることは，個人が社会を
規定する最も身近な最初の局面であり，そのような状況の変転に個人は主体的，
能動的に参与しうる」（中野［1981］2003：35）という中野の認識の上では，自分
史という試みは，「特定個人のモノグラフ的研究を通して（中略）人間個人から
全体社会へ接近する試み」（中野［1981］2003：27）の典型的な現れと言えるので

ある.

4　当事者学としての自分史

　自分のことを全体社会との関連で思考するという自分史の試みは,すなわち,社会における一人の当事者として,自分自身と社会との両方を捉える試みである.「ひきこもり」などのマイノリティとしての経験においてそれは,いまだ自己認識としても明らかとなっていない自らの問題・課題・困難・葛藤といったあいまいな感情・経験・意識といったもの（いわば問題経験（草柳 2004））を,自分史を通して明確にし,くわえて社会＝他者＝読者に対してメッセージを投げかけていくことと捉えられる.

　自分史は弱くなった自分を〈回復〉させるために書かれることは既にみたとおりであるが,自分史は研究や社会運動といった,自分の生きづらさを踏まえた社会的アクションを生み出す契機ともなり得るということである.以下では,当事者学／当事者研究[8]に着目し,より社会運動的な側面,あるいは学問における社会運動としての性質に目を向けた方法としての自分史を捉えてみたい.

4.1　自分史を通した経験の再定義と「当事者」としての主体化

　「当事者学」とは,1970年代の女性運動における女性学を先駆とした「当事者の知を発信する自前の学問」（中西・上野 2003：186）のことである.この当事者学は,女性学を皮切りに,レズビアン／ゲイ・スタディーズ,患者学,障害学など,様々な領域に展開されていった.また当事者学の文脈における当事者は,単に「問題を抱えた人」というものではなく,「自己定義によって,自分の問題が何かを見きわめ,自分のニーズをはっきり自覚することによって,人は当事者になる」（中西・上野 2003：196-7）ものとされる.

　この当事者において重要なのは「欠乏や不足という意味から来ている」当事者の「ニーズ（必要）」である（中西・上野 2003：3）.その「ニーズ」とは,「私の現在の状態を,こうあってほしい状態に対する不足ととらえて,そうではない新しい現実をつくりだそうとする構想力を持ったときに,はじめて」（中西・上野 2003：3）わかるとされ,そのような「ニーズ」を持った人々のことを中西や上野は「当事者」と定義する.

　そして,この当事者学における「当事者の知の発信」には様々な実践（例え

ば社会運動としての当事者運動や，セルフヘルプ活動，芸術的・文化的表現活動など）が
ある．この当事者が自らの経験を外部に向けて発信するという実践，つまりは
当事者が自らのニーズを社会に対して表明するための手段として，すなわち自
らの経験を外部に向けて発信するという実践の一つとして，自分史を捉えるこ
ともできよう．なぜならば，とくにマイノリティとしての経験（私の場合「ひき
こもり」の経験）を自分史として書くということは，自らを当事者学の文脈での
当事者として位置づける契機ともなるからであり，自分史を書くということは，
自分の経験を秩序づける行為であるとともに，「当事者自身がみずからの経験
を言語化し，理論化して，社会変革のための『武器』のきたえあげていく」（中
西・上野 2003：16）過程に他ならないからである．

　これまでみてきたように自分史を書くということは，自分史を社会史と交錯
させることを通じて自らの経験に社会的な意味を与え，全体史の中に自らの主
体的な歴史を位置づけていくことを含む実践としてある．マイノリティとして
の経験を自分史として書くとした場合，それは必然的に自らの経験が社会とど
のように対立し，葛藤したのかを書くことになる．なぜならば，マイノリティ
などの経験を持った人は，そのような葛藤を整理することに直面する／せざる
を得ない状況下に晒されているためである．すなわち，A. シュッツを参照し
ながら「ひきこもり」経験者の問題経験に着目した社会学者関水徹平が言うよ
うに，「ひきこもり」の経験などの「問題」を経験した人々は，「自明視された
経験の定義の仕方，あるいは『われわれ』の『状況の定義』を，私個人の生活
史的諸事情と関連したものとして再定義することに迫られ」（関水 2011）ており，
その問題経験の当事者（関水 2011：2018）が自らの「経験の再定義」（色川 2000：
132-7（発言者は色川の対談者である上野千鶴子））を企図するものとして，自分史は
書かれるわけである．自分史は，自らの問題経験自体を全体（歴史・社会・世界）
との関係で再定義し，経験に秩序や意義を与えていく実践といえる．

　この経験の再定義の際に，単に一個人の経験としてのみならず，何らかの社
会的カテゴリー（「学徒出陣学生」，「女性」，「ひきこもり」など）との関連で自らの
経験を叙述することを試みた場合，それは，そのカテゴリーに対して「能動的
な『同一化 identification』」「位置的主体化 positional subjectification」（上野 2011：
79）を果たすことに他ならない．そして，そのカテゴリーへの同一化・位置的
主体化を通じて社会に対して何らかのメッセージを発することを企図した場
合，それは自らを「ニーズの帰属先」としての当事者として位置づけることに

なる．つまり，何らかの社会的カテゴリーと関連した自分史を書くことは，そのカテゴリーの当事者となる実践，すなわち当事者学のいう「当事者になる」実践であることに他ならないのだ．

4.2　他者＝読者へ向けた自分史——ニーズの表明としての自分史

　自分史を書くということは，「書くということが引き金になって，自分と周囲との関係を変えていくアクション」(色川 2000：107 (発言者は色川の対談者である上野千鶴子))にもなり得る．実際，「ひきこもり」を経験した諸星ノアは，自分史ともいえるべき自著の執筆作業を，「自分の弱さや情けなさ，恥部を披露する作業だった」(諸星 2003：199)としつつ，自著の最後を以下のように締めくくっている．

　　　この本で私は，自分の弱い，情けない，恥ずかしいところを披露してきた．今私は，こんな自分だから，もしかしたら，読者の皆さんとつながることができるのではないかと思い始めた．／弱い者同士が傷を舐め合うような行為を嫌うむきがいるのは，分かっている．しょせん負け犬，負け組の論理じゃないかと．それを承知で言うのであるが，自分の弱さで，皆さんとこの本を通じてつながれないかと願ってやまない．(諸星 2003：200)

　自分史は，書き手によって「自己と他者の双方へ同時に呈示される自己の物語」(小林 1997：218)として書かれ，他者(＝読者)に読まれることになる．そして，さらけ出した自分の弱みによって他者(＝読者)とつながることを通じて，自分というものが〈回復〉していくわけである．

　また，自分史を通して他者へ提示することによって自らの経験を問題化する過程は，自分のニーズを社会に対して表明する過程ともいえる．もう少し詳しくいうと，自分史を書くということは，①自分史を執筆していくことで自らの経験を秩序づけ，自らのニーズを明らかにしていく過程と，②そのようにして明らかになった自分にとって自明なニーズ(かつ，社会からはニーズとしてみなされていない潜在的なニーズ)を，当事者として社会に対して表明し，顕在化する過程の両方を含むものといえる．

　　　ニーズが潜在化されている限り，当事者は当事者とはならない．社会問題の構築主義の立場に立てば，クレイム申し立て活動の担い手になった時

にはじめて当事者は「ニーズの主体」として「主体化」される.（上野 2008：
18）

　　「当事者になる」ことは，みずからニーズの主体となり，社会がそれを
　満たす責任を要求するクレイム申し立て活動と不可分である．いまだ存在
　していないニーズを生成し，顕在化させるプロセスは，どういう社会が望
　ましいか，という社会構想力をともなう創造的な過程である．それには，
　規範的，政治的な選択が関わってくる．（上野 2008：36）

　上記の上野の記述でも示されていることは，他者に読ませるための自分史を
書くということにおいても示唆的である．他者に読ませるための自分史を書く
という実践には，クレイム申し立て活動という，当事者運動も含みうる社会運
動的な側面も有しているということである．言い換えれば，クレイム申し立て
活動としての自分史には，ニーズの主体としての書き手のニーズが記述されて
いるということであり，執筆者自身のこれまでの経験を踏まえた望ましい社会
のあり方が記述されているという点において，自分史は創造的でかつ規範的，
政治的な実践といえる．
　私に限らず，これまで多くの「ひきこもり」の当事者たちが，自らの経験を
もとに自分史を書き，それを他者に提示することを行なってきた．本章の議論
でそれらの行為を捉え返すとすると，「ひきこもり」の自分史を書くという実
践は，自らのニーズを社会に対して訴えかけるという行為，すなわち「ニーズ
の主体化」という実践として理解できるのである．

4.3　当事者学としての自分史——ニーズの4類型を手掛かりに

　ここまでの議論を，上野が提示したニーズの4類型から整理してみよう．上
野は，ニーズ概念を考える上で，ニーズの帰属先である当事者を横軸，それ以
外の第三者を縦軸においた四象限をおき，それぞれの軸のプラス極を顕在，マ
イナス極を潜在とおいたニーズの4類型を提示する．上野によれば，第1象限
は当事者顕在・第三者顕在の「承認ニーズ」，第2象限は当事者潜在・第三者
顕在の「庇護ニーズ」，第3象限は当事者潜在・第三者潜在の「非認知ニーズ」，
第4象限は当事者顕在・第三者潜在の「要求ニーズ」とされる（上野 2008：12-
7，2011：67-72）．この四象限ダイアグラムを分かりやすく図示すると図1-1

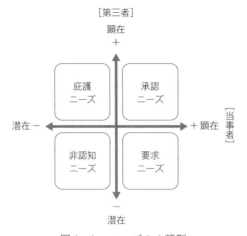

図 1-1　ニーズの 4 類型

（出所）上野（2008：14，2011：71）より作成.

のようになる.

　この四象限を用いた理念的な思考ではあるが，非認知ニーズを要求ニーズの水準まで引き上げる過程は，すなわち，当事者の自己認識ですら潜在的であり認知されていないニーズを，自分史を書くということを通じて明確化していく過程と捉えられる. そしてそれは，自分や他者にとって未知なるものを解明するという点において，研究の過程と性質を同じにするものといえる.[9]

　また次の段階として，当事者において明らかになった要求ニーズを，第三者に対して承認ニーズとして申し立てをする過程が想定される. その過程は，権利要求の当事者運動として様々な形式で行われてきたものである. 自分史においても，社会的においては承認されてはいないものの，自分史を執筆することを通して当事者にとっては顕在的になったニーズを，自分史の公表を通じて他者に対して発表することによって，自らの要求ニーズを社会的に承認するように読者に働きかけることができる.

　別言すれば，読者が自分史を読むことは，当事者のニーズを解釈するということであり，それは当事者のニーズを汲み取ることに他ならないのである. 記述の中に埋もれているニーズを汲み取るということは，潜在化しているニーズを顕在化させることでもある. したがって自分史を読むということは，書き手と読み手の相互作用を通した潜在的なニーズの探求ともいえ，読者にとっては，

自分史を執筆した当事者に対する想像力を働かせる実践ともいえよう.

5　「『ひきこもり』の自分史」の社会学的意義

5.1　自分史執筆までの経緯

　自分史という方法の検討を踏まえたうえで, 最後に, 以下, 私の自分史執筆までの経緯を振り返っておこうと思う. 執筆当時の私は, 卒業を間近に控えた大学 4 年生であり, いわゆる「ひきこもり」状態を抜け出してから数年経っていた. ただし, 一見「ひきこもり」から抜け出したように見えていても, 私自身の感覚としては, 自らの経験を自分の中で整理をつけ無いままに, 騙しだまし生活を送ってきたという感覚があった.

　そもそも私は, 自分史を書くまでは, 私の周りにいる人や私に関ってくれた人に対して, 私の「ひきこもり」経験を語ったことはほとんど無かった. 大学で出会った人々をはじめ, 周囲のほとんどの人々は「ひきこもり」とは関係のない生活を送ってきており, 「ひきこもり」に対して理解があるようには思えなかった. また, 大学生当時の私は, 「ひきこもり」という経験に対して, より正確に言えば, 高校を退学した経験や周囲の同級生よりも数歳年上であるといった, 周囲とは異なる経験をしていることに対して劣等感を抱いていた. だから, 自分の経験をあからさまに話すことで周囲からドン引きされたり, あるいは自分自身が〈痛い〉人間になってしまうことを避けていたわけである.

　それに, たとえ多少なりとも自らの経験を語ったとしても, 具体的な過去に言及するわけではなく, あいまいな表現を用いてはぐらかしていた. 実際には同級生よりも数歳年上だったとしても, それをごまかしたり, 場合によっては同い年と偽るなど嘘をつくこともあった. 部活や校友関係など高校時代の「あるある話」も, そもそも周囲と同じような経験 (＝あるある) は, 私にとっては乏しい経験だったので, 多少盛って話していたと思う.

　ゆえに, そのような私の身の上話は, 周りの人間にとってはおそらくとてもリアリティに乏しいものとして映っていたに違いない. まさしく, E. ゴッフマンの言葉を借りるならば, それは「パッシング」という実践であるように思われる (Goffman 1963＝2001). 「ひきこもり」の当事者においてこのようなパッシング実践がみられることは, すでに石川良子も論じていることであり (石川良子 2003, 2007), 私においてなにも特殊な実践であったというよりも, 「ひき

こもり」の当事者においてはかなり一般的にみられる実践だったのだろうと思う．おそらく，大学生当時の私にあった「ひきこもり」は恥ずかしい経験であるという観念が，自己の領域において「ひきこもり」経験をスティグマ化するように促し，日常生活の局域においては，そのような経験を持っているということを他人に悟られないように振舞わせたのではないだろうか．[10]

さらに，大学4年生になって以降，卒業論文の研究テーマとして「ひきこもり」を考える際にも，（それまで私の中で自らの経験を整理してこなかったせいもあるが）私以外の当事者や研究者の言説に無批判に乗っかるばかりで，これまでの「ひきこもり」に関する言説に対する批判的視点はほとんどもっていなかったと思う．すなわち，自分が経験したことではあるものの，あくまで他人事として「ひきこもり」について研究しようとしていたわけである．

しかし，このようないわば自らの経験に触れない，いわば〈隠す〉という実践も，だんだん限界に近づいて行った．研究を進めても，何ら苦しみが解決されることは無く，むしろ精神的に追い込まれるようになっていった．空虚感（むなしさ）や閉塞感（やり場のなさ），あるいは「希死念慮」（もう死にたい）という観念を増大させるばかりであったわけである（2009年12月の卒論執筆当時の認識）．

そもそも，周りの人たちが評価する「私」は，いわば「分厚い仮面を被った私」であり，「ほんとう（だと私が思い込んでいる）の私」が評価されているわけではないという観念が，月日を経るごとに私の頭の中で支配的になっていった．自らの経験を偽ることを通じて他者から得た評価は，私自身の「ほんとうの評価」とは感じられず，むしろ私の自尊心を傷つけていった．

5.2 転機としての自分史という方法の発見

指導教員であった三浦耕吉郎先生からも，演習の際には当事者の視点に立脚した研究の必要性を指摘されていたし，大学4年生になると，自らの不登校経験の後に不登校や当事者論に関して研究をしていた貴戸理恵先生が関西学院大学に着任され，その貴戸先生の演習も受講していたこともあり，自分なりに卒論に向けた模索をしていた．また，自分の不勉強さや研究の方向性の不明確さから夏季の大学院入試に落ちてしまったということもあり，卒論や大学院に入ってからの研究に対して，本格的にどうにかしないといけないという意識もあったと思う．

そこで当時の私が考えたことは，まず「ひきこもり」状態から抜け出して以

降数年間のうちに形づくられてきた「分厚い仮面」というものを剥ぎ取って，その下にある「ほんとうの私（たとえそれが「分厚い仮面」と同じく虚構の産物であるとしても）」をさらけ出すことではないかと考えた．私自身が抱えていた空虚感や閉塞感あるいは希死念慮というものは，その「分厚い仮面」を持ち続けるがゆえに生じるものであり，まずはそれを捨てる必要があるという認識に至ったわけである．

　しかし，単に自分のことをさらけ出すだけで研究になるのだろうかという懸念もあった．その際に出会ったのが，中野卓の個人生活史についての一連の研究である．出会った経緯としては，研究としてどのような方向性が妥当かを検討しているときに，『社会学的フィールドワーク』（好井・三浦編 2004）に収録されている玉野和志論文「魅力あるモノグラフを書くために」（玉野 2004）で日本の生活史研究の第一人者であった中野の紹介がなされており，玉野自身は批判的であったものの，私としては中野の行った自分史という方法に目を引かれ，参考文献にあった『「学徒出陣」前後——ある従軍学生の見た戦争』（中野 1992）を手に取ってみて，自分でも自分史をやってみようと思いついた．自分史を書くことで，自分の「分厚い仮面」を形成させる依り代となっている自らの「ひきこもり」経験を整理・記述することができるし，中野が自分史の記述を研究として行っていたのだから，私が書いた自分史も研究だと言い張れると（浅薄ながら）考えたわけである．理由づけとしての論理の飛躍や目論見の浅はかさが透けて見えるが，やはり私は，自らの「ひきこもり」経験をきちんと見つめて，整理しておきたかったのである．

5.3　自分史を他者に向けて書くことの意味

　しかし，自分史というものを他者に向けて発信する必要性は果たしてあるのだろうか．人によっては「そんなものは引き出しにでもしまっておけばいいのではないか」と思われることであろう．

　たしかに，自分の気持ちを整理するためだけに書くならば，そのような考えも妥当だと考える．しかし私は，ただ自分の気持ちを整理するためだけの目的で自分史を書くわけではなかった．率直に言えば，書き記した自分史を他者に向けて発信したかったのである．さらに言えば，他者に向けて「ほんとうの私」を晒すことによって，私の自分史を読んだ方々の評価を知りたかったのである．そして，この読者の評価が私に対して更なる行動（＝研究など）を起こすように

働きかけ，私と読者の間での何らかの相互作用が展開されるであろうと考えた
わけである．

　「ひきこもり」状態というものは，少なくとも私の場合は，今まで歩んでき
た人生の中でも非常に重要な出来事であったが，にもかかわらず，この経験を
自分の中でどう位置づければよいのか，また，そもそもあの経験は一体なんだっ
たのか，自分史執筆前の私においては，よく分からない出来事と感じられてい
た．

　したがって私が行った自分史の試み，つまりは，「ひきこもり」を含めた自
分の人生上の出来事を整理・記述し他者に向けて発信するという試みは，自分
史を媒介とした読者（＝他者）との対話を通じて，自らの経験がどのようなも
のであるのかということを位置づける試みでもあったわけである．私にとって
自分史というものは，〈私―他者〉間における相互作用の発端となるものであ
り，私は自分史を媒介にして，私以外の他者との〈対話〉を試みたかったとも
いえよう．

5.4　「苦痛」や「怖さ」，「恥ずかしさ」をあえて書く・発信する

　ただし，「ひきこもり」経験というものは，他人に向けて説明しづらい・し
たくない経験であるという感覚も，自分史執筆当時の私は非常に強く持ってい
た．実際私は，自分史執筆を通して，他人や自分を欺くことを通じてそれまで
あまり意識することが無かった自身の「ひきこもり」経験を振り返ることになっ
た．やはり「苦痛」というものを感じたし，自分史を読んだ人たちの反応を予
想してみると，やはり「怖さ」や「恥ずかしさ」を覚えずにはいられなかった．

　無論，そのような「苦痛」や「怖さ」，「恥ずかしさ」は，上記のように，少
なくとも私の場合においては，「ひきこもり」経験をひた隠しにするという実
践によって温存されてきたものであるようにも思っていた．自分の中にある「む
なしさ」や「やり場の無さ」をどうにかしたい．あるいは，自分の経験が他の
人たちにどのような波紋を与えるのか知りたい．そのためならば「苦痛」や「怖
さ」，「恥ずかしさ」を乗り越えなければならない．このような当時の心境が，
自分の経験を自分史として暴露する動機づけになっていたのである．

　それに加えて，「ひきこもり」を経験した時期，その部分だけを記述すると
いうだけでは，なにか物足りない気もしていた．「ひきこもり」状態になる前
にも，そこへと水路づけられるような経験があるはずだし，「ひきこもり」状

態から抜け出した後も，「ひきこもり」であったことが生活に大きな影響を与えていると感じていたからだ．したがって私は，「ひきこもり」の時期だけに焦点化することなく，執筆当時までの自分の生活史の約25年間を振り返ってみて，とくに必要だと感じたことも記述していく自分史のスタイルを採用したわけである．

5.5　「『ひきこもり』の自分史」の執筆過程について

　このような経緯のうえで，私は卒論として自分史を書いた．その自分史は，基本的には私自身の記憶を頼りに書き進められていった．NHK学園高校や桃谷高校，大阪商業大学や関西学院大学の当時の資料は手元にあったので，適宜それを参照して記憶を確かめるということも行ったが，幼少期のころや小・中学校時代，藤島高校の当時の資料は，ほとんどが処分されており参照できなかったため，現在入手できる資料（学校行事表や学校年表など）がある場合は，それをもとにして記憶を確かめる作業を行った．

　記憶を中心に記述していったので，数日から数か月程度の時系列的なズレがある可能性はあるであろうし，とくにそれは，小さな頃ほど顕著であろう．また当然にして，思い出せないがために記述できないことも多々あると思われる．しかし私としては，そのようなことは余り問題にならないものと考えている．確かに，自分史という実践は，現時点での自己の「物語」を紡ぎ出した記述であるという点において，いわゆる「客観的」な記述とは言えないかもしれない．しかしながら，そもそも自分史を書くという実践において重要なことは，「客観的な歴史的記述」というよりも，「私が過去に経験・体験したものの，現時点（＝執筆時点）における主観的な（ある種の物語的）記述」であると思われるからである．

　なぜなら，私のような当事者が書く自分史においては，「私が過去どうであったか」以上に，「私が過去をどう捉えているか」ということが問われるべきだと思うのである．当事者たるいまここの自分が，かつてのあそこの自分をどのように捉えているのかを記述・分析することによって，現時点での当事者たる自分に存在する課題が浮き彫りになっていくわけだ．少なくとも私の自分史は，そのような意識をもって記述したつもりであるが，執筆時点での私の力不足ということもあり，読み手にとっては，なかなか現在（執筆当時）の私が「過去をどう捉えているか」見えにくい箇所もあるであろう．

　ちなみに私は，自分史を書き進めながら，身内の死に関する箇所では涙を流したり，兄の結婚式のくだりでは爆笑したりしていたが，これは自分史を書くという実践が，過去の経験・体験を再体験させる営みであるということなのだと思う．したがって，余りにも書くのがつらいところ，恥ずかしいところは書かなかったし，表沙汰にはできないこと，トラブルになる可能性のあることは，なるべく記述を避けたつもりである．よって，読み手に対して私の経験がうまく伝わらないところもあるとは思う．その点はご容赦願いたいと思う．

　くわえて，私の自分史はなるべく広範な方々に読んで頂きたく思ったので，かなりくだけた文体を使用した．「ですます調」を使用したのも，読者の方の読み易さを考慮したためである．

　私は，自分史を書き進めるにあたっては，幼少期から高校受験（第3章）までは，時系列順に書き進めていったが，藤島高校時代（第4章第1節）に入った途端に筆が止まってしまった．締め切りも近く，仕方がないので，私は藤島高校時代の記述を一旦飛ばし，退学〜大検（第4章第2節），一人暮らし「ひきこもり」期（第4章第3節〜4節）と書き進めていった．

　しかし，一人暮らし「ひきこもり」期の途中の記述で再び筆が止まってしまった．そのため，その時代の執筆を途中で中断し，桃谷高校時代（第4章第5節〜6節）に進んだ．それを書き終えた頃には，途中で中断した第4章第3節〜4節が書けそうだったため，一人暮らし「ひきこもり」期時代を最後まで書き進めることにした．それらを書き終えた後になると，藤島高校時代（第4章第1節）がやっと書けそうな感じでしたので，なんとかその時代のことを書き，そこが書き終わった後，大阪商業大学時代と関西学院大学時代（第5章）と書き進めていった．第5章第5節のエピソードは，すべての自分史の記述を書き終えた後に書いたものである．

　さて，私としては，筆が止まるということや，筆が止まった箇所が，非常に重要と考えている．というのも，自分史の試みを社会調査に引き寄せて考えてみると，「筆が止まる」ということは「語りにくいこと」と捉えられると思うからだ．つまりは，藤島高校時代と一人暮らしの「ひきこもり」期は，私にとっては，他の時代と比べて語りにくい時代であるということである．書き進めている途中においても，他の章以上に「苦痛」や「怖さ」，「恥ずかしさ」を感じていたので，この二つの時代は，執筆当時の私にとっての「恥部」ということなのであろう．このように自分史を書くということを通じて，私は「社会調査」

という行為がはらむ調査される側の感情（痛い・怖い・恥ずかしい）を再確認することができたとも思う．

　ゆえに私の自分史の試みは，執筆当時の私の「25年間分の人生のフィールドワーク」の成果ともいえるかと思う．ただし，たった数万字程度で私の25年間すべてが書き尽くせるわけがないし，たとえ膨大な時間を費やしたとしても書き切れるものではない．私の自分史の背後には，文字にはあらわされなかった様々な出来事，様々な方々が存在するということになる．そのような文字にならない背後にある出来事も，直接文字にはなっていないものの，本文に対して何らかの影響はしているであろう．無論，たとえすべてを語り尽くせていないとしても，私が書いた自分史は，紛れも無く一人の個人が歩んだ生活史であり，現在（執筆当時）の私が語る私の人生の物語である．

6　ま　と　め

　さて，ここまで自分史という方法の位置づけと意義について論じてきた．本章では，自分史は一般的には自分の〈回復〉のために書かれることを確認したうえで，まず調査・研究としての自分史の位置づけを生活史，インタビュー，オートエスノグラフィ，ソシオグラフィとの関連で検討し，質的研究としての自分史の特徴を明らかにし，加えて，自分史が自分と社会とを交錯させて思考する実践として捉えられることを論じてきた．

　この自分史と社会を交錯させる思考として，本章では自分史の当事者学としての特徴に着目し，自分史が過去の経験の再定義を通して，何らかのカテゴリーの当事者として主体化する契機としてあること，他者に向けた自分史はニーズの表明として捉えられることを示したうえで，上野千鶴子のニーズの4類型にもとづきながら，自分史を書くことが，非認知ニーズから要求ニーズへ，また要求ニーズから承認ニーズへとの移行を促す実践として理解できることを確認した．

　以上の議論から，「ひきこもり」などマイノリティの経験やそのような人々の生活のあり方を捉えるにあたっては，当事者自らが自分史を執筆し，記述分析し，提示するという方法も，一つの研究の方法となり得ると思われる．「ひきこもり」に引き付けて言うならば，「ひきこもり」の当事者が「ひきこもり」の自分史を書き，分析し，提示するという実践は，自らの内にある明確化でき

ていない課題を社会と関連づけて考察させ，その課題を社会的あるいは社会学的な課題として捉えかえす契機となりうるのである．当事者は，自らの生活史を自分史として著すことによって，自らのある種豊かな経験を他者に向けて提示することができるとともに，自らが抱える課題を，反省的あるいは回顧的に社会学的な俎上に載せることができるのである.[11]

　なお，まだ本章において論じ切れていない課題がある．とくに，近年著しい当事者学や当事者研究の蓄積と私の行った社会学の方法との関連は，さらに探求しておくべき課題である．とくに当事者研究においては，昨今では自らの生きづらさを扱うのみならず，多数派の社会と少数派の当事者の相互作用のあり方に目を向ける「ソーシャル・マジョリティ研究」も試みられている（綾屋編 2018）．マイノリティの当事者が，自分のことだけでなく，自分のことと社会のこと分割したうえで，両方の相互作用において生み出される生きづらさに着目するとき，その行為は社会学としての側面も大いにあり得るだろう．したがって次章では，本章の議論を踏まえつつ，自分にだけにとどまらない「当事者として社会学する」ことの意味を探求していきたい．

注
1）　浅野智彦は，1990年代以降の自分史の量的拡大の背景として，自己確認・自己構成の手段としての自分史，すなわち，自らの人生を再帰的に思い起こし，ストーリー化するという〈自己のテクノロジー〉としての自分史の台頭を指摘している（浅野 2002）．また，川又俊則は，高齢者の自分史執筆に着目し，自己の人生を表現する方法として，すなわち「自己の存在証明」のために自分史が書かれることを指摘している（川又 2002）．
2）　もちろん，あまりにも苦痛な経験であるため，記述することができないという事態もあり得る．生活史を研究する有末賢は，自伝における記憶と時間を論じるなかで，記憶を呼び覚ますことによる「回想する苦痛」（思い出すこと自体が苦痛）や，その回想を「記述する苦痛」（言葉に出来ない）の存在を指摘している．とくにそれは，自伝において「記述の欠落」として現れるが，それは読み手だけでなく書き手に対しても「反省的（reflexive）自己意識」を覚醒させるものである（有末 2012）．記述されたものだけでなく，記述以前のものに注目する視点は，潜在的なニーズへの想像力を担保する上でも重要である．
3）　生活史研究という範疇を超えて，これまで多くの社会科学者が自分史を執筆してきた（清水 1949；阿部 2005など）．また，2010年からは，ミネルヴァ書房より「シリーズ『自伝』my life my world」として研究者の自伝が多数刊行されている．

4) 中野は，『口述の生活史』(1977) を皮切りに，日本社会の周縁に位置するとされる
人々の様々な「語り」を記録・刊行し，日本における生活史研究を主導してきた社会
学者であったが，彼が長年の生活史研究の先に行き着いたのは，自らの自分史の記述
であった（『中学生のみた昭和十年代』(1989)，『「学徒出陣」前後——ある従軍学生が
みた戦争』(1992) など）．中野によれば，これらは「年来の『ライフ・ヒストリー（個
人生活史）研究』の一部」（中野 1992：iii）として捉えられるものであった．

5) 「私が私を語る」という自己物語それ自体が，自己の二重性によって可能となってい
る点は重要である．浅野智彦はこの点を指摘しつつ，自己それ自体が自己物語によっ
て発現すること，その自己物語は「語り得ないもの」を含みつつも隠蔽されており，
その隠蔽された「語り得ないもの」を含んだ自己物語が他者から承認されることによっ
てはじめて，物語にリアリティが与えられることを指摘している（浅野 2001）．

6) なお三浦は，ソシオグラフィを単なる社会学的な記述の一領域ではなく，「記述をつ
うじての理論の再検討や修正や革新や生成がつねに継続状態にある場」（三浦 2006：
29）と捉えているが，それの意味するところが，研究が研究者の記述（論文や報告書
の執筆と公表）によって閉じてしまうものではなく，他者（書き手以外の自己や読者
となる他人）に対して開かれているものであると理解するならば，これまでのライフ
ストーリー研究やオーラルヒストリー研究でもたびたび指摘されてきたように，研究
における読者の役割や意味についても探求する必要があると思われる．

7) また，そもそも自分史などの自己物語産出にあたっては，他者性が必要となる．井
上 (1996) の議論を参考に小林は，自分史の記述においても「他者の作った物語」（家
族や友人など身近な他者の物語から，占い，慣用句，歴史上の人物の伝記など）が織
り込まれていることを指摘している（小林 2002）．

8) 前述したように「当事者研究」といった場合，それは北海道の浦河町で始まった「べ
てるの家」での統合失調症を中心とした当事者研究（浦河べてるの家 2005）や，それ
に触発されて始まった発達障害を中心とした当事者研究（綾屋・熊谷 2008）といった
独自の発展を遂げたものを想定しやすい．本章では，そのような当事者研究だけでな
く（それらも含みつつ），女性学や障害学といった，差別や抑圧を強いる社会に対抗す
る当事者によってなされるという，より政治性をはらみつつなされる「当事者研究」
を指すものとして「当事者学」という言葉を使用する．

9) べてるの家から始まった当事者研究も，この要素を含んでいる点において「研究」
と言い得る．すなわち，言葉にされていない（あるいは専門家による言葉しかない）
自らの経験に対して，同じような経験を持った仲間（他の当事者）とともに対話する
ことを通じて，医学的な知識とは距離を取った当事者独自の言葉を経験に対して与え
ていくという実践においてである．

10) ただし，（少なくとも私の場合）なぜ「ひきこもり」経験は恥ずかしい経験だと捉え
てしまったのか，また，なぜ「ひきこもり」状態をスティグマとして捉えてしまった
のかについては，本書における論点を支える経験としてある．

11)　ちなみに，ヨーロッパにおけるジプシーを研究するイギリスの社会人類学者のジュ
　　ディス・オークリーは，"retrospective fieldwork" という用語を使用し，彼女自身の10
　　代における寄宿学校での経験についての自伝的な記述を行っている（Okely 1996）．日
　　本では，三浦耕吉郎が，大学生に対する質的調査の教育という文脈において「研究テー
　　マの探求と自身の生活史の探求とを相即的に展開させていく」ための方法として「レ
　　トロスペクティブ・フィールドワーク」を提案している（2015年11月23日社会調査協
　　会シンポジウム「質的調査における多ディシプリン性をめぐって」）．

第 2 章
社会学的な当事者研究へ向けた試論
——私が直面した研究をするにあたっての方法論的問題点の整理

1 本章の課題

　本章の目的は，本書で私が遂行した当事者研究的な社会学の学問的方法について，その妥当性を論じることである．読者のなかには，本章が置かれることにいささか迂遠な印象を抱かれた方もいるかもしれない．しかしそれでも本章を置くのは，本書における研究方法が一般的な社会学や社会調査のテキストで書かれていることからの「逸脱」の可能性を意識しつつも，それでもなお本書の方法が社会学の方法であり得ることを説明したい．

　ここまででも示したように私は，かつて自身が経験した「ひきこもり」を研究テーマとし，フィールドでは自身を「当事者」と明示し，インタビューに協力してくれた当事者には前もって私のライフヒストリーを書いた自分史（→第II部）を提示したうえでインタビューを行っていた．また，細かいリサーチクエスチョンの設定やデータの分析と考察に際しては自らの当事者としての経験を用いているように思われる．したがって，この当事者経験を持つテーマを社会学的に研究するという事態について，その方法論的意義と妥当性に関して考察する必要があると考える．

　本章では，まず社会学において「当事者」という概念がどのように扱われてきたかを踏まえつつ（第2節），当事者研究や当事者発信が活発な現在的状況において（第3節），被調査者と同様な経験を持つ研究者（本章では便宜的に「当事者研究者」と呼ぶ）は，調査において対峙する被調査者と論文において対峙する読者に対してどのように立ち現れるのかを議論する（第4節）．そして研究において当事者経験がどのように生かされるのかを，M. ヴェーバーの学問論や，見田宗介の「原問題」，C. W. ミルズの社会学的想像力の議論を参照しながら整理し（第5節），最後に当事者研究者の社会学の方法論における独自性を提起したい．

　なお本章での議論は，私自身がかつて経験し，そして本研究におけるテーマ
となっている「ひきこもり」についての私自身の調査研究をもとにしているた
め，本章でいう当事者としての経験は，「ひきこもり」がそうであるように，
いわゆる「生きづらさ」や「マイノリティ」としての性質を帯びた経験が前提
となっていることを付記しておく．

2　社会学における当事者の扱われ方

2.1　自明であるがゆえに問われない当事者

　近年，とくに2000年代以降，ジェンダーやセクシュアリティ，障害，エスニ
シティ，不登校，慢性疾患など，いわゆる「生きづらさ」やマイノリティに焦
点を当てる社会学的な研究においては，自らの「当事者性」(当事者としての性質)
を表明した研究が目立ちつつあるように見える．無論，我々が社会というもの
の中で生きている以上，あらゆる社会学は我々の経験から出発しているはずで
あり，したがってあらゆる社会学は社会内部からの観察であるはずである (佐
藤 2011)．ゆえに，論文の書き手である研究者のこれまでの人生経験や出自，
属性等々の中から研究のテーマを設定したり，自らの当事者性を利用しながら
調査をしたり，自らと対話しながら分析や考察を重ねつつ研究成果を出してい
くこと自体は，社会学の方法としては特段奇妙なことではない．これまでの社
会学の先達の業績をひもとけば，それが彼らの人生経験といかに連続的であり，
そこからいかに知的格闘をしていたかに気づかされる．
　しかし大抵の社会学者は，研究の対象となる人々や周りの研究者に対して自
らを「私は当事者である」と表明したり，自らの研究を「当事者による研究」
と意識したりすることはあまりない．もちろんそれは，テーマや方法によると
ころも大きいだろう．例えば社会階層などに取り組む計量研究でいう「当事者」
とは，いわばその階層研究が想定する社会のすべての人々であるし，そこに研
究者自身が含まれていることは自明である (三浦 2010)．しかし，そもそも具体
的な研究遂行にあたって研究者自身が自らも「当事者」であることをことさら
振り返ることはあまりない．なぜなら，被調査者が社会全体を母集団としたう
えでの標本である以上，研究者もその社会全体の中に含まれているという意味
で，被調査者と研究者の共同主観性が研究において既に前提とされているから
である[1]．社会全体を対象とする計量研究においては，研究者を含んだ社会のす

べてのメンバーが「当事者」であり，被調査者と研究者の区分を意識する必要性がそもそも想定されていない．ゆえに，研究者自身の「当事者性」なるものも想定されえないわけだ．

2.2　当事者／研究者は互いに異なった世界を生きていることを想定する思考

裏を返せば，「当事者」という概念が研究において前景化するのは，被調査者と研究者の共同主観性が前提にできないことを意識した研究においてであるともいえる．とくに社会学や文化人類学における質的研究では，従来より何らかの集団なり人物なりを研究に値する「当事者」としてカテゴリー化し，研究者の目から見た「発見」をそのカテゴリー化された研究対象の中から見出していくという研究をしてきたと思われるが，その研究姿勢においては，被調査者は研究者とは異なった世界の住人として扱われているように思える．むしろ被調査者と研究者が異なった世界を生きていると想定するからこそ，両者の間の区分に意味が見出され，そのディスコミュニケーションに目を向ける意義が示されるわけだ（三浦 2004）．

ちなみにこの被調査者と研究者の区分をめぐって，1980年代以降の文化人類学における議論が果たした役割を無視することはできないだろう．例えばJ.クリフォードとG.マーカスらは，それまでの文化人類学におけるエスノグラフィがまとっていた客観的で科学的な営みが，実際には詩学と政治学に支えられたテキストを産出するという営みである点を指摘し，文化人類学者が被調査者に対して持つ特権的な立場性を明るみに出したのは周知のとおりである（Clifford and Marcus eds 1986＝1996）．

また同時期にあった，これまで男性中心主義的な見方から客体化されてきた女性の経験を，女性たち自身の見方からアプローチしようというフェミニスト・エスノグラフィの試みは，「女性が女性を研究すること」，すなわち同質的であると想定される人間同士による調査であっても克服されえない研究者と被調査者の権力関係を明るみに出した（中谷 1997）．その中で台頭してきた文化人類学／フェミニスト・エスノグラフィの方向性の一つが，「調査する私」を焦点化すること，すなわち「調査者自身のポジショナリティを批判的考察の対象とすること」であった（中谷 1997：246）．

　　調査者としての自己が文化的，社会的，そして歴史的に特定の位置づけ

を与えられた主体であること，しかもその位置づけは単に女性であったり，
社会の多数者を代表する民族の出身であったり，ある種の特権を付与され
た調査者であったり，といういずれかの立場に収斂するものではなく，多
元的に構成されていることを認識するとき，被調査者とのあいだに横たわ
る差異もまた多重で錯綜したものとなる．（中谷 1997：246-7）

　日本の社会学においてもこの流れを受け，1990年代後半から2000年代にかけ
て，とくにライフストーリー研究やフィールドワーク論を中心に，被調査者と
研究者の間にある断絶や非対称性をめぐって被調査者と対峙する研究者の「調
査する私」（調査者の自己言及性・自己再帰性）へと注目することの必要性が幾度と
なく指摘されてきた（桜井 2002；好井・三浦 2004）．
　ただしそういった議論においては，確かに「当事者」という概念が再考され
はしつつも，研究者の立場はあくまで「非当事者」であったといえる．すべて
の研究者が，研究テーマの設定にあたっては自らの人生経験とはまったく関係
ないテーマを据えているというと言い過ぎであろうが，それでも，これまでの
多くの研究者は，少なくとも一番最初にフィールドに入るときは，研究対象と
なる被調査者とは異なる世界に生きてきた「非当事者」としてフィールドへ参
入していくことが多かったように思える．むしろ非当事者として参入できたか
らこそ，フィールドでは常識的なことであっても社会（学）的にはいまだ議論
されていない事物について取り上げて学問的に有意義な「発見」ができたりと
か，フィールドで過ごす中での自己変容に意義を見出したりとか，自らの研究
が（当事者以外の）万人に受け入れられるものであるという主張がなされること
になる．「ひきこもり」の当事者のライフストーリーを読み解く石川良子も以
下のように述べている．

　　　ひきこもったことがない私にとって理解可能な形で当事者の経験を再構
　　　成することができたとすれば，それはひとまず多くの人々にとっても理解
　　　可能なものと見なしていいはずだ．（石川良子 2007：39）

　当事者の住む世界を自分の住む世界と異化することで，当事者の住む世界と
対比される「研究者＝非当事者＝社会」という世界が立ち現れ，二項対立的な
図式が成立している．この図式をおくことで，様々な知見がこれまで提起され
てきたことは尊重すべきであろうが，研究者自身は，この図式においては必ず

しも研究の対象になる必要はない.

　無論これまでも，研究者は被調査者と出会うなかで，ときには「調査する私」を焦点化することもあった．ただしそれはむしろ，参与観察などのフィールドワークを通じて変容していく自己（調査する私）に焦点を当てることでフィールドの世界の特徴をより深く（調査者として）理解しつつ，その特徴を記述において浮き彫りにすることがねらいであったり[2]，あるいは自らの非当事者という性質を強調することを通じて社会調査という営みを再考したりする（石川良子 2009など）ものであったといえる．そこにあるのは，「調査する私」が住む世界を非当事者の世界（＝社会）として規定しつつ，当事者の世界から逆照射される非当事者の世界（＝社会）の問題性を明るみに出すことにある．当事者は一般社会の住人とは住む世界が異なる住人として認識され続けていたのである．

3　当事者研究・当事者発信の隆盛

　また2000年代以降においては，例えば北海道の「浦河べてるの家」における統合失調症を抱えた当事者たちの実践のように，アカデミズム（制度化された大学という空間）外の人々が研究という作法を流用し始めている事態もでてきている．

　べてるの家の当事者研究は，精神療法の一つである Social Skills Training(SST，生活技能訓練)[3] を応用した側面がありつつも，SST では対処できない当事者各自の「生きづらさ」に対峙していく方法として生み出されていったものである（伊藤絵美・向谷地 2007：229）．それは，べてるの家でなされている日高産昆布の産地直送販売において「この商品はどうやって説明したらお客さんに伝わるか」というレベルのものならば SST を通じて練習すれば対処できるが，暴力への衝動によって電話機を破壊するなど「なぜ自分はいつも同じ失敗を繰り返してしまうのだろう」という「深いテーマ」については SST での対処が難しいという問題意識にもとづいて，そのテーマについて仲間同士で語り合ってみることを「当事者研究」と称し始めたことに端を発する（浦河べてるの家 2005：178-89：伊藤絵美・向谷地 2007：229）．

　この実践は，浦河にとどまらず，べてるの家関係者による出版物（浦河べてるの家 2002, 2005）などを通じて全国に紹介され，現在では全国各地において，統合失調症のみならず，その他の精神疾患や発達障害，薬物依存，不登校や「ひ

きこもり」など，「生きづらさ」を抱える人々の自助グループなどの当事者活動において組み込まれ始めている [4]．さらにべてるの家の実践に触発された発達障害を中心に取り組むグループは，むしろ当事者研究のアカデミズムへの進出を果たそうともしている（熊谷 2014）．

　また本書でも取り上げているように，「ひきこもり」においては当事者による体験発表が長らく取り組まれてきたし，ここ最近は「ひきこもり大学」という取り組みも各地で取り組まれている．そもそも当事者自らの経験や思いを書籍として出版することは2000年代初めからあったし，インターネット環境の進展によってブログやSNS，電子書籍などで当事者から発信し，他者と交流することは以前よりも容易になった．2016年には，ひきこもった経験がある当事者たちが編集会議を組織し，『不登校新聞』に範をとって『ひきこもり新聞』が創刊された [5]．もはやアカデミズムの住人の力を借りずとも，当事者は仲間との議論や交流を通じて，自らが抱えている問題を自らの言葉で表現し始めたわけである．

　　近年，研究や治療の対象として一方的に扱われてきた人々，いわゆる「当事者」が，自分の問題を自分の言葉で語ったり研究したりする動きが高まっている．これは私が調査を行ってきた「ひきこもり」に関しても同様だ．調査を始めた2000年前後はあまり情報と知識が蓄積されていなかったこともあり，当事者にインタビューするだけで，それなりに研究の価値を認めてもらうことができた．ところが，最近では当事者が発信の主体になることの重要性が強調されるようになっている．しかも，彼／女らの語りは人を惹きつける魅力にあふれており，ただ語りを聞き取って分かりやすく編集するだけなら，わざわざ研究者が調査するまでもないようにも思えてくる．それどころか，調査者が被調査者の声を表象／代弁することが彼／女ら自身の声を奪うことに他ならないのだとすれば，ライフストーリー研究は何をなしうるのか．（石川良子 2014）

　当事者が研究者に対して「自分の経験をできるだけ多くの人に伝えてほしい」といった「代弁」や「あなたには私たちのことばを翻訳してほしい」といった「翻訳」（当事者とは異なる解釈枠組みを持つ人にもわかりやすく伝える）こと求めていた時期（石川良子 2009）からみて，これは大きな変化である．

　もちろんこのような事態は「ひきこもり」だけにとどまらないであろう．む

しろ2000年代になって社会問題化したという比較的新しい社会問題であった「ひきこもり」が，問題化から十数年程度経過した現在においてこのような事態になっているならば，「ひきこもり」よりも以前に社会問題化を経験した他のマイノリティ当事者のコミュニティにおいては，すでに「ひきこもり」の当事者コミュニティと同様の事態を経験していて，さらに現在はそこから次に進もうとしている段階にある可能性をも想像できうる．実際この段階に進んでいるものとして，1970年代の当事者による社会運動を起点として現在はアカデミズムへの浸透を果たした女性学や障害学，レズビアン／ゲイ・スタディーズ，ポスト・コロニアル研究などを思い浮かべても間違いではあるまい．「ひきこもり」がこれら先達と同じような経路を歩むかどうかは，今後注目していくべきものであろう．

4 当事者による／としての社会学とその問題点

4.1 研究する自己と当事者としての自己——被調査者に対峙する二つの自己

「生きづらさ」やマイノリティを対象に据える社会学的な研究として，自らも研究対象と同様の経験をした「当事者」として表明したうえでなされる研究が目立ち始めたのは，2000年代以降のように思われる．宮内洋が指摘するように，この背景には調査の対象としてのみ位置づけられてきた当事者（とくに「生きづらさ」に関係するマイノリティ当事者）が，大学院拡充化に伴ってアカデミズムの世界に参入してきたという事情もあるだろうが（宮内 2010），それと同時に，アカデミズムの世界そのものの変化も影響しているであろう．それは，上野千鶴子が指摘するように「女性学を含む当事者研究が高等教育機関のなかで地歩を占めてきたからこそ，可能になった変化である」（上野 2013b）．すなわち，「当事者研究」と表明したうえでなされる研究成果が既存の「非当事者」による研究とは異なる意義を持ったものとして目立ち始めたのは，女性学に限らず，障害学やレズビアン／ゲイ・スタディーズ，ポスト・コロニアル研究など，上野が言う「当事者」という概念に対してこだわりを見せる研究を行う研究者らが，学会や学術誌を制度化し大学などに研究者を送り込むことを通じてアカデミズムの世界に影響を及ぼしていった結果だということである．[6)]

しかし，とくにフィールドワークにもとづいて被調査者と「当事者同士」として直接的に対峙する可能性を持つ当事者研究者は，各々の研究の遂行にあ

たっては，先の中谷文美の引用のように，フェミニスト人類学者が調査対象で
あった女性と対峙した際と同様の事態に出くわすこととなる．例えば，自らも
不登校を経験し，大学院入学以降に不登校について研究するようになった貴戸
理恵は，先に引用した中谷 (1997) を引用しつつ，「〈当事者〉が〈当事者〉を
調査する」際に不可避な事態を以下のように指摘している．

> 「フィールド調査という，調査者—被調査者の非対称な権力関係が不可
> 避にかかわる営み」においては，その問題の〈当事者〉である調査者とし
> ての自己は，同じく〈当事者〉である被調査者としての他者と「調査」を
> 通じて向き合うことになるが，調査者—被調査者という非対称的な関係の
> なかで向き合ったとたんに，自己は「同じように〈当事者〉」として共感
> や理解を前提とするにはあまりにも権力性を帯びた別のものへと変質して
> しまう．(貴戸 2004：35)

被調査者と同様な経験を持たない研究者は自らを非当事者の立場に居直らせ
ることができた一方で，被調査者と似たような経験を持つ当事者研究者は，被
調査者と研究者の間の距離感覚，すなわち両者の同質性と非対称性という問題
の間で悩まされることとなった．つまりどういうことかというと，当事者研究
者は既に研究対象のなかに自己が組み込まれてしまっているという事態にある
ので，研究を遂行する際においては，一方で被調査者と同様な世界を生きる自
己の存在を認めつつ，他方で研究の世界に生きる自己を構成していくことにな
る．その結果，それぞれの自己が研究を遂行する人間の認識上においては区別
しがたくなってしまうわけである．すなわち，当事者としての自己と研究者と
しての自己，あるいはそれらの自己を俯瞰的に眺める自己などが，研究を遂行
する当事者研究者の認識のうえにおいて多元的に構成されていくということで
ある[7]．

これと相即して，研究者と対峙する被調査者の関係性も多元的になる．たと
え被調査者と当事者研究者が「似たような経験」で出会いつつも，その出会い
の後には「異なる経験」が出現する．「ひきこもり」というテーマに限ってみ
ても，一様に「ひきこもりの当事者」と一括りにすることはできない．例えば，
かつて私とインタビューを交わした10年ほどひきこもった経験を持つ30代（イ
ンタビュー当時）男性Dさん[8]は以下のように語っていた．

　私：〔私の〕自分史，そういえば〔インタビューを行うにあたって前もってＤさんに〕お送りしたんですけど，どうでしたか？

　Ｄ：そうですね，〔タイプは〕それぞれだからね．だから一概に比較できないというか，〔自分とは〕ちょっとタイプが違うかなっては思って，タイプね．タイプがあるとすれば違うかなーっていう感じで．別にだからと言ってね，ひきこもりの〔当事者の〕なかにはね，割と優越つけたがる人が多いからね．例えばね，伊藤さんは大学院出てるからね，そういう見方で見てる人もいるわけですよ．でもすごい良いと思いますよ，勉強しはったのは，すごいと思う．俺なんかよお勉強せん，勉強せんよそこまで，

　私：でも結構Ｄさんも勉強してらっしゃる，

　Ｄ：嫌してない（笑），してない，全然してない全然してない全然してないダメダメ，全然してない，必要なことだけしてる，必要なことだけ，自分にとって必要なことだけをもう，必要以外のことは全然せえへん，もっとせなあかんな．（インタビュー，2011年9月）

　ここでは，まず私はインタビューを実施するにあたって前もって自分のひきこもった経験を書いた自分史をＤさんに提示することで，インタビューの場において互いを「当事者同士」としてカテゴリー化しようとした．それに対してＤさんは，私との間での差異に注目し，「一概に比較できない」「自分とはタイプが違う」と述べ，同一のカテゴリーでくくることに拒否感を示している．そのうえで，大学院を出ている私が同じ「当事者」としてＤさんをカテゴリー化しようとすることに対して，Ｄさんは「ひきこもり〔の当事者〕っていうのは割と優越つけたがる人が多い」ということを提示し，学歴という問題をめぐってＤさんと私の間でコンフリクトが生じていることを指摘している．その結果，むしろＤさんは私を「〔自分よりも〕勉強している」とみなすことで私の研究者としての側面を浮き彫りにし，インタビューの場で「研究者／被調査者」という関係性を持ち出そうとしているわけである．[9]

　ちなみに，このような互いの「異なる経験」を気にする作法は，「ひきこもり」のフィールドではかなりありふれたものである．「自助グループで一緒になる誰それが就職した（それと比べて自分はどうだろう）」，「この人には恋人がいる（どうして自分にはできないんだろう）」，「あの人は明るく振る舞える人だ（自分はどうしても暗い）」などなど．ひいては，「他の人間とコミュニケーションでき

る人間はひきこもりではない」,「外に出ている時点でひきこもりではない」な
ど他の当事者との差異を引き合いに出し, 他者とある程度相互行為可能な当事
者を偽者のひきこもり(「偽ヒキ」)としつつその人々を「ひきこもり」カテゴ
リーから除外することを通じて, 自らの「ひきこもり」カテゴリーへの帰属を
正当化する状況も, フィールドではまま見受けられる. 互いに「異なる経験」
が存在してしまう以上, 例え「当事者同士」で出会ったとしても, インタビュー
の場はコンフリクトが孕んだものとなってしまうのだ.[10]

　無論, 非当事者が担う研究のように, 当事者研究者は自身の当事者性を不問
にし, 当事者同士ではないまったく異なる別々の個人として被調査者と出会う
ことも可能である. そもそも実際に被調査者との間でインタビューを含めたコ
ミュニケーションが共同で達成可能なのも, お互い個として独立した他人同士
であるからである. したがって当事者研究者は, いわゆる「かくれ当事者」(宮
地尚子) として自身の経験を他者に対して隠したり, あるいは分析において当
事者としての自己を忘却するように振る舞うこともできる. このような研究も,
表明されないがゆえに当事者研究者によるものとは一般に知られることはな
かっただろうが, かねてより行われてきたと思われる. そもそも「当事者」と
してカムアウトすることには「自分が当事者であることを受け入れ, 引き受け,
できれば愛することまで必要になる」(宮地 2007 : 210). 誰もが自らを当事者だ
とカムアウトできるわけでは無い.

　ただし,「かくれ当事者」として振る舞うことで研究者の立場性は不問にさ
れ,「調査する私」に目を向ける視点は閉ざされてしまうことになる. 無論,
計量研究のようにそのような方向性もあり得るし, 実際そのようにやってきた
研究者もいるはずだ. しかし一方で, 前項で見たフィールドワーク論やライフ
ストーリー研究の議論を踏まえた当事者研究者の場合はとくに, 当事者研究者
は, どのような他者として被調査者の前に現れるべきかという倫理的な悩みを
抱かざるを得ない. 当事者としての側面を被調査者に隠さない/せない以上,
当事者研究者は単なる研究者として, あるいは単なる当事者としてのみの存在
として被調査者の前に立ち現れるわけでは無いのである.

4.2 書く/書かれるという関係における倫理
　当事者研究者の自己や, 被調査者と当事者研究者との関係は, 複雑で多層的
なものとなることを確認したが, ここで最も注意を払うべきは, 当事者研究者

は基本的にはアカデミズムの世界（そして回りまわって一般社会）に向けた調査や
研究をしているということである．なぜこれが重要になるかというと，当たり
前の話ではあるが，当事者研究者がフィールドでどのように振る舞おうと，ある
いは被調査者ととのような関係を取り結ぼうと，最終的に（本書のように）論
文やエスノグラフィの形で研究成果を出してしまったならば，それはアカデミ
ズムの世界の住人としての自己を対他的にも対自的にも示してしまうからであ
る．

　もとよりまったく同一の経験をしている当事者は存在しないわけで，当事者
間でも様々な差異が存在している．しかし，そもそも大学院の博士課程（それ
も潰しが効かない人文社会系）にまで進学して博士論文のための調査研究をしてい
る存在自体も極めて珍しい．ゆえに「アカデミズムの世界の住人」という自己
が開示された途端，それは他の当事者との差異において重大なメルクマールと
なってしまうわけである．次に引用した宮地が描写する，帰郷した人類学者に
対する現地の当事者の反応は，例え当事者研究者であったとしても例外ではな
い．

　　　当事者は，研究者個人の背景に自分たちの知らない物事が多々あったこ
　　とに徐々に気づく．友達のようだと思っていたのに，送られてきた報告書
　　ではまったく違う難しそうな言葉を駆使している．置いてけぼりをくらっ
　　たようだ．言葉が分かる人に翻訳してもらうと，自分達との親密な会話が
　　記録され，親族やコミュニティのことが批判的に書かれているという．研
　　究者に裏切られたように感じる．コミュニティからは，内部の秘密を外部
　　に漏らしてしまった恥さらしだと非難される．（宮地 2007：179）

　フィールドである当事者コミュニティと研究者が属する大学の世界は大きく
異なっている．それは当事者コミュニティが特殊であるというよりも，大学の
世界が特殊だからといった方がよい．私のようにアカデミズム志向であったな
らば，当事者研究者は，被調査者である当事者を研究の対象とし，フィールド
で得たデータをもとに論文を学術雑誌に投稿し査読されて出版を目指す（ある
いはまとまった成果は書籍として出版する）こともあるが，場合によっては他人から
評価されない論文にもならない文章を延々と書き続ける羽目に陥ることもあ
る．また，研究業績を積むことで大学などにおいて教員として職を得ることが
基本的に目指されることになるが，一生フリーランスで，ときには貧困となる

可能性もあるのが昨今の大学院生・ポスドクの現状である．「運」に頼る要素も大きく，博打的である．若手（とくにポスドクにすらついていない若手）は，たとえ当事者研究者であったとしても，大学の先輩や同輩，後輩が，ワーキング・プアに陥ったり，あるいは大学の世界から去っていく状況を目撃し，また自身もそうなる可能性を予見するなかで，アカデミズムの世界に留まろうとする限りは，「難しい言葉を駆使した報告書」や「批判的に書く」，「外部に向けた出版」などなど，評価されるためにその世界で通用するハビトゥスを身に付けて行かざるを得ないわけだ．

　ただしこういった事情は，アカデミズムの世界に住んでいない人々にはほとんど知られていないし，多少知っていたとしてもまったくの他人事として意識されている．むしろ評価され形になった成果（研究であれ教育であれ）だけが注目され，不本意ながら憧憬の念を抱かれることもある．ゆえに当事者研究者は，フィールドに入った当初は駆け出しの大学生・大学院生であったとしても，論文や書籍を出版したり，学位を得たり，就職したりと研究者としてのキャリアを次第に積み重ねていくことになれば，研究者としての側面を次第に前景化させ，当事者としての側面は後背に退いていくことになる．そして次第に，他の当事者とは異なった世界を生きる人間として対他的にも対自的にも位置づけなおされていくのである[11]．

　また存在そのものだけでなく，当事者研究者が論文なりエスノグラフィなりを書いている人間であるということも見逃せない重要な点である．すなわち当事者研究者は，自己や被調査者を客体として，そこから研究に値すると思われる何らかの物事を書く主体であるということである．両者は「一方が他方を記述し表象する点で，決して『対等』にはならないし，その意味で『分かりあえる』こともない」（貴戸 2004：33-4）．

　したがって当事者研究者も，大学に所属する研究者として論文を「書く」ということをする以上，当然のごとく書く側が書かれる側に対して払うべき一定の倫理的配慮が求められることになる．ただしその基準は，「非当事者」研究者が行うようなものに加えて，異なる部分も同時に必要とされていることが，これまでも当事者研究者によって意識されてきた．

　それは，中谷文美が指摘する「調査者自身のポジショナリティを批判的考察の対象とする」（中谷 1997：246-7）ということであり，この中谷の指摘を引き受けつつ貴戸理恵が言う「調査者による自己の立場への言及」）と「対象との

理解不可能性の自覚」を行うことである（貴戸 2004：35）．すなわち当事者研究者は，「自己が客体化する他者が同時に自己の一部でもあるという，『自己／他者』関係の二重性」（中谷 1997：245）への「一つの戦略的な解」として「〈当事者〉であること（主体が客体であること）」を消し去ることなく，理解の共通基盤（共有するカテゴリーの本質）を想定しない」（貴戸 2004：35）ことを行う必要があると意識されてきたわけである．

　そしてこの具体的な方法として，実際の当事者研究者の論文（とくに学位論文を出版したもの）においては，自らのポジショナリティを確認するために研究テーマとの関連を中心とした自らのライフヒストリーがたびたび記されてきた．そうすることによって，「『自分も〈当事者〉のひとりである』ことを確認」（貴戸 2004：36）し，またそれと同時に，自らが「研究者」という立場にあることも積極的に明示することで被調査者との差異をも強調し，〈研究においての被調査者〉と〈論文においての読者〉のそれぞれに対する，研究者としての説明責任を果たしてきたわけである．

5　研究における私的側面と公的側面

5.1　「思いつき」をさそいだす「情熱」と「作業」における当事者経験の活用

　ただし，当事者研究者がその経験を活かして研究を遂行することを検討するにあたっては，ここまでみてきた「倫理」的な側面だけでなく，手段的側面にも注目する必要があろう．とくに無数に設定可能な研究テーマのなかから，一体どこに焦点を当てるかについては，研究者自身の当事者としての経験が生きてくる場合がある．

　実際，自らの当事者としての経験を，研究を始める動機としてあげている研究者は少なくない[12]．また私自身の調査研究での経験を振り返ってみても，自らの立場性が何かしらの形で調査や研究に対して影響を与える側面だけでなく，当事者としての経験が調査や研究という営みをはじめる／続けるための支えとなっている側面も見逃せない．

　そもそもアカデミズムにおける研究には，研究者自身の興味関心によって支えられている私的な側面と，学問的ないし社会的に有用であると認められることが求められる公的な側面の二つの側面がある．両者の絡まり具合や強弱は人によって多少の差異はあれども，片方の側面だけではアカデミズムにおける研

究は成り立たない.

　M. ヴェーバーが言うように,学問をするにあたっては「霊感 (Eingebung)」
ないし「思いつき (Einfall)」が必要である.そしてそれらが前提とするのは,
ある問いに対して「なにごとも忘れてその解釈を得ることに熱中するといった
心構え」といった「情熱 (Leidenschaft)」である.「情熱なしになしうるすべては,
無価値」である (Weber 1919＝1980：22-3).[13]

　この「情熱」を支えるものとして,当事者としての経験の存在を見逃すこと
はできない.他者に対して経験を明示するにせよパッシングするにせよ,当事
者としての経験をもとに自身の研究を組み立てようと志向する限り,その研究
が研究者自身の経験と地続きである事実は動かしがたい.そしてその経験が,
苦痛を伴うものであったり,他者から踏みにじられるものであったり,絶望で
あったりと,より具体的には自身に近い存在の死や病,自身の身体性と社会
とのかかわり,挫折や失敗,あるいは他者からの暴力や自然からの厄災などの
なかで自らの宿命を呪う類のものであるならばなおさら,その経験は研究者自
身が生涯をかけて追及し続ける「原問題」(見田 2006) を構成する.ここでいう
「原問題」とは,見田宗介が言うように,自分にとって本当に切実な問題であ
り,自分自身を研究へと駆り立てる原動力になり得るもののことをいう.

　　　ほんとうに自分にとって大切な問題を,まっすぐに追求しつづけるとい
　　うことは,それ自体が,とこまでもわくわくとする,充実した年月なので
　　す.ひとりの人間にとって大切な問題は,必ず多くの人間にとって,大切
　　な問題とつながっています.「生きた」問題,アクチュアルな問題を追求
　　していけば,必ずその生きた問題,アクチュアルな問題に共感してくれる
　　先生たち,友人たち,若い学生たちに恵まれて,そこに〈自由な共同体〉
　　の,輪が広がります.(見田 2006：12-3)

　そしてこの「原問題」こそが,研究者自身の研究に対する「情熱」を焚きつ
けるのだ.そして本研究においては,この「情熱」のありかとして私自身の経
験の影響を否定することはできない.[14]

　ただし,自身の経験をもとにした研究が,そもそも「研究に値する」かどう
かは,ヴェーバーが言うように,人々がその研究の成果を「知るに値する」(We-
ber 1919＝1980：43) と評価するか否かにかかっている.加えて研究に対するア
カデミズムにおける評価は,同業者からの査読や引用であったり,あるいはア

カデミズム外における人々にとってどのように用いられるかによるところが大きい.

　　　ある研究の成果が重要であるかどうかは，学問上の手段によっては論証しえない（中略）. それはただ，人々が各自その生活上の究極の立場からその研究の成果がもつ究極の意味を拒否するか，あるいは承認するかによって，解釈されうるだけである.（Weber 1919＝1980：43-4）

　研究者は，単に自身の興味関心の赴くままに研究テーマの設定を行っているわけでは無い. 必ず先行／関連研究や社会的ニーズとの〈対話〉を行い，自身の研究の社会(学)的有用性を確かめているはずだ. 当事者研究者においても，「原問題」を頼りにしつつも，文献をひもといたり他人の話に耳を傾けたりすることで，自分以外の人々がこれまでなにを成し／なにを求めているか，すなわち人々が「知るに値する」と評価するであろうテーマを見極めていくことが必要となる. アカデミズムでの成果を求めるのであればなおさら，アカデミズムの知識体系に対していかに貢献できる仕事を残せるかを意識せざるを得ない. 畢竟，当事者研究者であっても，アカデミズム内での仕事を志向するならば，まずはアカデミズムで前提とされる学問的な論理や方法を身につけていくことになる. そしてそのことを通じて，先人の学問的な仕事を「打ち破」り，新たな「問題提出」をなす（Weber 1919＝1980：30）テーマが切り出されるのである.

　このような「作業（Arbeit）」ができるということ，すなわち「与えられた思いつきについてその効果を判定し，評価し，かつこれを実現する能力」は，ヴェーバーによれば「しろうと（Dilettant）を専門家から区別する」（Weber 1919＝1980：24-5）ものである. 大学や大学院での専門的な教育が，学生・院生をしてこの「作業」を習熟せしめる. このような「作業」は，技術的で予測可能である点において脱魔術化されており（Weber 1919＝1980：33），まさに合理的な学問的手続きである. そして「作業と情熱とが――そしてとくにこの両者が合体することによって――思いつきをさそいだす」（Weber 1919＝1980：25）わけである.

　無論，しろうと，すなわちディレッタント（好事家）といえども，専門家をしのぐ「思いつき」を見つけることもあるし，今日のべてるの家などでは，そのディレッタントの「思いつき」に対して「当事者研究」という「作業」を行っていると解釈することもできる. 笑いやユーモアにあふれた「当事者研究」は，

まさにディレッタントの語源であるイタリア語「dilettare（楽しむ）」にふさわしく，実際，絶望に打ちひしがれていた当事者自身の人生を豊かにしている．

　しかしアカデミズムの「作業」では，学問それ自体への奉仕が最も求められる．研究者自身の人生を豊かにすることは，あくまで副次的なものだ．たとえ豊かになる側面があったとしても，それは学問的かつ社会的に有用であったことが，結果的に自身に回りまわってきたということにすぎない．むしろ自身の生活や将来にとって厳しい現実を目の当たりにすることで，体調を壊すこともある．しかし研究者の養成機関である博士課程に進んだ以上，他に潰しは効かない（進路上の選択肢が無い）．生き残るためには，あきらめない「タフさ」がどうしても要る．当事者研究者にとって「原問題」によって焚きつけられた「情熱」が生きてくるのは，まさにこの局面である．

5.2　〈境界〉を〈越境〉しつつ思考する社会学的想像力

　ここまでの議論を概観してみると，社会学における当事者研究者の境界性がはっきりしてくる．自身が研究するテーマ（とくにマイノリティ性に関わるテーマ）において確かに当事者である（あった）が，今はそのテーマに関するアカデミズムの研究者でもある（なりつつある）という事態は，当事者であった人間が，高等教育を受け，そして調査研究のためにフィールドと大学を往復するという事である．すなわち，時間的にも空間的にも異なる世界の間を移動（＝〈越境〉）するわけである．ただし，両方の世界を行き来することはできるものの，どちらにおいても完全なる住人ではない．当事者研究者は，大学の人間であるということでフィールドでは他の当事者から差異化され，当事者経験があるということで大学では他の研究者から差異化されている．当事者研究者は，当事者として居直ることも，研究者として居直ることも難しい状況に置かれており，まさに「マージナル・マン（境界人，周辺人）」として位置づけられてしまう．

　しかし〈境界〉は，社会学にとっては特有の意味を持っている．ユダヤ系であり亡命を幾度も経験した社会学者K. マンハイムに代表されるように，社会学という学問それ自体が〈境界〉において「社会」というものを考える営みである側面を持つ．確かに社会学者は社会のなかで生きており，その社会の内部において「社会」というものを観察しようとする営みが「社会学」であるといえるが（佐藤2011），我々が「社会」を認識するためには，必然的にその社会的なるものの〈境界〉を問い直さざるを得ない．なぜなら，我々が対象を認識す

る際には，その対象と別のものとの〈境界〉を意識する必要が生じるからである．前近代と近代，東洋と西洋，植民地と宗主国，農村と都市，家族と職業，女性と男性，子どもと大人，聖と俗，客体と主体などなど，社会学は伝統的に〈境界〉とその間の関係に目を向けてきたのも事実である．

　また〈越境〉することそれ自体も社会学的に重要な点だ．当事者経験をもとにしたテーマを大学で研究するということは，前節で示したように個人的な問題を個人レベルでいかに解決するかという志向とは別のところにある．それは当事者経験に代表される個人的な問題を，アカデミズムや社会一般において議論されている社会的な問題と関連づけながら，それこそ当事者として我々が生きるこの社会について思考すること，すなわち C. W. ミルズが言う「社会学的想像力」の発露にほかならない．[18]「社会学的想像力はかなりの部分まで，一つの見地から別の見地に移動する能力，またそのなかで全体社会とその構成要素についての正しい見方を構成する能力にかかっている」(Mills 1959 = 1995 : 277)とミルズが述べるように，社会学における知的核心は，何かから何かへ〈越境〉することと，全体社会から見たその何かの〈境界〉に対する認識にかかっている[19]．当事者研究者は，〈境界〉に目を向ける社会学という営みにおいて，フィールドと大学を交互に往復しながら個人的問題と社会的問題を結びつけ，社会学をしているわけだ．

　そして自身の当事者性を見失わない限り，当事者研究者のする社会学は，自身の人生を通した取り組みとなる．

　　　研究者になるということは，経歴の選択であるとともに，いかに生きるかの選択をも意味するのである．意識すると否とにかかわらず，知性の職人はその職能の完成に向かって探求する自己そのものを形成する．かれ自身の潜在能力を実現するため，到来するあらゆる機会を生かすために，かれはすぐれた職人としての資質を中核とする性格をかたちづくっていく．／言いかえれば，かれは知的な作業のなかに生活経験を利用し，たえずそれを吟味し解釈することを学ばなければならないのである．その意味において，自己の中心に職人であるということが位置しており，自己自身が知的探究の成果のなかに個人的に含まれる．君が「経験する」ことができるということは，ひとつには君の過去が君の現在に働きかけ影響を与えることを意味し，またそれが将来の経験に対する能力を規定することを意味す

る．君は社会科学者として，このいわば精妙な相互作用を統御し，君の経
験内容を把握しそれを選別しなければならないであろう．この方法によっ
てはじめて，それを君の省察の指針または検証として利用することもでき，
やがて自らを知性の職人として形成することも可能となるであろう．（Mills
1959＝1995：257）

　アカデミズムにおける当事者研究者が発露する社会学的想像力は，大学にお
ける仕事と私的な生活をあえて分離せず，いかに研究者としての自己形成に結
び付けて知的な探求をし続けるか，また自身がかつて経験した，あるいは現在
も経験している問題をいかに社会的な構造と結びつけ，いかに社会学的に考え
るかにかかっている．そして社会学をすることとは，この社会学的想像力とい
う思考様式を，自分自身の生活の中に取り組むことを通じて「いかに生きるか」
を実践することでもあるといえよう．

6　ま　と　め

　本章では，私自身の「ひきこもり」の経験（人生としての経験／調査研究として
の経験）を念頭に，社会学における当事者研究者が直面する方法論的な諸問題
を踏まえつつ，当事者としての経験がどのように社会学的研究において立ち現
れ，また「生かされる」のかを議論した．
　社会学においては，「当事者」という概念は共同主観性を想定しえない研究，
とくに質的な研究において重要視されてきた．被調査者と研究者の住む世界が
異なるという認識論的な想定のもと，人類学やフェミニスト・エスノグラフィ
では研究者のポジショナリティが批判的考察の対象とされた．その流れを受け
日本においては，ライフストーリー研究やフィールドワーク論を中心に，「調
査する私」への自己言及的記述を通して当事者の世界の非当事者への理解可能
性を高めることが意識されてきた（第2節）．その一方でアカデミズム外では，
2000年代以降，これまで研究の対象としてのみ規定されてきた当事者が，当事
者研究や当事者発信という取り組みにおいて，活発に言説を生産している現状
がある（第3節）．
　アカデミズムの世界でも，女性学や障害学，レズビアン／ゲイ・スタディー
ズ，ポスト・コロニアル研究に代表されるように，当事者研究が参入しつつあ

る（第 4 節）．しかし，たとえ被調査者と研究者が「当事者同士」として出会ったとしても，研究者としての権力性を帯びた自己を見逃すわけにはいかない．一方で当事者としての自己があり，他方で研究者としての自己があるなかで，当事者研究者は被調査者との距離感覚に悩まされつつ，自己を多元化させ，かつ被調査者との関係も多元化させることになる（第 4 節 1 項）．

　そのうえで，論文やエスノグラフィの書き手としての当事者研究者は，大学に所属する研究者として「書く」ということをする以上，「書かれる」当事者に対して，あるいは「書いたもの＝書かれたもの」を読む読者に対しての倫理としての説明責任を負うために，自らのライフストーリーを記述することを通じて，自らのポジショナリティを積極的に明示しつつ，同時に対象との理解不可能性への自覚をも促してきた（第 4 節 2 項）．

　また本章では，研究を遂行する際に当事者経験がどのように生かされるのかを，M. ヴェーバーの学問論や見田宗介の「原問題」，C. W. ミルズの社会学的想像力の議論を中心に整理した（第 5 節）．アカデミズムの研究における「思いつき」には，「情熱」と「作業」の両方が必要であり，「情熱」を焚きつけるものとして当事者経験によって構成される「原問題」がある．そして当事者研究者は，ディレッタントとは異なり，学問的手続きである「作業」に習熟することによって，アカデミズムの世界において当事者経験を学問として通用させる能力を得る（第 5 節 1 項）．

　さらに社会学自体の境界性に目を向けるならば，〈境界〉に立たされつつ両側を〈越境〉する「マージナル・マン」としての当事者研究者は，社会学を格好の舞台とする．当事者研究者は自らの当事者経験をもとにした個人的な問題を社会的な問題と関連付けながら社会学的想像力を発露する．そしてその学問的実践は，人生をかけて社会学するということにほかならない（第 5 節 2 項）．

　本章での議論を通じて，本書における方法論的な諸問題が整理されたと考える．以下に続く本書での議論は，本章での方法論的な問題意識を引き受けて書かれたものである．

注

1）　ただし，計量研究における社会調査においても，実際の調査において被調査対象となった人々が担った理論構築における役割や，研究者に対して投げかけた疑問や批判を無視してきたわけでは無い．例えば三浦耕吉郎が指摘するように，「SSM 調査にお

いては，人々が抱く職業威信を計測することを通じて社会の職業構造が理論的に構成
されている」し，その SSM 調査において，これまで男性のみが対象だったものが，1985
年の第 4 回目からは女性も対象に加えられたことも，社会的な批判や要請，圧力に対
して研究者が応えたものと考えられる（三浦 2010）．また間淵領吾は，階層研究者が
抱くアプリオリな職業イメージや序列が，実は人々の意識のなかでほとんど共有され
ておらず，研究者のアプリオリな想定それ自体が問い直される必要性を指摘している
（間淵 1998）．

2 ）　野宿者の支援団体を参与観察した山北輝裕は，「部外者」が「現場の人になろうとす
　　る」参与観察の方法について論じたテキストのなかで，鵜飼正樹（1991）を引きなが
　　ら，参与した集団の実態把握だけでなく，そこからより広い社会的な文脈を逆照射す
　　ることの重要性を指摘している（山北 2011：5）．

3 ）　Social Skills Training（SST）とは，「生活技能訓練」とも訳される，アメリカの精神
　　科医である R. P. リバーマンによって開発された認知行動療法の一種である．リーダ
　　役のスタッフと10人前後のメンバーが輪になって，①メンバーやスタッフから出され
　　た課題や目標に対し，②実際にロールプレイを行い，③同席のメンバーから「良かっ
　　た点」や「改善点」といった正のフィードバックを出してもらい，技能の向上や自身
　　の獲得につなげ，実際の日常生活の場面でも試みていくものである（浦河べてるの家
　　2002：174-5）．

4 ）　べてるの家の流れをくむ全国のグループが集う全国大会も毎年開催され（「当事者研
　　究全国交流集会」），その影響を受けて，「ひきこもり」を含めた「生きづらさ」の当事
　　者研究に取り組むグループも各地にできはじめている．

5 ）　「ひきこもり新聞」〈http : //www.hikikomori-news.com/〉は，2016年に創刊され，Web
　　版と紙面版の両方を発行している．

6 ）　上野がポスト・コロニアリズム批評家の G. C. スピヴァクの言葉を借りて「敵の武
　　器をとって闘う」と表現する（上野 2013a；254-61）ように，上野の言う当事者研究
　　は抑圧を当事者に仕掛けてくる主流社会への内側からの「抵抗」の実践である．そし
　　て E. W. サイードの「抵抗」の実践と自らの女性学での実践を重ね合わせ，「『家父長
　　制』という男性支配の矛盾や問題点を明らかにするためには，それが何かを「彼らの
　　言語」で学ぶほかなかった．ましてやその問題点を彼らに理解させるためには，『彼ら
　　の言語』を使用するほかなかった．そして後になって相手のアキレス腱を，彼らから
　　習得した武器で衝いたのだ」（上野 2013a；182）と述べている．

7 ）　研究する自己が多元的に構成されていく様は，前章で見たように，自分史を書くと
　　いう実践においても見られていたことである．

8 ）　D さん（1970年代前半生まれ）は，中学校より不登校となり，そのままひきこもっ
　　た経験を持つ．10年ほどひきこもった後，入院したり通信制高校を卒業したりした．
　　その後，大学に通ったり，資格取得のための勉強をした後，「ひきこもり」のピア・サ
　　ポーターとして地元の支援団体が行っている居場所活動を担ったり，ノアの活動にも

定期的に参加するなど,「ひきこもり」の当事者としての活動を行っていた.

9）　アルビノの当事者研究者である矢吹康夫が指摘するように, インタビューの場の関係性をリフレクシヴに読み解くことは,「他でもない私に向けて語られたライフストーリーを解釈する重要な資源」となる（矢吹 2008）.

10）　なお植村要は, この当事者間のコンフリクトを研究に値する質的な差異として注目し, 当事者インタビューを意義づけようとしている（植村 2015）.

11）　上山和樹は,「○○当事者」という名詞形（人をパッケージ化するもの）ではなく, 動詞的な生産過程（人々の技法そのもの）に注目すべきと主張する. それは,「私にとって『ひきこもる』ことは, あくまで動詞形の事態であり, 様々な要因の《硬直》にかかわる. それゆえ事態を改善するには, 言説的な再生産の事情そのものを内部からやり直し, 可塑性や柔軟性を蘇生する必要がある」ためだと述べる（上山 2016）. 本章はこの上山の問題意識を, 社会学をすることにおいて引き受けようとしているが, 物事をカテゴリー化したうえで分析を加えるこれまで社会学のスタイルをいかに革新するか, 課題は多い.

12）　私の目につくだけでも, 貴戸（2004）, 中村英代（2011）, 秋風（2013）, 李（2016）, 矢吹（2017）など多数ある.

13）　重要な単語にはドイツ語の原文を付している. 以下につづくものも同様である. 原文はウィキソースのドイツ語版にある「Wissenschaft als Beruf」（1919年に Duncker & Humblot が出版した冊子をスキャンし, テキスト起こししたもの）〈https : //de.wikisource.org/wiki/Wissenschaft_als_Beruf〉を参照した.

14）　その私の経験を自分史として具体的に記したのが伊藤康貴（2010→本書第 II 部）と伊藤康貴（2011）である.

15）　まさに上野らが言う「敵の武器をとって闘う」状況である.

16）　「しろうと」と日本語訳された原文での対応語「Dilettant」は,「たんなるしろうと」ではなく, 日本語では「好事家, もの好き, 趣味で学芸を行う人」という意味に近い.

17）　フィリピンのローカルボクサーの生活世界を参与観察した石岡丈昇も, ヴェーバーのこの議論を参照しつつ, 参与観察において現場の「気分」を獲得していくことの重要性を説いている（石岡 2016 : 98- 9）.

18）　自助グループなどの仲間内での調査を通じて, 個人的な問題を社会的な文脈に位置づけなおすこと（矢吹 2016）も, 社会学的想像力の発露ととらえられるだろう. 本研究も基本的にはそのような調査方法にもとづいている.

19）　加えてその認識の背後には,「個人の性質とその存在とを包摂している時代と社会のなかで, かれがみずからの社会的歴史的意味を知ろうとする衝動が, つねに存在している」（Mills 1959＝1995 : 9）とミルズは指摘する. これは先に述べたヴェーバーがいう「情熱」と重なり合う言及である.

第Ⅱ部
「ひきこもり」の自分史

第3章
私が育った環境・場所・時代

1 父親の死と「遺言」，私の生まれ育った環境について
（1987年〜）

——私の手に持たされた一輪の白い花がポトリと床の上に落ちた．棺桶の中に入れようとしたものの，失敗してしまったのだろう．私をおぶっていた母方の祖母が，その白い花を手に取り棺桶の中に納めた．その棺の中には父がいた．祖母の肩越しに見える父は色とりどりの花につつまれていた．父は豪華な飾りのついた霊柩車に乗せられた．その霊柩車の中は仏画でいっぱいだった．仏画の中に棺桶がすっぽりと納まった．火葬場までの道すがら，私は祖母に背負われていた．バスで山の上の火葬場まで上っていく．火葬場では兄の持っていた新聞紙に火が着けられていた．兄はその火を炉に投げ入れた．扉は閉められた．
——

　私が2歳と少しの頃（1987年1月末）に，私の父はすい臓がんで亡くなりましたが，そのときの，父の葬式の光景は，確かこのようなものであったと記憶しています．これまで，幾度となく思い出されてきた光景ですので，おそらく，この出来事は，私の頭の中に深く刻み込まれているのだと思います．ちなみに，ここから前の記憶はほとんど思い出すことができません．私が赤ん坊のころ，母親の実家で父に抱き上げられていた感覚がかすかには残っていますが，今になって考えると，それが確実にあったことなのか定かではありません．ただし葬式のこの光景は私の一番最初の記憶として確実に私の中に残っているものです．
　私の父は1940年代後半生まれの「団塊の世代」でした．「本家筋」の長男として生まれ育った父は，地元福井の私立高校を卒業した後，東京にある私立大学の経済学部に進学したそうです．そして大学を卒業した後は，地元に戻って

郵便局員になったようです．私の祖父も特定郵便局の郵便局長をしていましたから，父はその後継者的な存在であったのだと思います．ちなみに特定郵便局とは，「特定郵便局長を長とする郵便局」のことを指します．よく局舎と住宅が一体になった小規模な郵便局が見受けられますが，私の祖父が郵便局長をしていた地元の郵便局はそれよりも規模の大きい郵便局（かつて特定集配局と呼ばれたそうですが）であって，私の実家とは少し離れたところに「村のもの」（祖父談）としてあったようです．

　父はいくつかの特定郵便局の局長を経験したようですが，「本局」と呼ばれる郵便局，つまりは中央郵便局の局長もしていたようですから，とても有能な人物だったのだと思います．実際，私の母からも，父のことについては「立派だった」というようなことを何度も言い聞かされました．寝室として使っていた実家の「奥の方の部屋」では，どこかのホールの壇上で何らかの講演をしているらしき父の写真が実家の奥の部屋に飾られていましたし，今でも父の大学卒業証書が額縁に入れられた状態で飾られています．なぜこのような状態で残しているのかは，母に聞けば分かることなのかもしれませんが，父のかつての存在感を示す物が私の生活空間の中にあるということによって，私は父親というものがかつては存在していたが，今現在は存在しないということを思い知らされていました．

　さて，私が本論の一番最初に父親の死の話を持ち出したのには理由があります．もちろん父親との死別，それも幼少の頃における父親との死別自体は，きわめて重大なライフイベントであるとは思います．しかし，おそらくそれ以上に重要なこと，要するに私自身の人生に関わる重大なことが，このときに決められてしまったように思うのです．それは父の遺した「遺言」の内容です．私の父は，自分の子どもを大学まで上げるように言い遺して逝ったのです．つまり，この時点で私は，少なくとも大学までは進学しなくてはならないという，いわば「宿命」を背負ってしまったように思うのです（ちなみに，二人兄弟ですから，兄にも同様のことが言えるかと思います）．父が，なぜこのようなことを言い遺したのか，その真意は，今となっては推測するしかありませんが，管理職にあった父が，その子どもに対して自分と同じだけの地位を継がせるには，大学ぐらいは出ておかなければならないと考えていたのかもしれません．父がこのようなことを言い遺して逝ったものですから，私は，母からことあるごとに，この「遺言」のことに関して言われ続けてきました．「お父さんは『大学だけは行か

せてやってくれ』て言ってたのに」とか「お父さんに会わせる顔が無い」とか
いうようなことを，私が高校に上がってから余りうまくいかなくなってから以
降はとくに，言われ続けたのでした．もちろん私も，母親を含む周囲からの影
響もあったとは思いますが，父が遺した「遺言」のとおりに，大学までは行か
なければならないものだと小さな頃から思っていました．そして，そのような
いわば規範的な意識は，「周囲の期待」というものによって増幅されながら，
大学に入るまで（あるいは大学を卒業する現時点においてさえ）私に重くのしかかっ
ていた（いる）ように思います．

　ちなみに，私の生まれ育った家は，福井の田舎の方だということもあるかと
は思いますが，極めて「イエ意識」の強い家でした．たとえば，私の父方の祖
母は私が生まれる前に亡くなっていましたが，その父方の祖母の実家筋は，今
でも（地縁的な関係性も影響しているのかもしれませんが）親族共同体の一部です．
このように親族の共同体がとても強いかたちで存在しており，葬式や法事，結
婚式のときはかなりの人数の「親戚」が集まってきました．日本家屋（大正初
期頃の建築）である私の実家で法事などがある際には，「田の字型」に配置され
た8畳間のふすまを取り払って32畳分の空間を作っていました．その8畳間と
玄関の間には，20畳分ぐらいの漆塗りの板の間があって，さらに玄関の横には
囲炉裏があるものですから，私の実家は，冠婚葬祭の際に用いるにはうってつ
けの造りになっていました．

　実家の祖父は兄弟が多く，祖父自身も本家筋の家長的な存在であったという
ことも「親戚」の数の多さを説明できる要因ではあるかと思いますが，祖父以
前の代からのつながりのある人たちも多く，ほとんどが近場に住んでいるもの
ですから，私の周りには「親戚」の人がたくさんいるという状況でした．今で
こそ，ある程度の系譜的なつながりは把握できますが，小さな頃はそのような
「親戚」の人たちが，自分とどういうようなつながりがあるのか把握するのは
難しかったように思います．また，母方の家も同様に親族共同体的なものが強
い家であり，冠婚葬祭のときにも多くの「親戚」が集まっていました．

　同時に，地縁的なつながりも強い土地柄でした．私が知らない人でも「局長
のところの孫」とか「オワイの家（ち）の息子」とか言えば，私がどこの家の
者か分かるといった具合でした．ちなみに「オワイ」とは，実家の近くを流れ
る上井（うわい）用水のことで，私の実家における屋号的なものでした．

　このような親族結合の強さが，親族間の扶助的機能を強化していたのかもし

れません．夫婦共働きで，かつ母方の家が父方の家（つまりは私の実家）と母親の職場との間にあるという環境の中，私（と6歳上の兄）は，保育園までは主に母方の祖父母の家が生活の中心でした．福井は公共交通機関が未発達なこともあるのか車社会であり，私の父母も車通勤でしたので，朝方は車で通勤する母に連れられて，通勤途中にある母方の祖父母のもとへ預けられ，保育園は祖父母の家の近くにあるところに通っていました．通っていた保育園にはバスは無かったように記憶していますので，祖父母の家から保育園への送り迎えには，母方の家の近くに住む母方の親戚のおじさん（おじいさんといった方が正確かもしれませんが）がしてくれていました．親戚のおじさんの孫も同い年の子たちだったので，同じ保育園に通っていましたから，そのついでにといった面もあったかもしれませんが，親族間の紐帯は結構強かったように思います．そして夜になると，母と一緒に帰宅するという具合で，父親が亡くなった後もそのような感じでした．したがって，「母子家庭・父子家庭・ひとり親家庭」として一般に想起されるようなイメージ，つまりは「ひとり親とその子どもだけの家庭」というイメージと私の生育環境とは，だいぶ違った部分もあったことを指摘せねばなりません．

　小学校からは母方の祖父母のもとからは離れて，私の実家の近くの小学校（つまりは住民票のある学区の小学校）に通うことになりましたから，小学校入学時には周りの子で知っている子がまったくいませんでしたので，私にとっては，ほとんど転校に近い状況で，新しい環境に慣れるのが大変だったと記憶しています．地元の保育園（しかも小学校と隣接している）からそのまま上がってくる子ばかりで，すでに出来上がっている輪の中に入り込むのが，なかなか難しかったのです．

　なお，私の実家では，父が亡くなった影響があるのか，私が小学校に入ってからしばらくまでは，毎晩欠かさずに祖父が「正信偈」と「ご文章」を読誦しており，家族全員が毎晩それに付き合っていました．浄土真宗特有の，大きな金仏壇の前に祖父が座って，その後ろの仏間に母と私と兄が座って，毎晩「お勤め」をするわけですが，当時の私にとっては，なぜこんなことをやっているのか（つまりは「勤行」の意義）を理解することが難しかったのか，「お勤め」の最中も面倒臭そうにしていました．そのような私の様子を見て，母は「お父さんの前でキチンとしなさい」というようなことを，私に対して幾度となく言っていたことを記憶しています．ちなみに，祖父の死後，私は「正信偈」を節を

も含めて覚えてしまったわけですが，この実践に結びついたものが，当時の祖
父の読誦に付き合っていたという経験であった可能性は大いにあると思いま
す.

　仏間のとなりの床の間には父のモノクロ写真の遺影も飾られており，「これ
がお父さん」というようなことも幾度となく聞かされていましたから，私は父
がもうこの世にはいないということを，かなり早い段階で認識していたと思い
ます.

2　小・中学校時代 (1991年4月ごろ～1999年秋ごろ)

　1991年の4月からは，母方の祖父母のところからは離れて，地元の小学校に
通うことになったわけですが，周りの子たちは地元の保育園からそのまま上
がってくるものですから，新顔の私は，その子たちの輪の中に入っていくのが
なかなか難しかったものです. 兄も同じ小学校に通っていましたが，6歳も年
上だったので，私が小学校に入ると同時に，兄は中学校に上がっていきました
ので，ちょうど入れ違いとなり，周りは知らない子たちばかりということにな
りました. ただ，一学年30数人程度と規模はあまり大きくない小学校でしたし，
田舎にある地元の学校でしたので，私の親たちを含めた周囲の親たちにとって
は「あの子はどこそこの家の子で，その家はあんな感じで，ウチ（＝私の家）
とはこんな関係にある」というふうに把握できてしまうわけですから，周囲の
大人たちにとっては，私は「外から入ってきた人間」というわけではなかった
ように思います. 加えて，祖父が「村の郵便局長」や「土地改良組合長」など
をやっていたこともあってか，周囲の大人たち，とくに古くから住んでいる人
たちは，私の実家ないし私の祖父のことをよく知っていましたし，私の実家に
おいても，（「局長」をしていた祖父はとくに）周りの家のことはよく知っていると
いう状況でした. しかし，子どもたちの側にとっては，私は「外から入ってき
た人間」だったのかもしれませんし，私自身も新しい環境に放り込まれた感覚
をもっていました.

　ただ，そのような状況ではあったのですが，小学校時代においては割かし平
穏な毎日を過ごしていたように思います. 小学校の勉強というのも，難しいと
感じたことは全然ありませんでしたし，そもそも小学校時代に家で積極的に勉
強をしたという記憶自体ありません. 勉強らしいことといえば，『学習まんが

日本の歴史』（小学館）や『子どもの光（ちゃぐりん）』（家の光協会：JA（農協）グループ）などの，いわば教養系の漫画雑誌は結構読んでいた記憶があります．今振り返ると，歴史や生物に関する知識は，そういったところから結構吸収していたように思います．

　毎日のように課される漢字の書き取りの宿題や算数の文章題の宿題というものは非常に面倒くさいものでした（叱られるのが嫌だったのか，すっぽかすということはありませんでしたが）し，夏休みの宿題も8月の終わりぐらいから取り掛かるといった具合でした．ちなみに，この，締め切りまでは課題にほとんど手をつけないという習慣は，このころから現在にいたるまで，ほとんど変化することなく続いています．

　「進研ゼミ」という通信添削も受けていましたが，送られてくる教材の中にある漫画ばっかり読んでいて，肝心の課題については，あんまりやった覚えがありません．それでもテスト（業者が作成したものでしたから，「プリント」とも呼ばれていましたが）は満点ばかりでしたから，勉強で悩むということは，この当時はまったくありませんでした．ちなみにこのテスト（プリント）は，おそらく教科書の内容（つまりは授業の内容）が理解できているかどうかを測るためのものであって，内容としては，学校の授業が理解できていれば解けるものだったと思います．また福井においては，この当時は進学校的な私立中学校自体は存在しておらず，また，国立大学付属の中学校は，市内に住む「お坊ちゃま」な子たちが行くところで，市外の田舎に住む私にとってはあまり縁のない場所でしたから，「お受験」ということも意識することはありませんでした．

　小学校3年生ぐらいの時には，小学校単位で組織されている少年野球のスポーツ少年団に入りました．なぜ，私が野球を始めたのかはよく覚えていませんが，私の実家では，野球のテレビ中継をよく見ていたり，父の遺品である野球のグローブが転がっていたり，また，私が阪神タイガースの野球帽やメガホンを買い与えられていたりしていたので，そういった環境が私の野球への志向性を強めた可能性は大いにあると思います．ただ私は，野球に関してはあまり上手いとはいえませんでしたので，地元の大人たちである「監督（地元で野球が上手い人）」や「コーチ（だれそれのお父さん）」によくしごかれていました．「ケツバン」といって，バットでお尻を叩かれることも幾度と無くありました．結構痛いもので，青アザを作っている子もいました．ヘルメット越しにバットで殴られたりもしていました．バッドのグリップで殴られたときはたんこぶが

きたものです.

　ちなみに,小学校のグラウンドには簡易ながらも照明設備がありましたので,おそくまで練習をしていましたし,夏休みはほとんどが練習日で,炎天下のもとでやるものですから,ユニフォームで覆われていない顔と腕は真っ黒に日焼けしていました.福井は雪国で,とくに私の地元は結構な雪が積もるものですから,グラウンドが使えない冬には大型ストーブを焚いた体育館で練習をしていました.私の中では,小学校高学年の時期というのは,ほとんど野球とテレビゲームしかやっていなかったような,そんな時期だったように思います.

　なお,私の実家は,兼業農家として米作りをしているのですが,兄たちが田植え機に乗って野良仕事をしている時期と野球の大会の時期が重なることが多く,私が大会の方に行って野良仕事を手伝わないものですから,兄からは手伝わないことへの不満をよく聞かされていました.

　そのような感じで小学校を過ごしたわけですが,卒業式が終わった後に印象に残っている出来事があります.教室に6年生児童とその親たちと担任教諭とが集まって「お別れ会」があったのですが,私の同級生には私を含め数人ほどの父親をなくした子がおり,担任教諭がその子たちのことを非常に心配していた旨を話して涙していたのが,今現在でも非常に印象に残っています.

　小学校を卒業した後は,全員が同じ町内の公立中学校に上がることになるわけですが,中学校には同じ町内にある三つの小学校から生徒が集まってくるものですから,一学年60人程度になり,クラスは二つに分かれることになりました.

　中学校では全員が何らかの部活に所属する必要がありました.規模の小さい田舎の中学校ということもあってか,文化系の部活というものは放送部とブラスバンド部しかありませんでした(ちなみに私の兄は放送部にいたようです).運動部は野球部のほかにサッカー部,バドミントン部,卓球部,剣道部,女子バレーボール部などがありました.野球をしていた私は当然のごとく野球部に入ったわけです.もちろん下手糞でしたが,中学校3年の部活引退の時期までは野球ばっかりやっていたように思います.

　ただ,私はこの時から非常に近視が強くなったため,分厚いメガネが必要になりました.ご存知のとおり近視のメガネというのは凹レンズですので,度が強くなるほど物体が小さく見えるようになります.私の場合は乱視も入っていたため,高く上がった外野フライを捕球したり,ピッチャーが投げた変化球に

対応したりするというのは，とても難しかったです．

　ちなみに，私が小学校を卒業して中学校に入るころ，私の兄はちょうど大学受験の時期でした．私の兄は，中学校を卒業後は，父がかつて通っていた高校の特別進学コースに進んでいました．このコースは生徒に対して部活動を課さずに，その分を受験勉強にまわすような教育方針であり，当時の私は，かなり窮屈なところだという印象を持っていました．また福井は国公立大学への志向が強い土地柄なのか，周りの大人たちは兄に対しては地元の国立大学への進学を期待していたようで，兄もその期待にこたえて地元の国立大学の教育学部に現役で進学していきました．なお，私が通っていた小・中学校の教員のほとんどは，この大学の教育学部出身でした．ただ，兄はいわゆる「ゼロ免課程」に進学したので，教員を目指すつもりはなかったようです．むしろ「国公立」ということへのこだわりが強かったように思います．私も中学校に入った時分（＝兄が大学に進学した時分）には，兄と同じぐらいのことをしなければならないのだろうと思っていました．

　私は中学校に入って以降も，高校の受験勉強を始めるまでは，あまり積極的に勉強をした覚えがありません．授業をちゃんと聞き，課された宿題さえやっていれば，定期テスト前のテスト勉強（ほぼ一夜漬け的な感じで）だけで8〜9割は取れていましたし，社会科にいたっては満点を取ることさえありました．社会科担当で野球部の顧問もしていたクラス担任の教諭が，なにやらニヤニヤしながら，その事実をこっそり私に教えてくれたことが，今でも印象に残っています．また，「確認テスト」と呼ばれるテスト（おそらく業者が作ったテストなのだと思いますが，県立高校入試に模した形式のテストでした）も5教科すべてで8割以上でした．後述する「学校群」においては，合格ラインは8割以上（5教科で400点以上）が相場でした．したがって，そのぐらいの成績がある子は，基本的には「学校群」を第一志望にすることが当たり前でした．

　なお，「確認テスト」の合計点における学校内での順位は，学期ごとの通知表に記される（つまり，生徒全体に向けて公表されるわけではなく，個別に知らされる）わけですが，「私よりできる子が数人ほど（おそらく女の子でしょうが）いるなぁ」といった感じでした．自宅での学習（「進研ゼミ」を含めて）をしっかりやったり，学習塾に通ってしっかり勉強したりすれば，もっとよくできたのかもしれませんが，高校の受験勉強を始めるまでは，積極的に勉強をすることもなく，学校の授業や宿題以外の時間は，野球やテレビゲームばっかりしていたように思い

ます.

　私が中学校2年ぐらいのころに, 兄から新品のデスクトップパソコンを貰い受けました. 兄はパソコンに造詣が深く, 大学ではインターネット回線が「太い」こともあって結構使っていたようですが, 当時は一般家庭ではインターネットの常時接続環境はほとんど普及しておらず, ISDN回線を引いてインターネット常時接続環境を確立したり, 「ピーピーガーガー」と鳴るモデムを使って, 主に「テレホーダイ」タイム (23時〜翌朝8時) にインターネットに接続したりするのが一般的な時代でした. 私の通っていた中学校においてでさえ, そろそろ「パソコン室」が整備され始めているといった感じであったため, パソコンというものは, 当時の私にとっては非常に物珍しいものでした.

　ただし, 当時, 私の実家ではインターネットには接続していなかったため, 私はこのパソコンを, もっぱら「ゲーム機」として使っていました. 兄の持っているパソコンと私のパソコンとを LAN (Local Area Network) でつなぎ, 兄と対戦ゲームをするということもありました. 兄と私は年齢が六つ離れていますが, テレビゲームにしろアウトドアにしろ, 小さいころは結構遊んだ記憶があります. ただ, それ以上に兄弟喧嘩もよくした記憶があります. 私が中学に入って以降は, 確かに遊んだりもしましたが, 当時の私は兄のことを疎ましく感じており, 兄に対し「ほっといてくれ」などと言った記憶があります. ただこのゲーム対戦はとっても楽しかったと記憶しています.

　なお, 私の通っていた中学校は曹洞宗の大本山である永平寺のふもとにあるのですが, 私の中学とその禅寺とは交流がありました. 卒業式においても, 永平寺の幹部が出席していましたし, 「偉いお坊さん」の講演も学校で何回か聞いた覚えがあります. 「参禅学習」と称して座禅を中心とした修行生活を体験する学校行事もあり, 永平寺の名を冠したマラソン大会にも学校行事として参加させられていました. このマラソンは, 小雪の舞い降る寒い中を走らされるものですから, みんな「やってらんねぇ」というような言葉を口にしたものです.

　その禅寺の影響を受けてか, 授業の前や掃除の時間の前には「黙想」をするという習慣がありました. 授業前の黙想というのは, チャイムが鳴ってから先生が教室に現れるまでの間に行われるので, 授業前の数分間は教室内を静寂が支配するという感じでした. 騒ぐような子はいなかったように思います. 多少やんちゃな子らも, そのような習慣に対しては素直でした.

　中学校3年の春には，野球の大会で県大会に優勝し，北信越大会に出場しました．北信越大会は，福井県，石川県，富山県，長野県，新潟県の5県（北陸3県と信越地方）の代表校がトーナメント形式で対戦し，そこで優勝したチームが全国大会の出場権を得るという大会でした．しかし，初戦で石川県代表のチームに負けてしまいました．私は外野のレフトを守っていましたが，なにぶん捕球が下手糞なので「ボール来んな！」と内心つぶやいていました．そのあとの夏休みに開催された県大会では初戦で敗退してしまったため，その時点で私の中学校における野球の部活動も終了し，私の生活は高校の受験勉強中心のものへとシフトしていくのでした．

3　高校受験（1999年秋ごろ～2000年3月ごろ）

　中学3年の夏休みの後には，部活を引退して高校受験に専念することが「当たり前」のことでした．私も，そのことを当然のものとして考えていましたから，夏休み以降は学習塾に通うことになりました．

　ちなみに，学習塾に行くように勧めたのは当時のN担任教諭（授業は英語を担当）でした．もちろん中学においても，受験対策の補習授業は組まれてはいましたが，学習塾という学校外の教育資源が豊富な市内の受験生と張り合うためには，学校だけの教育だけでは足りないという認識が，N担任教諭の中にあったのかもしれません．「なんかやらなあかんよー」というふうに，教諭がたびたび示唆していたのを覚えていますし，私の母に対しても学習塾へ行かせるよう働きかけをしていたようです．

　通うことになった学習塾では，他の教科に比べていまひとつだった英語を中心に，数学，国語を勉強していました．そこは公文式を主体とした学習塾で，小学生も結構いた中で学習プリントをたくさんしたわけですが，宿題として課された学習プリントは放置気味だったように思います．それよりも，そこの学習塾で渡された高校入試対策用の参考書をしっかりやっていたように思います．その方が要領よく受験対策ができると思ったからです．入試が近づくにつれて，学習塾の人も受験を重視し，個別的に指導してくれました．「進研ゼミ」も，このころになると受験対策用のものが送られるようになり，中学校においても，教科書よりもかなり詳しく丁寧な内容の教材が各生徒に配られました．周りが高校受験への志向性を強めていく中で，私もその風潮に影響されたのか，

この頃にはかなり積極的に勉強をするようになりました．ただし，その勉強の中身というものは，県立高校の入試対策に特化したものであって，入試に受かることを目的とした，きわめて「受験勉強」的なものでした．入試の出題形式は毎年同じものでしたし，中学校 1 年生の頃から受け続けている「確認テスト」によって，そのような出題形式に慣らされていましたから，とにかくその出題形式でいい点が取れるように受験勉強を進めていきました．

　ちなみに福井県では，首都圏や近畿圏とは違って，県立（福井では公立高校はすべて県立）の進学校が私立の進学校よりも進学実績的には優位に立っていました．したがって，学力的に優秀な生徒は，県立高校を第一志望校とし，私立高校は滑り止めという存在でした．

　中学校 3 年11月頃には，「校長会テスト」という学力診断テストが行われました．これは，生徒の志望高校を決める際の参考資料とするために（実質的には志望高校を決定するために）実施されていました．福井県下の全中学校の受験生が受けるものですから，受験生全体の中での自分の位置取りというものが分かるようですが，この偏差値的な情報は教諭側だけで管理する情報のようで，私には自分のテストの結果だけしか知らされなかったように記憶しております．ただし，全体的な平均点や学内での平均点は公表されていたと記憶していますから，ここから，自分が受験生全体の中でどのような位置にいるのかを，大まかには把握できていたように記憶しています．

　なお,出題形式は県立高校入試とまったく同一のものであったため,私にとっては，それまでに幾度となく受けてきた「確認テスト」（こちらも県立高校入試とほぼ同じ出題形式）の「強化バージョン」という感じでした．テスト結果しか知らされない私にとっては，「確認テスト」と「校長会テスト」との違いは，「確認テスト」は出題範囲が限定的（その時期までに学習してきた範囲）なものであるのに対して，「校長会テスト」はその出題範囲が中学校で学習する範囲全体であるというだけのものでした．

　私は，これまでの「確認テスト」では 5 教科すべてで 8 割以上を取っていましたし，また「校長会テスト」が実施される11月頃には，学校においても学習塾においてもテスト対策が課されており，私自身もそれなりに受験勉強をしていましたから，「校長会テスト」においても 5 教科全体で 8 割と数分ほど取っていたように記憶しています．

　私が高校を受験した2000年 3 月当時においては，福井県の県立高校は学区制

を採用しており，さらに，私の属していた学区のトップクラスの2校（藤島・高志）は，「学校群」として一括りにされて募集・選抜が行われ，2校の生徒の学力が均等になるように，合格者の進学先が振り分けられていました．この「学校群」制度においては，生徒が進学先の高校の希望を表明するということはできず，合格した生徒は自分の希望とは無関係に，成績にもとづいて機械的に，いずれかの学校に振り分けられていたようです．

　そして当時私が所属していた高校の学区においては，藤島高校と高志高校で編成される「学校群」というものが学力トップクラスの進学先でした．2校が「学校群」として一括りにされて募集されるものですから，当時は「学校群」のことを「群（グン）」と略称し，最も良い志望先として認識されていました．「『群』に行く」とか「『群』受ける」とかいう言葉が，一種のステータスシンボルとして存在していました．

　この「学校群」のボーダーラインは，県立高校入試5教科全体で8割程度の点数でしたから，その基準をクリアした私は，当然のごとく「学校群」を第一志望にしました．ちなみに，当時「学校群」を第一志望とする受験生の第二志望先は，私の父や兄が通っていた私立高校の「特進コース」とするのが一般的でした．私も当然のごとくそれに倣うことになりました．

　私立高校の入試は2月の中頃で，県立高校の入試は3月の中頃（＝私立高校専願合格者の合格手続き日と同日）でしたから，11月の「校長会テスト」が終了した後，入試本番までは3〜4か月ほどの間がありました．「校長会テスト」で振るわなかった生徒も，この期間中に挽回する可能性は十分にありましたから，「気ぃ抜いたらあかん」というようなことを，母や兄（6年前に同じ制度下で高校受験）からも，教諭からも，学習塾の人からも言われていました．私自身も，志望を同じくする受験生に負けまいと，受験勉強に精を出していました．雪のちらつく師走から年末年始，そして大雪が降る時期に行われる高校入試本番にかけて，高校受験対策としての勉強は極めて順調に進んだように思います．俗っぽく表現するならば「めっちゃノッていた時期」と言ってしまってもいいかもしれません．そういった感じであったので，高校入試本番前に行われた，中学校最後の，中学校で学習する範囲全体が出題範囲である「確認テスト」では，5教科全体で9割をマークしていました．最高のパフォーマンスで高校入試本番を迎えたといってもいいかもしれません．また後に配られた通知表で分かったことですが，学校内ではトップの成績だったようです．これまで一番は取っ

たことがありませんでしたので，それを知ったときは結構うれしかったです．

　2 月の始め，母方の祖母が亡くなりました．私にとっては父親以来の，近親者の死去でした．当時，祖母は認知症がかなり進んでおり，私も野球を始めて以降，余り母方の祖父母とは会っていませんでしたが，周りから見てもかなりショックを受けていたようで，私の異常を察知した N 担任教諭が，私の母に電話で事情を聞くほどだったようです．受験の大事な時期ということで，N 担任教諭はかなり気遣ってる様子でした．物心がついてからは初めて（生まれてからは 2 回目），葬式で火葬場までついて行きましたが，当時は遺体に対して多少の恐怖心があったことを記憶しています．ただ，化粧を施された祖母が色とりどりの花に囲まれて棺に納まっている光景は，今でも印象に残っています．

　2 月中ごろに行われた，いわば滑り止めの私立高校入試は順当に「併願合格」しましたので，3 月の県立高校入試を受けることになりました．私立高校入試では，「学校群」以外の県立高校志望の同級生の他，その私立高校専願の同級生たちとも同じ教室で試験を受けたため，試験場である教室の中には同じ中学校の同級生が大勢いましたが，県立高校入試では，志望先の高校で試験を受ける（試験の内容は同一）ため，同じ中学で一緒に試験を受けた同級生は，「学校群」を受ける子たちだけでした．私の中学校から「学校群」を受ける子たちは，男子生徒よりも女子生徒のほうが多く，女の子とはあまり喋らなかった私は，多少の寂しさを覚えていました．

　なお，私の志望先は「学校群」として募集されていたため，試験会場は「学校群」を構成する二つの高校で行われるわけですが，私は高志高校の方を受験会場として指定されました．私の実家から受験会場の高志高校への道のりは，電車 1 本 20 分程度で最寄り駅についた後，多少歩くことになるわけですが，もう一方の受験会場である藤島高校よりは，「通学は楽だな」と感じていました．藤島高校へは，途中の駅で別の路線に乗り換える必要があり，あわせて 30 分ほど電車に乗った後も，最寄り駅からは，やはり多少歩く必要がありました．朝の 10 分は，少なくとも体感的には非常に大きなものだと思います．さらに，藤島高校の周りには複数の私立高校（私が併願した私立高校も近隣）があり，大学も近くにありましたので，高志高校へ向かうよりも，電車が通学客で非常に混んでいました．当時の通学電車は，はじめは 2 両編成の電車に乗っていて途中の乗換駅で乗り換える乗客を，1 両編成の電車（始発駅から乗換駅までに乗った乗客も乗っている）に押し込むような運行形態でした．赤字のローカル私鉄ですので

運行本数も少なく，学生にとっては甘受せざるを得ない状況でした．ただでさえ電車通学は初めてなのに，あんな満員電車で毎日通学するのは「御免だな」と思ったものです．

　3月の雪がちらつく頃に，県立高校入試の本番戦が行われたわけですが，実際の試験は，数学で少し「ひねられた問題」が出題されたりして，例年よりは難易度が高い問題でした．試験の翌日には（センター試験などと同じく）地元新聞に県立高校入試の問題と模範解答が掲載されるわけですが，「8割ぐらい取れてるかなぁ」といった感じでした．ただ，試験後にN担任教諭がホームルームで「みんなが同じ状況（例年よりも難易度が高い試験を受けた）なんやから心配せんでもいいよ」というようなことを言っていましたから，私も「大丈夫やろ」とは思っていましたが，それでも合格発表までは多少の不安もありました．

　合格発表は，合格者番号が各高校に掲示されるとともに，各中学校経由で合格通知が来るわけで，合否はN担任教諭から知らされるわけですが，どうやら私は合格したようでした．その時点ではあまり実感は沸いてきませんでしたが，翌日に母と一緒に高校へ番号を確認しに行ったときには，私の番号も掲示されていましたから，その時には「あぁ，受かったんや」という具合で，だんだんと実感が沸いてくるといった感じでした．ただ，私が振り分けられたのは，高志高校の方ではなく藤島高校の方でしたから，贅沢かもしれませんが，電車通学における大変さの関係で，多少の不満を抱いたものです．ちなみに，私の家族にとっては「藤島」というのが結構うれしかったようで，祖父にいたっては「バンザイ」と言っていました．藤島高校は，かつての「藩校」であって，旧制福井第一中学校でもあった，いわゆる「伝統校」でした．一方の高志高校は，戦後に創立された新制高等学校であり，「学校群」制度導入以前は藤島高校の人気が高かったこともあってか，高齢の人にとっては藤島高校の方が良かったのかもしれません．

第4章
不登校からひきこもり，そしてその後

1　中学卒業～高校入学～退学
（2000年3月ごろ～2002年3月ごろ）

　2000年の3月中旬ごろに，中学校の卒業式がありました．私たちは，ちょうど50期目の卒業生のようで，「何期生か覚えやすいね」とN担任教諭はおっしゃっていました．卒業生の人数は60人程度ですので，講堂では一人ひとりが壇上に上がって卒業証書を受け取るわけですが，私がK校長から卒業証書を受け取る際に，「伊藤君頑張ってね」と声を掛けられたことは，今でも印象に残っています．

　さて，中学校卒業後は，同級生たちは皆，それぞれの進路を歩んで行きました．ただ，ほとんどの同級生は，福井市内の高校へ進学していましたから，（市内へ自転車通学をするツワモノを除いて）通学手段である電車で顔を合わせる毎日でした．私が通っていた中学校は自宅から徒歩10分程度だったので，毎朝，電車を乗り継いで約30分，下車した後も十数分歩かなければならないのは，面倒でしんどいことでした．おまけに，それまでは満員電車での通学は体験したことがありませんでしたし，とくに，乗換以降の満員電車はスシ詰めもいいとこでしたので，もう少し朝早くにズラして登校することも試しましたが，なにぶん朝に弱かったので，長続きはしませんでした．朝早く来すぎて，誰もいない教室は，非常に寂しいものだったことを覚えています．

　なお，私の中学校から「学校群」に受かった子は十数人程度だったと記憶していますが，女の子ばかりで，男子は私ともう一人（同じ野球部所属）だけでした．「学校群」合格者は高志高校と藤島高校に振り分けられるのですが，男子は二人とも藤島高校に振り分けられました．高志高校へ行く子と藤島高校へ行く子は，ちょうど半々だったと記憶していますから，私と同じ中学校から藤島高校へ進学した子は数人程度だったと思います．藤島高校自体は新入生が400

人おり，1学年10クラス編成でしたので，高校内ではクラスも遠くなり，バラバラになっていきました．同じ中学校だった男子生徒とも，朝の登校時に顔を合わせてはいましたが，関係が遠くなる感じが大きくなるにつれ，だんだんと疎遠になっていきました．

　藤島高校には，福井市内と福井市周辺にある中学校から「優秀な生徒」が集まってくるわけですが，その中でも，地元の国立大学教育学部付属中学校から入ってくる生徒がとても多い印象を受けました．彼らは本当に「優秀」で，中学校時代の「確認テスト」も9割が当たり前のようでした．小中学校時代から，すでに塾に通っているようで，放課後も塾に行っている生徒も多いようでした．志望大学も東京大学をあげる生徒が多かったと記憶しています．

　もちろん，同じ「学校群」として括られる高志高校にも，同様の生徒が集まってくるわけですから，藤島高校と高志高校はライバル関係ということになりますが，当時の私は，周囲の状況から，2校の関係は，もはやライバル関係というよりも「敵対関係」という印象さえ受けていました．ある進路指導教員の口癖は「高志には負けられん」でしたし，ある数学教員は「東大合格者数で高志に負けて悔しくないの」でした．東大への志向性も非常に強く，進路指導教員が朝礼で「京大目指すぐらいなら東大目指せ」というぐらいでしたし，藤島高校出身で東大の美学芸術学科を卒業した人物を講師によんで，生徒に向けた講演会を催した際には，生徒から「東大ってどんなところですか」という質問が出るようなところでした．私が1年生のときの担任は，「今成績が最下位辺りでも，それから頑張って東大に受かった奴がいる」というぐらいですから，東大への志向性はものすごいものだったと思います．ただ，実際に東京大学に合格する生徒は，浪人した生徒を合わせても十数人程度でしたから，教員がなぜ，生徒全体に向かってそのような言葉を発するのかは，当時の私にとっては非常に不可思議でしょうがなかったものです．しかし，最初の頃はそういった違和感を覚えてはいましたが，時期を経るごとに，私もだんだんと周りのそういった雰囲気に巻き込まれていってしまったように思います．また，当時の私の家庭では，浪人が許される雰囲気では全然無かったですし，現役で「良い」国公立大学に合格することが暗に要求されてもいました．私の兄以上のことを，暗に求められていたのです．

　ただでさえ遠い（と主観的には感じている）学校でしたが，授業時間はかなり組まれていました．通常の授業以外に「課外」という名の補習授業があり，夏休

みはかなりの「課外」が組まれていました．授業日数は名目上，二百十数日ぐらいですが，実際はそれよりも多くの授業日数が組まれており，実質的に通常授業と同じ扱いですから，出席日数にはカウントされないにもかかわらず，出席が求められていましたし，そもそも教科書の内容が進んでしまうので，私自身も出席に対する「義務感」を感じていました．授業のレベルも中学校とは格段の差がありました．非常にレベルが高くなりました．授業の進度も速く，「1回こけたら追いつくのが難しいな」と感じていました．私は，とくに英語と数学が最初からこけ気味だったので，何とか追いつこうと，自習用の参考書を買い込んだりしていましたが，授業で出る課題もこなさなければならないので，どっちも中途半端になる状態にだんだんとなっていきました．ちなみに，私は出席番号で1番最初でしたので，最初の授業からしばらくは，一番前の左側の席に座らされました．テストのときは監督官の目の前になるので，問題を解くときは非常に緊張していました．頭は全然回らなかったです．

　教員との相性も悪く，とくに私は1年生のときに割り当てられた英語担当教員とは，余りそりが合いませんでした．当時の私にとっては「めっちゃ嫌なヒステリック教員」でした．また同じく私が1年生のときに割り当てられた数学担当教員は，宿題を忘れた生徒の頭を噛む教員でした．もちろん宿題を忘れたことは非難されるべきでしょうが，当時の私はこのようなことをされるのが嫌で嫌でたまりませんでした．

　その藤島高校での教育は，非常に大学受験に特化したものでした．当時の福井市には小規模な予備校が多少はあったようですが，都会のように充実しているわけではありませんでしたから，高校が予備校を兼ねているようなものでした．担任の「予備校がないから我々が予備校的なものを引き受けている．これはみんなの親御さんからの要請でもある」というホームルームでの発言は，今でも印象に残っています．そのような感じですから，受験に必要ないと思われる科目は，科目名はそのままに，授業の中身は受験に特化したものにされていました．これは後にいわゆる「未履修問題」として，全国的に大々的に報道されるわけですが，当時はごく当たり前のように行われていました．「現代社会」は教科書を使用せずに，ほぼ小論文対策の授業に中身が変えられていましたし，「総合理科」にいたっては，1年生のときの授業では「化学IB」と「生物IB」をしていました．また，「総合理科」は，名目上は分割履修で，1〜2年生に渡って履修することになってはいるのですが，私は2年生のときには，選

択科目で年によっては開講されない「地学ⅠB」の授業しか受けていませんで
した．しかし，カリキュラム上は2年生にも「総合理科」の単位が割り当てら
れていたのです．1年生の最初のときに配られた「総合理科」の教科書は，つ
いぞ使われることがありませんでした．ちなみに，早々と理系を諦めて，2年
生からは「地学ⅠB」にしようと思っていた私にとっては，「化学ⅠB」と「生
物ⅠB」で構成される〈総合理科〉は，退屈以外の何者でもありませんでした．
大学受験しか頭に無かった当時の私は，受験に不要なものに対して，学ぶ意義
を見出すことができませんでした．周りも私も「受験，受験」でした．しかし，
同じ「受験，受験」でも微妙に歯車が噛み合わない感じでした．私が学校の学
習進度からこぼれ落ちて，自分でキャッチアップせざるを得ない状況が生まれ
てくるにつれて，学校が提供する「受験勉強」と，私がしている「受験勉強」
は重ならなくなってしまったのです．いろいろと「勉強法」に関する本も読み
ましたが，そもそも自学自習がなかなか進まず，学校の進度に追いつかない状
況でした．どんどん取り残されていく感じでした．

　1年生の2学期ごろから，体の調子がおかしくなりました．私はもともと緊
張しやすいたちでしたが，このときは腹がゴロゴロとなり続けて，だんだんと
痛みを伴うようになっていきました．ひどいときは胸が悪くなって，吐くこと
もありました．体はこんな状況でしたが，1年生のころは「学校に行かなけれ
ばならない」という意識が非常に強かったので，この症状を抑えようと思い，
母や兄に「神経科に行かせてくれ」と頼みました．中学校時代の保健の授業や，
高校の保健の教科書などで「心身症」や「過敏性大腸」のことは知っていまし
たし，神経症については新聞などでも取り上げられていたものですから，「神
経科で薬をもらってそれを飲めば治るんじゃないか」と考えていたのです．母
や兄は，最初はかなり戸惑っていたようで，「神経科なんて行ってどうするの」
というようなことを言っていましたが，最終的には近くにある大学病院の神経
科精神科を受診することになりました．はじめて精神課を受診したわけですが，
私には医師の印象が余り良くなく感じられて，「嫌なとこに来たな」という感
じでした．とりあえず「ソラナックス」という名前の抗不安薬と「ドグマチー
ル」という名前の抗うつ剤を処方されましたが，飲んでみても余り効果はあり
ませんでした．医師の態度もそっけなかったので，私は不信感を募らせていま
した．同じ神経科で別の医師の診療も受けましたが，ほとんど相手にされませ
んでしたので，神経科が嫌になってしまいました．自分が病気なのかそうでな

いのか分からなくなってしまいました．

　1年生の3学期には，不登校状態になっていました．「もう来年度からは行きたくない．大検経由に切り替える」と思っていましたが，担任が実家にやってきて「もう1年頑張ってみろ」と強く勧め，家族もそのようにしろと言うので，私は仕方なく2年生に進級することにしました．勉強についていけず，成績も全然良くなかったので，各教科の担当教員のところへ挨拶回りをさせられましたが，非常に屈辱的な感じを抱きました．「嫌な教員」のところへの挨拶回りを終えたころには，精神的にもだんだんとおかしくなってきました．「もう死にたい」と思うようになってきたのです．

　2001年4月，とりあえず2年生に進級するということで，私は2年生からの文系・理系分けでは文系を選んでいたので，文系のクラスに配属されました．1年生のときからは大幅にクラスメイトが入れ替わり，担任も替わりました．同じ中学校出身だった男子生徒は理系に進んだので，2年生以降，彼に会うことはありませんでした．1年生のときに「嫌だ」と感じていた教員は，私が2年に進級すると同時に他の高校へ転任して行きました．しかし，2年生になったとしても，状況や環境が決定的に変わったということではありませんでした．ただでさえ勉強が追いついていないのに，授業内容はさらに高度になるものですから，私はさらに追い詰められていましたし，「自分でなんとかせんといかん」ということで，自習してキャッチアップを試みようとしましたが，もう頭が回らない状態でした．中学校時代の自分と，今の自分とのギャップが余りにも激しすぎると感じて，恥ずかしささえ覚えるようになりました．1学期ごろはまだ行けていましたが，2学期ごろには休みがちになり，遅刻も多くなりました．ただ遅刻すると，生徒指導室で事情を説明しないといけないのですが，ここを担当している教員も感じが悪いので，当時の私は生徒指導室が大嫌いでした．

　ちなみに，このころは，通学手段だった電車の運行会社（京福電鉄）が，半年前に続いて2度目の正面衝突を起こしたので，行政から電車の運行停止命令が下されていました．電車が走れないので代行バスが運行されていたのですが，ただでさえ劣悪な通学環境がさらに悪くなりました．高校最寄りのバス停は最寄り駅よりも遠くにありましたし，バスが渋滞に巻き込まれることもたびたびありましたので，幾度と無く遅刻しそうになりました．バス通学がひどいのでマイカー通学をする生徒もいたぐらいでした．

　登校中につらくなって途中で引き返すこともありましたが，引き返している
ときは，周りの目が非常に気になっていました．登校中に下校している生徒を
周りが不思議そうに見ているように思えたからです．非常にきまりが悪いので，
同級生に見つからないかと冷や冷やしていました．

　私が布団を被ったまま学校に行かないと言っても，家族は連れて行かせよう
とするものですから，家族とのいさかいも多くなりました．当時は「就職氷河
期」真っ只中で，兄は就職留年をしていましたし，母は「学校行かんと就職ど
うするの」と私を責め立てていました．私も精神的に参っていましたから，言
葉遣いが荒くなって，「田んぼに石油まいて火いつけるぞ」とか「死んでやる，
殺してやる」とか叫んでいました．椅子を壁にぶつけて穴を開けたり，障子を
ぶち壊したりもしていました．やってしまったあとは非常に後悔し，罪悪感を
も抱いていましたが，後の祭りでした．そういったこともあってか，腹痛や下
痢，吐き戻しもひどくなり，下痢や嘔吐で衰弱したときには病院で点滴を受け
ることさえありました．「もう死にたい」と希死念慮を抱くようにもなってい
ました．

　3学期には，担任に学校カウンセラーのところへ連れて行かれましたが，そ
もそも1年間我慢しても何の改善も見られなかったので，私は「やっぱり学校
なんか辞めて大検経由で大学進学を目指そう」ということにしました．私にとっ
て，もはや藤島高校という場所にいるのは限界だったのです．「もうこんなと
ころからは抜け出したい．じゃないと死ぬ」というのが，当時の私の気持ちで
した．担任は，クラスメイトを納得させないといけないということでしたので，
クラスメイトにあてた手紙を（無難に）書いて，藤島高校を2年生修了と同時
に退学することにしました．当時の担任とは，不登校生徒の受け皿となってい
た福井市内の通信制高校などを一緒に周っていただいたり，いろいろな助言を
いただいたりもしましたが，当時の私は，もう学校というものが嫌でしたし，
通学時に同級生と顔を合わせたくも無かったので，福井市内の通信制高校に在
学するという選択は，結局はしませんでした．

2　高校退学後〜大検取得
（2002年3月ごろ〜2003年3月ごろ）

藤島高校を退学した後は，在学中から考えていたとおり，大検（大学入学資格

検定試験，現在の高校卒業程度認定試験に当たる）を経由して大学に入る方向へと舵を切りました．大検に合格するには全部で9科目合格しないといけないのですが，各科目において高校で修得した単位数が，高校の学習指導要領に記載されている標準修得単位数に相当する単位数を満たしていると，その科目の試験が免除されますので，高校2年生までの修得単位で規定に達していない科目を，広域通信制高校であるNHK学園高校の「選科生コース」で履修することにしました．私の場合，国語と世界史，日本史，地学の単位数が規定に達していませんでした．藤島高校の場合（多くの学年制の高校でも同様とは思いますが）国語（国語Iおよび国語II），世界史（世界史B），日本史（日本史B），地学（地学IB）は2年生と3年生での「分割履修」でしたので，高校2年生までの修得単位では標準修得単位数に足りなかったのです．ですので，その科目の試験免除を受けるため，NHK学園高校で「国語II」と「世界史B」，「日本史B」，「地学IB」を履修（それぞれ4単位づつ）することにしたのです．

　ちなみに，9科目すべての試験を免除にすることはできないようで，1科目だけは実際に試験を受ける必要がありました．8月のはじめに行われる大検の試験では，最初は国語の試験を受けるつもりで，5月末に提出した願書にも国語を受検科目として指定したのですが，国語は「国語I」4単位と「現代文」2単位，「古典」3単位で試験免除になるらしく，高校2年までの修得単位数で規定に達していたようで，出願後に願書提出先である県庁の担当部局から電話がかかってきて，受検する科目の修正を求められました．高校退学後にもらった成績証明書には，高校2年までの全修得科目の単位数と評定が書かれており，その成績証明書を大検の出願時に提出して，受検する科目と免除する科目を申請するわけですが，その職員によると，「成績証明書によって免除可能な科目は受検科目とすることはできない」ということでした．国語は成績証明書では規定の単位数に達しており免除可能だったので，ほかの科目への変更を求められたのです．

　ただその時は，当時の私の鬱屈とした精神的な状況が影響したのか，電話を掛けてきた職員の態度に対して苛立ちを覚えていたことを記憶しています．「これでは願書が受理できない」ということでしたので，私は仕方なく，その職員の指示に従って直接県庁に出向き，受検科目を国語から地学に変更しました．地学の単位数は規定に達していませんでしたので，受検科目とすることができました．ちなみに，世界史，日本史も規定の単位数に達していませんでしたの

で，受検可能でしたが，そもそも NHK 学園高校で履修していましたし，世界史や日本史よりも地学の方が受検勉強の負担が少ないだろうという目論見もありました．

その一方で，やはり応対した職員の態度が気に入らなかったのか，帰宅後に職場にいた母親に電話で愚痴をこぼしたことを覚えています．「あの公務員の態度には腹が立った」とか「公務員なんか嫌いや」とか言っていたように思います．こういうわけで，8 月のはじめには地学の試験を受けることになったのです．

さて，NHK 学園高校で 4 科目を履修するわけですが，私は大学受験を意識していましたので，自学自習で大学受験の勉強をしていました．福井市内には予備校もありましたが，外で中学や高校の同級生とばったり出会うのが怖かったので，高校のときと同様に，あまり外に出ませんでした．私が退学した事実を知っているであろう同級生とは，恥ずかしくて顔を合わせることなどできないと思っていました．同級生と出会う確率が少ないと思われる場所には行くことができましたが，近所の人に会うのも怖かったので，駅にも行けませんでした．なお当時は，京福電車が起こした 2 度の正面衝突事故の後であり，電車は走っておらず，駅近くのバス停から代行バスが運行されていましたが，そもそも代行バスでも同級生に会うかもしれないということで，乗るのは嫌でした．母や兄に車に乗って，見知っている人にあまりあわない場所に行くことはできていました．ただ，それほど受験勉強に精を出していたかというと，必ずしもそうではありませんでした．参考書は買い込んでありましたが，「やりたくない」という状態でしたし，浪人はしたくないという意識がありましたが，高校 2 年生までの学習すらおろそかだったので，残り一年で挽回できるかというと極めて不安でした．とくに数学と英語は，分からない以前に嫌でした．高校のときの嫌な記憶が蘇ってくるようでした．睡眠時間も長く，結構寝ていたように思います．

NHK 学園高校は通信制高校ですので，リポートを提出するわけですが，これは真面目にやっていました．教科書とは別に自習用の教科書準拠の解説書も，NHK 学園高校から送られてくるわけですが，これは分かり易かったですし，スクーリング日数の圧縮のために視聴する必要がある NHK 教育テレビの高校講座も受験というよりも教養的な番組で面白かったと記憶しています．番組のテキストも結構面白く，基本的に番組と番組のテキストを中心にリポートの問

題が作成されていましたので，毎回テキストを読んで視聴している私にとっては，リポートは割と楽でした．ただ，そのレベルの学習と大学受験（例えばセンター試験）のレベルとではかなりの開きがありましたので，これだけでは駄目だという思いは常に持っていましたが，大学受験勉強はあんまり手をつけていませんでした．5 月の末から，8 月に試験がある地学の勉強をボツボツとやり始めたという感じでした．それ以外は，NHK 学園高校での課題をやっているか，寝ているか，漫画を読んでいるか，「H な雑誌」を見ているか，ゲームをしているかといった感じでした．外にはあんまり出ませんでしたし，出たくありませんでした．近所の人や同級生の目が怖かったのです．

なお，通信制高校はスクーリングの必要があり，私は年 2 回，6 月と 10 月に大阪の浜寺公園にある大阪府羽衣青少年センターで実施される集中スクーリングに行く必要がありました．集中スクーリングでは，今まで見たことが無い世界を垣間見た感じでした．近畿圏から集まってくるらしく，金髪で暴走族っぽい子からいつも黙っている子までいろいろいましたし，ご年配の方もいました．私は遠方からの参加でしたので，同じように遠方から参加している子らと同様に，併設のユースホステルに 1 週間弱ほど泊まり込み，スクーリングを受けるようになりました．暴走族っぽい子，不登校だった子，いろんな子達がいました．私が，そこでよく喋っていた子は料理人を目指していました．その子も父親をがんで亡くしたようでした．別の子は，以前いじめを受けていたようで，そこから不登校になったようでした．ヤンキーぽい子も話しかけてきましたが，意外と話が合うので驚きでした．6 月のスクーリングのときは日韓共催のワールドカップが行われており，食堂の大きなテレビに向かってみんなで観戦して盛り上がっていたのを記憶しています．

ちなみにこの年には，兄が公務員試験に合格して地元の役場に採用されていました．私は微妙なプレッシャーを感じていましたが，NHK 学園の課題以外の勉強，つまりは受験勉強はほとんどしていませんでした．寝ているか，漫画や雑誌を読んでいるか，パソコンかテレビのゲームをしているか，あるいは，たまに祖父の畑仕事の手伝いをしているかといった感じでした．祖父と一緒なら近所の人とかは怖くなかったようです．畑仕事や田んぼの仕事（田植えや稲刈り）は普通にやれていました．大阪から田んぼの手伝いをしに帰ってくる叔父（父の弟）には説教されることもありましたが．

7 月の中頃になってからでしょうか，朝，祖父が「便の調子がおかしい」と

いうので，母が車で近くの大学病院に連れて行きました．昼ごろに兄から電話が掛かってきて，いきなり「危篤だ」と言われたので，私はびっくりして近くのタクシー会社に走りましたが，全車出払っており，誰もいませんでしたので，家に戻って別のタクシー会社に電話して来てもらい，大学病院に急ぎました．腹部の大動脈瘤が検査時に破裂したとのことで，緊急手術中でした．大動脈瘤を人工血管に置き換える手術をしていたのですが，一回目の手術ではうまく血管がつながらず，大量に出血したので輸血液も足りなくなっている状況でした．90歳近くの祖父が2回目の手術に耐えられるかどうかは分かりませんでしたが，大阪から駆けつけた叔父は「やる」とのことで，2回目の手術が行われることになりました．病院備蓄分だけでは輸血液が足りなくて日赤から取り寄せているような状況でした．結果的に2回目の手術自体は成功しましたが，緊急手術でしたので，全身のレントゲンは取れなかったのか，手術後には胸部の大動脈瘤も見つかりました．執刀医は「胸部のことを知っていたら腹部の手術はできなかった」と言っていたので，緊急の手術だったからこそ祖父は助かったのかもしれません．ただ，胸部の大動脈瘤の手術は無理だと言うことでしたので，こちらに関しては，投薬で破裂しないようにコントロールすることになりました．祖父はその後，長い入院生活を余儀なくされました．手術直後は昏睡状態でしたし，その後の数か月間も意識が混濁した状態でした．ベッドサイドには誰かがついていないといけないということで，私も含めて家族，親族が交代でベッドサイドについていました．秋ごろに入院期間の関係で大学病院の系列市中病院 (S) へ転院するまでずっと家族・親族の誰かが看病していました．私も，祖父のオムツの取替え（小便が主でしたが）をしていた記憶があります．

　祖父が入院している最中に大検の試験がありました．試験科目の地学は一応勉強してきたつもりなので，ある程度マークシートを埋めることができました．試験結果は合格で，あとはNHK学園高校で足りない科目を補えばいいだけなので，私と同年齢の子らが高校を卒業すると同時期に大検が取得できる見込みになりました．いわゆる現役生と同時期に大学を受験することが可能になったわけですが，当時の私は学力に対してほとんど自信をなくしており，やる気すら減退していました．

　祖父が入院している最中に，今度は母に乳がんが見つかりました．進行性のがんでリンパ節にも転移していたので，県立病院に入院して手術することになりました．母は乳房全摘出を希望していたようですが，主治医ががんの部分だ

けを切り取る乳房温存術でも再発率は変わらないということで，温存術ということになりました．ある程度進行していたので，放射線療法と抗がん剤療法も併用されました．手術自体はうまくいったようで，手術後に主治医は「見えるものは全部取った」と言いながら，手術室前で待機していた私と兄に切り取った部位を見せてくれました．触ってもいいと言うので触ってみると，グニュっとした感じでした．とにかくその時は成功したと言うことで，私と兄はホッとしていました．放射線療法と抗がん剤療法では，目に見えないがん細胞を叩くことになりました．とくに抗がん剤療法は，CAFという，三つの薬剤を組み合わせて点滴する療法だったのですが，副作用がひどく，吐き気がするようで，抗がん剤治療中は「胸（の気分）が悪い」と言っていました．また，この抗がん剤は，副作用で髪の毛がごっそりと抜けてしまうので，母はカツラを使っていました．カツラをつけていない薄い真っ白な髪の母を見たときは相当なショックを受けたものです．

　母は農協に勤めていましたが，仕事ができる状況ではないということで，手術・入院期間中に休職したあと，職場を早期定年退職することになりました．母は，手術入院を終えてからは，通院で抗がん剤や放射線治療をしていましたが，その他にもがんに効くと喧伝されたキノコエキスを服用したり，身体にいいと業者に進められた浄水器の水も飲んでいました．また，富山の薬科大学へ行って漢方薬を処方してもらうようにもなりました．なお，祖父，母と続けて倒れたわけですが，私は，この遠因を作ったのは，高校在学中から家族に対して心配をかけ続けてきた自分かもしれないという思いも抱いていました．

　ちなみに，母は普段から結構遅くまで働いていました．農協の貯金とか共済関係のことをしていたのですが，内勤の後は「推進」と称して，農協共済を各家庭に勧めるという「営業」のようなことをしていたようです．私も各家庭に配るチラシのリーフレットへの挟み込みなどの，「家への持ち込み残業」の仕事を手伝った記憶があります．職場には労働基準監督所の指導が入ったこともたびたびあったようです．母の働く姿を見て，私は「働くのってつらいんだなぁ」と思ったものです．

　年が明けて2003年1月，センター試験を受けることになったのですが，ほとんど解けた気がしませんでした．そもそもあんまり勉強してこなかったわけですから当たり前と言えば当たり前ですが，その当時の私は相当疲弊していました．藤島高校在学中ほどではないにせよ，「もう死にたい」とか「もう嫌」と

か思っていたように思います．ちなみに，センター試験は地元の国立大学が試験会場として指定されていたわけですが，久しぶりに黒ずくめの制服集団を見たときは非常に怖かったです．高校受験当時滑り止めだった私立高校の子らと同じ会場だったわけですが，その子らと今の自分とを比較して非常に情けない気持ちにもなりました．とにかく，私はこの年の大学受験はあきらめて，来年また受けなおすことにしました．大検はもう取っていましたし，実家に居たくなかったこともあり，大阪の予備校に通うことにしました．そもそも母は職場を退職していましたから，退院後は家に居ることが多くなりました．私はそのような環境に窮屈感を覚えていましし，兄とも物理的な距離をおきたいと考えていました．また大阪には親戚も多く，何度も行ったことがあったので，他の都会に比べれば非常に行きやすい場所でした．私は，大阪へ行けば近所の人と顔を合わす必要も無くなるし，同級生とばったり出会うことも無いだろうと考えて，大阪の予備校へ通うために一人暮らしをすることにしたのです．

　センター試験が終わった後，私が一人暮らしの部屋を探すために大阪へ出向く前ぐらいに，今度は母方の祖父が県立病院に緊急入院しました．母方の祖父は，以前にも大病を患って両足を失わざるを得なくなり，この当時は施設に入所していたのですが，どうやら救急車で施設から病院に担ぎ込まれたようでした．もはや血管がボロボロのようで，もう手術はできないようでした．私は，保育園のときは，母方の祖父母に非常にお世話になっていましたが，小・中学校時代は，私が野球を始めたこともあってか，かなり疎遠になっていましたし，母方の祖父母も，それぞれが介護施設等に入所してしまいましたので，母方の祖父と顔をあわせるのは，本当に久しぶりでした．

　ICU(集中治療室)で面会をしたのですが，私が会ったときは，まだ意識がはっきりしていたようでした．母の「康貴，覚えてるか」という問いかけに，母方の祖父はうなずきながら「うら（＝福井弁で私）が育てたようなもんや」と言葉を紡いだ光景は，今でも忘れられません．その数日後，母方の祖父は亡くなりました．母方の祖母が亡くなってから，ちょうど3年経っていました．田舎ですから，盛大な葬式が母方の実家で行われるわけですが，集まってくる親戚の方の「どこの大学行くの？」という問いかけには，緊張感を覚えながら「とりあえずもう1年」などと言って，ただただ誤魔化すしかありませんでした．出棺の際には，私は白木の位牌を持っていたと記憶していますが，その際の母方の伯父（喪主・母の兄）の挨拶のときには，私はそれまで我慢していた涙が思わ

ず溢れ出ていました．涙がボロボロボロボロ出ていたことを覚えています．な
お，このときの葬式では，私は亡くなった父の喪服（礼服）を着たのですが，
父の礼服は大きくて重かったですし，これからは葬式や法事や結婚式が増える
ということで，私は初めて自分の礼服を作ることになりました．それまでは詰
襟の学生服でしたので，私は初めてネクタイを締めることになったわけですが，
兄に教えてもらいながらネクタイの締め方を覚えました．

　母方の祖父の死去とほぼ同時期に，実家の祖父も病院から介護施設に移るこ
とになりました．最初に緊急入院した大学病院には，祖父の病態がある程度回
復した秋以降は，ベッド不足や医療費の都合で，実家からは大学病院よりも少
し遠い大学病院系列の市中病院（S）に転院することになりましたが，祖父が
さらに回復した冬以降は，急性期のベッドにはいられないということで，介護
型のベッドに移る必要があるとのことでした．しかしその系列市中病院（S）
には介護型ベッドの空きが無く，かといって，病気持ちの母が毎日面倒を見る
ことも難しいので，祖父は再々度転院をすることになったのですが，他の病院
にもほとんどベッドの空きが無く，やっとの思いで見つけたI病院の介護型病
棟も，介護の質が悪いのか，ベッドから起き上がれるまでに回復していた祖父
が，もはや寝たきりの状態になってしまい，以前の系列市中病院（S）では饒
舌だったにもかかわらず，I病院に転院してからはまったく喋らなくなってし
まいました．そこの病院は，それまでいた大学病院や系列市中病院（S）とは
まったく雰囲気が違っていました．以前の病院は「真っ白」という感じでした
が，当時のI病院は「ほの暗い」感じでした．母が入院していた当時の県立病
院の病棟も，多少の「ほの暗さ」はありましたが，当時のI病院は，それに2
重にも3重にも輪を掛けた「ほの暗さ」でした．介護型ということもあるのか，
医師ともあまりコミュニケーションは取れませんでしたし，亡くなられた方の
ご遺体とエレベーターでご一緒になるということも幾度かありました．「こん
な病院では駄目だ」ということで，地元のケアマネージャーの人に掛け合って，
実家の隣村（当時）の施設には空きがあるということで，移ることになりまし
た．そこの介護施設（H）は，I病院とはうって変わって雰囲気もよく，リハビ
リ設備も整っており，介護施設（H）の事務長も祖父とは顔見知りだったので，
私は「ここなら大丈夫だろう」ということで，大阪に向かうことになりました．

3 一人暮らし～下宿先（一人暮らし）での「ひきこもり」
1年目（2003年3月ごろ～2004年3月ごろ）

　大阪難波には伯父と伯母（父の姉）が住んでおり，幼少の頃より何度も足を運んだことがありました．伯父と伯母の間にはお子さんが居ませんでしたので，甥っ子である私たちは，小さなころからお世話になっていました．したがって，多少の土地勘があり，比較的住みやすい場所だとも思っていましたから，難波にある予備校に通うことにしました．私は，大学受験の季節が終わりはじめた2003年の3月ごろより，その予備校の近隣にある一人暮らし用の部屋を探し始めました．兄は寮を勧めていたと記憶していますが，私は寮に入るのが嫌でした．普通に学校生活を送って卒業した人たちが怖かったのです．

　部屋探しは，難波に住む伯父や伯母が手伝ってくれました．大阪市の浪速区と大正区の境目の浪速区よりの場所に適当なワンルームを見つけたので，ここに住むことに決めました．伯母は「大阪のおばちゃん」よろしく，入居交渉のときには，周旋屋（不動産屋）に対して値切りを迫っていました．確か礼金が安くなったと記憶しています．周旋屋が，伯母と管理会社の板ばさみになっている模様を今でも覚えています．その後，実家から宅配会社の引越しサービスを使って荷物を運び入れた後は，家財道具を西成区の津守にあるホームセンターで買い揃えたり，伯父，伯母の家から要らない家具を運び入れたりしていました．

　私が住み始めた部屋は6階にあり，浪速区にありながらも，最寄り駅は大正区の大正駅に近く，西区にある大阪ドームも見えるところでした．はじめての一人暮らしでしたから，周辺の状況を知るために自転車でくまなくまわったのを覚えています．主に大正区や西区，浪速区や中央区，西成区あたりを，全域ではないにせよ，まわっていた覚えがあります．

　私の部屋の周りは，いわゆる下町っぽい空間で，町工場や鉄工所があったり，長屋があったり，大きな市営住宅があったりしました．市営住宅の前に黒牛のモニュメントがあったのですが，夜中に自転車をこいでいるときに遭遇したものですから，本物かと思ってびっくりしたことを覚えています．ちなみにこの黒牛のモニュメントは，市営住宅に入居する焼き肉屋の看板のようでした．

　大阪日本橋も自転車で行ける距離でしたので，パソコンのパーツを買いに幾

度となく通っていました．自分で手にとってレジに持っていく商品は買えていましたが，ガラス棚にしまってあったりして店員に頼まなければならないような商品は，店員に声を掛けづらくて，なかなか買いにくかったように思います．また，一人で飲食店に入るのも怖かったことを覚えています．スーパーとかコンビニとかなら，精神状態がつらくないときは，行けていました．

　一人暮らしですから，炊事，洗濯，掃除は当然自分でやらなければなりませんでした．私の部屋からは，自転車で少し行ったところにスーパーやディスカウントストアがありました．コンビニも大正駅方面などにありましたから，生活用品を買いに行くのに車を使う福井の実家とは大違いでした．商品をかごに入れてレジを通すだけですから，自分にとっては楽なモノでした．ただ，店員への声の掛けづらさはありましたから，「あれこれを下さい」と言うことはかなり勇気がいることでした．とても怖くて恥ずかしかったのです．

　ですから，ファミレスとかファストフード店に行くことはあまりありませんでした．実家からは，実家の田んぼで作った米（農繁期には，私も帰省して稲作を手伝っているわけですが）が送られてきますから，3合炊きの炊飯ジャーでご飯を炊いて，お惣菜を買ってきたり，ワンルーム付属の小さなキッチンで簡単なおかずを作ったりしていました．他人と余り話をしなくても日常生活は送れるという環境にあったのです．

　一人暮らしをすることになって，はじめてインターネットを自由に使える環境に身を置くことになりました．当時，実家周辺ではインターネットのブロードバンド回線が普及しはじめたときでしたが，私が実家にいるときは，まだ使える環境に無かったので，ブロードバンドのインターネット環境が自由に使える環境は，非常に嬉しいものでした．大阪のど真ん中でしたので，ADSL回線でも結構早かったと記憶しています．

　さて，一人暮らし一年目は，基本的には「浪人生」という意識を持っていました．「ひきこもり」という言葉は，この当時すでに知っていたとは思いますが，自分が「ひきこもり」であると言う認識は，この当時はありませんでした．むしろ「浪人生」でした．学費を安く抑えて，独習を重視した受験勉強をしようとしていたので，予備校には単科生として登録していました．古典と小論文のサテライト講義と，数学と英語のビデオ講義を受けていたと記憶しています．大勢で受ける授業が嫌だったので，サテライトやビデオの講義を選択したのです．また，それと並行して，衛星放送（スカイパーフェクTV）で放映される講義

も受けていました．パラボラアンテナを取り付けて自宅で講義を受けられるようにしたのです．

　しかし，最初の頃は真面目に通っていたのですが，5月末ごろになってからはあまり通学せずに，自宅でインターネットばかりするようになっていました．サテライト授業がある火曜と木曜は，授業の後に伯父，伯母の家で夕食をとらせて頂くことになっていましたが，授業を受けずに，夕食時だけお邪魔するという感じになっていきました．とにかく，インターネットにのめり込むようになっていったのです．とくに「2ちゃんねる」などのスレッドフロート型のBBS（Bulletin Board System：電子掲示板）を見ていました．多少は書き込んでもいましたが，ほとんどはROMっていました．

　その当時は「ニュース速報板（ニュー速）」とか「ニュース速報板＋（ニュー速＋）」，「大学受験板」，「就職板」，「テレビ実況板」とかを見ていたように思います．気になったスレッドの書き込みをずっと読んでいたり，過去の書き込みを漁っていたりしていたと記憶しています．「2ちゃんねる」を快適に閲覧できる専用ブラウザも利用していましたし，「2ちゃんねる」のサービスを利用するときに使用する「モリタポ」という電子マネーを買って，無料では閲覧できない「dat落ち」の過去ログを閲覧したりもしていました．私が実家にいた頃は，実家ではインターネットに接続していませんでしたから，ウェブサイトの閲覧すらできませんでした．BBSなどを閲覧するのも初めてのことでしたから，その場で繰り広げられているやり取りが非常に新鮮に思えたのです．

　私は，インターネット，とくに「2ちゃんねる」などのBBSにはまり込むようになっていったわけですが，先に述べた「○○板」の中でも，とくに「大検」とか「高校中退」とか「不登校」に関するスレッドを閲覧していました．「2ちゃんねる検索」というサービスを使えば，スレッドのタイトルに含まれている文字列を検索できていましたし，少額の「モリタポ」で，スレッドの書き込み内容も検索できていましたから，例えば「大検」などのキーワードを指定して検索すると，大検に関するスレッドが簡単に見つかるので，そうやって探し出してきたスレッドをずっと読んでいました．

　おそらく，大学受験に関する情報を収集するのが最初の動機だったのだと思いますが，過剰に情報を収集する方向へと進んでいったのです．昼夜問わず読んでいた記憶があります．気がついたら朝ということはザラでしたから，次第に昼夜が逆転していくようになりました．

　大検や高校中退，不登校に関するスレッドでは有意義な情報交換が行われていることも多少はありましたが，大検取得者や高校中退者などに対する誹謗中傷的な罵詈雑言も飛び交っていました．例えば，高校中退者は「協調性が無い」とか「社会不適合者だ」とか「欠陥品だ」とかいった書き込みであふれていました．その当時の私は，自分に対したまったく自信がありませんでしたので，そのような罵詈雑言は，私の心に針のムシロのように突き刺さりました．そして，そのような言葉で受けたダメージを慰めるために，他のスレッドを読み，温かい言葉に慰められつつも，そこでも暴言にダメージを受けて，また他の書き込みを読んでいくといった連鎖が続いていきました．ずっとずっと読んでいました．

　そういった書き込みを読んでいくうちに，私も周りの人から「社会不適合者だ」とか「欠陥品だ」とか思われているんじゃないかという観念が芽生えてきました．ただでさえ，他人と話すのが苦手であったのに，このような書き込みを読んでいくうちに，人と会うのが非常に怖くなっていきました．人の目がもっともっと気になるようになっていったのです．

　インターネットにのめり込むようになってから，私は昼夜が逆転した生活を送るようになって，食料品の買出しや，伯父，伯母の家へ行くとき以外は，余り外に出ることが無くなっていきました．BBSばかり見るようになっていきました．BBSの書き込みが気になって気になって仕方が無かったのです．どのようなことを言われているのか気になって仕方が無かったのです．スカパーの方の講義も見なくなってしまったので，夏ごろには解約してしまいました．このままではいけないという思いは常にありましたが，この当時の私はどうしようもできなかったのです．とにかく読む日々が続きました．

　もちろん，ただ読むだけというわけではありませんでした．自分の持っている情報を提供するということは行っていましたが，自分のことを相談するということはありませんでした．自分と似た事例の書き込みを，検索して探し出してくるといった感じであって，「まずはググれ」とか「半年ROMれ」といった「2ちゃんねる」独特の「空気」を「読」んでいました．大半の書き込み内容は，「ニュー速」や「TV実況板」でのきわめて他愛の無いものばかりでした．例えば，「TV実況板」では「キタ――――（ﾟ∀ﾟ）――――!!!!!」などのAA（アスキーアート）を使っていました．このような，いわば「2ちゃんねるの作法」的な書き込みは今でも記憶に残っていますが，他愛のないおしゃ

べりの具体的内容は，7年近くたった今（2010年当時）では思い出せません．無論，そのような書き込みにも，多少の楽しさや「癒し」はあったのかもしれませんが，その場限りのもので，終わってみるとむなしいものでした．

　一人暮らしを始めてからしばらくして，住んでいるワンルームに光ファイバー回線が開通することになりました．私は，最初のころは24Mbps の ADSL 回線を利用していましたが，それよりも回線速度が速い光ファイバー回線は，当時インターネットに嵌っていた私にとっては魅力的なものでした．速度が速ければ速いほど便利なので，スカパー解約で浮いたお金を回すことで，光ファイバーを導入し，受験勉強はせずに，「2ちゃんねる」とかを見たり，いろんな情報を漁っていたりしていました．

　そうこうしているうちに，2003年も12月を過ぎてしまいました．2004年の1月には，センター試験があるわけですが，結局私は，出願だけして，試験会場に行くことはしませんでした．その当時の私は，行けなかったのです．まったく自信が無かったのです．親や親戚の人には「大丈夫だ」とか「勉強している」と言っていましたが，ほとんど嘘をついていました．私は，ほとんど勉強などしていなかったのです．

　しかし，本当のことなど言えるわけが無いと思っていましたから，結局は嘘をつき続けるしかなかったのです．いつかは破綻する，いつかはバレるというのは，頭では分かっていましたが，やってないけど本当のことが言えない以上，もうどうしようもなかったのです．結局はこの年も大学受験を避けてしまいましたが，亡くなった父が言っていたこともありますし，母は「2浪目」を許してくれましたが，私としては，「今度こそ」という気持ちもありましたが，一方で「本当に大丈夫なんだろうか」とか「2浪は恥ずかしいな」とかいうふうに考えていました．周りからだんだん「浮いてくる」自分がとてもとても恥ずかしかったのです．

4　一人暮らし〜下宿先（一人暮らし）での「ひきこもり」
2年目（2004年3月ごろ〜2004年11月ごろ）

　一人暮らし2年目は，予備校には本科生として登録しました．登録時には担当者に，前年度の受験状況を伝える必要があったのですが，本当のことは言えませんでした．受験していなかったということは，怒られそうで言えなかった

のです．とてもとても怖かったのを記憶しています．周りの子たちは，おそらくほとんど全員が浪人一年目だったでしょうし，高校を卒業してきた子たちだったでしょうから，私としては，自分の状況が非常に恥ずかしく，周りの子たちに対して，大きな劣等感をも覚えていました．とてもとても恥ずかしくて，自分のことを言い出せる状況ではありませんでしたし，「周りの子たちが自分のことをどう思っているのか」ということを考えると，もはや話しかける勇気すらありませんでした．「高校を辞めた奴」だとか「不登校だった奴」だとかいうふうに思われたくなかったのです．

　このころには，藤島高校時代の時のように，希死念慮や対人恐怖的な，いわば精神的な失調が再び現れてきていましたが，精神科クリニックに直接行くのはためらいがありました．藤島高校の時のように，薬を服用しても余り効果が無いのではないかという思いもありましたが，それ以上に，藤島高校時代もそうであったように，精神科医に軽くあしらわれて，「問題なし」とされて見放されるのが怖かったのです．

　ただし，精神的な失調は自覚していたので，このつらさを何とかするためにはどうしたらいいのか悩んでいました．予備校に心理カウンセラーがいることは，前年に配られたチラシを見て知っていましたから，「心理カウンセラーになら相談できるんじゃないか」と思っていました．前年度は単科生でしたので，利用するのがためらわれましたが，今年度は本科生でしたので，「本科生なら利用できるよね」と当時の私は思いましたので，心理カウンセラーに相談を持ちかけることにしました．そして，そこを「踏み台」にすれば，精神科クリニックへの敷居も低くなるんじゃないかと思いました．精神科クリニックを紹介してもらおうとも考えていたのです．

　しかし，予備校には心理カウンセラーがいませんでした．どうやら前年度で退職されたらしく，担当者に「今年はいない」と言われました．当てが外れた私は途方に暮れてしまいしました．直接，精神科クリニックに行くことも，敷居が高いと感じていましたので，行けませんでしたし，予備校外で活動している心理カウンセラーのところは，少し胡散臭く思っていましたので，行きたくありませんでした．保健所なども考えましたが，精神科クリニックと同様敷居が高く感じられましたので，行けませんでした．

　結局は，一年目のときと同じく，だんだんと予備校からフェードアウトしていくようになりました．担当者からは頻繁に電話が掛かってきましたが，余り

にもうっとうしかったので，だんだんと電話に出なくなりました．最終的には
電話機と電話線を外して，電話が鳴らなくなるようにして，担当者との関係を
シャットアウトするようになりました．予備校には固定電話の番号しか伝えて
おらず，携帯電話の番号は伝えていなかったので，それで予備校から電話がつ
ながることは無くなったのです．あいかわらず，「2ちゃんねる」を見て，ネッ
トで情報を漁る日々が続きました．

　この時には，「浪人も2年目」ということで，「2ちゃんねる」では，そういっ
たことに関するスレッドを見ていました．「年増学生は浮く」とか「就職に不
利」とかいったことが書かれていました．高校中退や大検，不登校に関するス
レッドでも同様のことが言われていましたから，私は「挽回できるだけの大学
に行かなきゃ」というようなことを思っていましたが，同時に「いい所に就職
できるのだろうか」とか「社会に出てやっていけるんかな」とかいうようなこ
とも感じていました．

　「2ちゃんねる」の「就職板」では「現役で順当に進んだ奴よりも3年以上
年喰っていると，新卒で非常に不利になる」とか「3年以上ブランクがある奴
は駄目」とか言われていましたから，私は「何とか今年で」とは思っていまし
たが，もはや受験勉強は恐怖の領域でした．どうしようもできませんでした．
ただただ「2ちゃんねる」の書き込みや過去ログを読み，手に入れた映画を見
たり，漫画を読んだり，アニメを見たり，ゲームをしたり，刹那的な快楽に耽っ
たりしていました．人の目が気になるものですから，外に出ることもさらに少
なくなっていきました．時間を忘れて過去ログを漁っているものですから，そ
れまでは流動的だった昼夜逆転の生活が固定的になっていきました．

　さすがにこのときになると，「自分はひきこもりかも知れない」ということ
は感じてはいましたが，そのことを認めたくはありませんでした．「ひきこも
り」に関しても罵詈雑言が飛び交っていましたから，これ以上嫌なレッテルを
貼られたくなかった，私としては認めたくなかったのです．

　大学というところを知るために，この頃には「研究する人生」という掲示板
も覗いていました．ここはしばらくして閉鎖されて，代わりに「仮に研究する
人生」という掲示板が避難所として開設されていましたが，ともかくここでは，
大学の教員や研究者とおぼしき人々が，いろいろと書き込んでいるようでした．

　2004年ぐらいになると，ブログも見るようになっていました．「2ちゃんね
る」にトラックバックが実装されるようになったり，大阪近鉄バッファローズ

とオリックス・ブルーウェーブの合併問題に絡んだライブドアが注目されたり
で，ブログが非常に注目されていたと記憶しています．私は，最初は「ブログっ
て何？」という感じで，よく分からなかったのですが，いろいろな人のブログ
を閲覧していくうちに「日記みたいなもんやな」という感想を抱いていました．

　その当時は「はてなダイアリー」などを中心に見ていたのですが，「2ちゃ
んねる」とは違った雰囲気に，多少の魅力を感じていました．元不登校の人が
書いているブログや，「ひきこもって」いる人のブログ，「ひきこもり」経験者
のブログ，「フリーター」の人のブログなど，私と境遇が近いような人のブロ
グなどを読んでいました．また，大学の先生や研究者のブログも読んでいまし
た．

　ほぼ匿名的な空間で言いっ放しが多い「2ちゃんねる」の書き込みとは違っ
て，ブログは多くの場合，記事を書いている人がどういった人で，過去にどう
いった記事を書いているのかが分かるので，記事に対してはある程度の信頼感
を感じていました．ただ，いかんせん記事の分量が多く，これまでの蓄積も膨
大にあったので，「2ちゃんねる」の過去ログ読みと同様，ブログの過去記事
読みに没頭していました．私が気になっているトピック（例えば，「不登校」とか
「中退」など）が，ブログのキーワード検索で簡単に引っかかるので，「不登校」
とか「中退」とか「ひきこもり（引きこもり・引き篭もり）」とかいった言葉をキー
ワード検索で検索して記事を探したり，読んでいた記事の下に記載されている
トラックバックから他の記事をたどったりして，膨大な記事を読んでいました．
私と境遇が近い（と思われる）人たちが書かれていた記事に対しては，非常に共
感できる部分も多く，「2ちゃんねる」の罵詈雑言に辟易していた私は，そう
いった記事に対して，ある種の「癒し」を感じていたものです．

　2004年5月ごろ，いわゆる「ニート騒動」がありました．産経新聞が2004年
5月17日の朝刊の一面に「『NEET』働かない若者急増63万人　就職意欲なく
親に"寄生"」という見出しで，「ニート」という存在があるということを報道
したのです．そして，この報道を端緒にして，いわゆる「ニート・バッシング」
が発生しました．そもそも「NEET（ニート）」とは「Not in Education, Employment
or Training」の略であり，「教育も受けておらず，職業にも就いておらず，職
業訓練も受けていない」という存在を指し示す言葉でしたが，一般に表象され
る「ニート」のイメージは，そういった定義よりも広い含みを持っていました．
私は，一応学籍（予備校）はありましたが，ほとんど「ひきこもり」に等しい

生活を送っているとは自覚していましたので，ほぼ「ひきこもり」に近いものとして表象され，なおかつ「道徳的にきわめて不適切な存在」としてクローズアップされていた「ニート」というものに対しては，「自分のことが言われているのかな」という感想を抱くとともに，「罵声ばかりでつらい」という思いをも抱いていました．

　テレビのワイドショーや報道特番などで奇怪な存在として表象され，新聞などでも「若者への教育」とか「しつけ」とかが主張されていました．また，ネット上においても，とくにBBSにおいては，嘲笑や侮蔑の対象として見られていたようで，「すねかじり」だとか「甘え」だとか「人間のクズ」だとかいった，罵詈雑言的な書き込みが膨大に投稿されました．私は，それまでにも「高校中退」とか「大検」，「不登校」あるいは「2浪・多浪・年増学生」，さらには「ひきこもり」という言葉を意識しており，そういった存在に対して浴びせつけられる罵詈雑言に傷つき，疲弊し，精神的にも失調をきたして希死念慮を抱いたり，人目が非常に怖くなったりしていましたから，これ以上のいわば「負のレッテル」を付与されることは，ただただ私自身を追い詰めるだけでした．

　精神的な失調がさらにひどくなり，眠れなくなったり，頭痛がひどくなったりしました．他人がさらに怖くなって，ただでさえ少ない外出がさらに少なくなりました．夜中にしか出歩けなくなりましたし，たまにやって来る宗教の勧誘や訪問セールスにさえ怯えるようになりました．実家などから送られてくる宅配便の荷物を受け取るときも非常に緊張してしまい，伝票へのサインのときは手がぶるぶる震える有様でした．たまに床に就くときは，「もう死にたい」，「もう生きてるのが嫌」と幾度となく思っていました．あまりにも生きているのがつらいので，いっそベランダから飛び降りてしまおうかとも思いましたが，「この高さじゃ死なんやろうな」ということで，押し留まりました．私は一連の「ニート騒動」で徹底的に痛めつけられたのです．ここでの受傷経験はいまだにトラウマになっていると思います．現在においても精神的な失調が完全に回復したわけではありません．

　「ニート騒動」はブログにおいても話題になっていたようでした．否定的な見方もたくさんありましたが，「ニート言説」に対して「異議申し立て」的な意見を表明する人たちもいました．「ひきこもり」経験者の人たちや元不登校の人たち，あるいは大学生の人やフリーターの人などは，大手メディアによって表象されている「ニート」に対して，様々な疑問を呈していました．私はそ

の当時（おそらく今現在でも），ブログを書かれている人たちのような，膨大な長文を書く能力に乏しかったものですから，ブログの長大な記事を読みながら，大きな感心と多少の嫉妬を抱くとともに，ブログに書かれた「ニート言説」に対する一種の「対抗言説」からある種の「癒し」を得るとともに，「（大手メディアに表象されるモノに対して）こういう見方もできるのか」とか「見る角度によってまったく印象が変わるんやな」といった感じのことを吸収していました．その当時に読んでいたブログの記事は，完全にくずおれていた当時の私にとっての励ましにもなっていたと思います．

　ある大学教員のブログ経由で「スタンダード反社会学講座」というサイトがあることを知りました．その教員は，ブログにおいて様々な書籍を紹介したりしていましたが，「スタンダード反社会学講座」というサイトのコンテンツ（文章）が単行本として出版されるということで，そのサイトを紹介しているようでした．私は，藤島高校在学時には，社会心理学や臨床心理学に興味は持っていましたが，「学問」とか「研究」として強烈に意識したことは余りありませんでした．大学の学部選びの参考として「ちょっと知ってる」という感じのものでした．

　しかしこのときには，様々な人のブログを読んだり，あるいは「2ちゃんねる」の学問カテゴリーにある学問系（とくに文系）の「板」を読んだり，「研究する人生／仮に研究する人生」をこっそり覗いていたこともあってか，「学問」や「研究」に関する志向性がかなり強くなっていました．とくにこの当時には，自分自身のことでもあると思われた「ひきこもり」に対して関心を抱いていました．「自分は『ニート』というよりは『ひきこもり』だ」というふうに自己定義したかったのです．「他人から『ニート』として見られるよりも，『ひきこもり』として見られた方が幾分かはマシだ」という思いが，この当時にはありましたから，精神分析学には多少の興味を持っていました．斉藤環さんの『社会的ひきこもり』を読み始めたのも，このときだったと記憶しています．結構読むのがつらかったのですが，一生懸命読んでいたと記憶しています．現在も手元にその当時に読んだ現物がありますが，傍線だらけです．

　また，私自身のインターネットメディアへの没頭や，当時見ていたアニメの影響のせいか，メディア論や社会学にも興味を抱いていました．「反社会学」というタイトルにも惹かれたこともあって，そのサイトを覗きましたが，軽妙なタッチの文章を駆使して，いわゆる「社会的な常識」に斬り込んでいき，過

激なジョークを飛ばしたりしていたので，私にとっては非常に面白かったのです．「スタンダード反社会学講座」では，とくに「少年犯罪凶悪化言説」に対して反駁を加えている回（「第2回キレやすいのは誰だ」）や「パラサイトシングル」の回（「第4回パラサイトシングルが日本を救う」），「日本人は勤勉ではない」という主張の回（第6回，第7回），日本と欧米の比較の回（第12回〜第14回）などが，当時の私にとっては非常に面白かったのです．

　もちろんその他の回も面白いと感じていたので，第1回から最後まで（当時は，確か第24回までは書かれていなかったと記憶していますが）一気に読んだ後も，幾度となく振り返って読んでいた記憶があります．「若者は凶悪だ，劣子化している」とか「甘えている，すねかじりだ」とかいった，大手メディアやBBSで流通している「若者言説」に対して，鋭利な刃物で刺されたような鋭い痛みを感じていた私にとって，「スタンダード反社会学講座」で展開されていた議論（講義）は，ある種の「救い」であり「癒し」であり「お守り」であったのです．

　例えば，ある県の副知事が，PTAの大会において「不登校児は不良品だ」と発言したということが報道され，BBSやブログ上でも様々な意見が飛び交っていましたが，不登校を高校時代に経験し，かつ予備校の不登校状態だった当時の私にとっては，そのような発言と，その発言の流通過程で生じた様々な罵詈雑言（と思われた）は，非常に苦痛でした．ただ「痛い」だけでした．当時はとにかく，そういった「痛み」をもたらすものに対抗できる知識が欲しかったのです．

　夏ごろになると，「2ちゃんねる」を見るのをやめようとし始めました．もちろん，それまでも「やめよう，やめよう」とは思っていたのですが，他人の書き込みが気になってなかなかやめられずにいました．「もうほんとに2ch中毒だな」と思っていました．「2ちゃんねる」においては，おんなじ議論が何度も何度もループしているのは自覚していました．ずっと，ずっと同じスレッド見ていましたので，以前に行われていた議論が終わった後も，数時間〜数日後にはまた復活しているという現象を，何度も何度も観察していました．したがって，どのような意見が大勢になるかも見当がつきますから，「何回見ても一緒や」とは思っていましたが，なかなか抜け出せずにいました．

　そこで私は，（ある書き込みを参考にしたのだと思いますが）自分が見ているスレッドを，テーマ別に類型化（ニュース関連，学問関連，コンプレックス関連など）した

り, 種類別に類型化 (雑談スレ, 議論スレ, 情報交換スレ) したり, あるいは自分
が「2ちゃんねる」でどのような行動をしているかを類型化 (情報収集・情報交
換, 雑談, 議論など) したりしてみました. 当時の私は, そういったことを行う
ことによって, 自分が「2ちゃんねる」に対して何を欲しているのか明確にな
るのではないかと思っていたのです. そして, 何故それを欲するのか, その理
由を検討すれば, ある程度「2ちゃんねる」から離れられるのではないかと思っ
ていたのです. 自分がどんな「欲望」を持っているのかを, よくよく検討し,
それを「2ちゃんねる」以外の場所で満たせばよいのではないかと考えていた
のです. また, いわゆる「インターネット依存症」に関する本も, この当時は
読んでいました.

　ブログなどから得た知識が, ある種の「癒し」,「お守り」の効果をもたらし
たのか, あるいは自分の中にある「欲望」をよくよく観察したからなのか, よ
くは分かりませんが, 私は「ひきこもり」から脱出する際に参考になるような
ウェブサイトを見るようになっていました. 外には, かなりの緊張感を覚えつ
つも出られてはいましたが, やはり人の目, 人が自分をどう見ているのか, が
気になっていましたので,「人の目が気にならないように振舞うにはどうすれ
ばよいのか」といったことを考えていました.「外出時に自分のやっている動
作がおかしくないか, 人からおかしく思われてないか」ということが気になっ
ていましたので,「ここの店ではこうする」とか「このサービスはこうやって
利用する」とかいったことをウェブサイトから吸収していました. また,「変
な格好・服装で外に出ていないか」といったことも気になっていましたので,
ファッション系のウェブサイトを参考にして,「他人から見てもおかしくない
ような服装」がどんなものであるのかを吸収していました.

　そのようにして得た知識を生かすために, 私は, いわば「暴露療法 (エクス
プロージャー)」的な実践をもしていました. 洋服を, 大阪南港や大阪門真南に
あるアウトレットモールや難波パークスなどで仕入れたり, レンタルビデオ
ショップの会員カードを作って DVD を借りたり, 大阪市立図書館の貸し出し
カードを作ったりしていました. そこへ行くには, 電車やバスに乗る必要もあ
りましたが, ある程度繰り返すうちに慣れてきました. 体を慣らすために意識
的に外に出ていたわけですが, そのためには, 私にとってはある程度の下準備
が必要で, ウェブサイトを参考にそのような下準備をしていたのです. とくに
会員カード発行の際には身分証が必要なのですが, 私は予め何が必要かを調べ

ていたので，保険証（遠隔地被扶養者証）と NTT の領収書（住所記載）を持って
いって，発行してもらったことを覚えています．なおこの当時は，洋服をイン
ターネットショップで買うことはありませんでした．実際にどのようなものな
のか直接確認することができませんし，ショップに対する信頼感も余りなかっ
たからです．

　そうこうしているうちに，またまた受験の季節がやってきました．私は，そ
の当時，精神的あるいは神経的な失調を何とかすることばかりに目を向けてい
ましたし，そもそもこの時は，大学の受験勉強をする気など，ほとんど消え失
せていたのです．

5　大阪府立桃谷高校（定時制・多部制単位制）編入学準備
（2004年11月ごろ～2004年3月ごろ）

　2004年の11月頃だったと記憶していますが，予備校の三者面談がありました．
いくつかの私立大学が候補にあがってたりもしていましたが，当時の私は，「こ
のまま大学に行っても駄目なんじゃないか」と思っていました．いきなり大学
と言う空間に放り込まれるのが怖かったのです．それに，学力的にもあまり自
信がありませんでした．ちなみに，三者面談前の10月ごろには，来年1月に行
われる再々度のセンター試験の出願を一応はしましたが，もはやセンター試験
を受けるという気力はどん底に落ちていました．精神的にも一杯いっぱいだっ
たと記憶しています．

　このときの三者面談では，担当者が「来月までによく考えておいてください」
ということで，12月にもう一度面談を行うということで，お開きになりました．
私は三者面談の後，母とともに実家に戻って，今後の進路をどうするかについ
てずっと考え続けていました．「大学に行って本当にやっていけるんだろうか」
という思いがありましたから，なかなか大学については決められませんでした．
私は，実家に帰省している間中ずっと，「そもそもなんでこのままでは駄目な
んだろうか」，「なんで大学では駄目なんだろうか」ということを考え続けてい
たのです．

　私は帰省中ずっと悩んでいました．「とにかく人の目が怖い」ということは
分かっていましたから，「なぜ人の目が怖いのか」ということについて考え続
けていました．この当時は，このような対人恐怖的な神経症状が，かなりひと

くありました．しかし，この当時の私にとっては，精神科クリニックは敷居が
高かったので，服薬などはしていませんでした．「2ちゃんねる」などにおい
て書き込まれていた罵詈雑言的な言葉に影響されていたのか，「大検のままだ
と高校中退＝中卒」と言う意識が当時の私の頭の中にはありました．この意識
がもとになって「中卒のまま上がりたくないなぁ」と言う思いが，どこからか
芽生えてきました．もう一度高校に戻って卒業したいと言う思いが芽生えてき
たのです．

　高校に行きたいと考えるようになってからは，私は，受け入れてくれるよう
な高校があるのか情報収集を始めました．実家にあるノートパソコンを使って，
不登校関連のサイトや大阪府の教育委員会のサイトなどを見ていたように記憶
しています．NHK学園高校のような通信制の高校も最初は考えていましたが，
昼間になるべく毎日通えた方が「人の目に慣れる訓練」にもなるだろうと考え
て，そのような高校が無いか探していました．実家のある福井では，やはり同
級生や近所の目が怖いと言うこともあり，大阪にある高校に絞って探していま
した．

　不登校関連サイトなどを見て，通信制でも毎日通学できる私立高校があると
いうことを知りました．また，昼間に通える単位制の定時制公立高校というも
のがあるということもこのときに知りました．私は，藤島高校での2年生まで
に修得した単位とNHK学園高校で修得した単位がありましたから，この修得
した単位が生かせるように編入学が可能な高校を探していましたが，高校のサ
イトを見る限りでは，通信制の私立高校は，基本的には随時転入可能のようで
した．また，単位制の定時制公立高校のほうは編・転入学の試験を実施してい
ました．

　私は，「なるべく公的なところがいい」というこだわりがありましたから，
単位制の定時制公立高校を受験して，それが駄目だったら私立の通信制高校の
方へ行こうというふうに決めました．「公立」の方が「公的」であって，「確か」
な卒業証書がもらえると，当時の私は考えていたのです．ですから，通信制の
私立高校に対して資料請求は申し込みましたが，基本的には単位制の定時制公
立高校に的を絞ることにしました．1月末には学校説明会があり，個別の相談
ができると言うことなので，それに参加することにしました．

　12月に，改めて予備校の三者面談がありました．私はその場において「大学
よりも高校に行きたい」と言いました．大学の話を想定していた担当者にとっ

ては突然のことでしたから，非常に驚かれたようでした．ただ，私や，実家で
あれこれ悩んでいた私を見ていた母の説明を聞いて，高校へ行くという進路に
ついては理解を示してくれていました．「頑張ってください」と励ましてくれ
ていたことを覚えています．

　年末年始にも，実家に帰省することにしました．年が明けて1月の2日の夜
に，十数年飼っていた犬が死にました．「エス」と名付けられたオスの雑種犬
で，保育園の頃から飼っていた白犬でした．気性は荒かったですが，私は非常
にかわいがったものです．私が藤島高校で不登校状態だったときも，退学して
家にいたときも一緒に遊んだり，夕方ぐらいには散歩にも連れて行ったりして
いました．大阪に出てからも，帰省するたびに尻尾を振って出迎えてくれるよ
うな犬でしたから，非常にショックでしたが，死ぬ数か月前からは非常に老衰
が進んでいて，目も見えないような状態でしたから，「もうどうしょうも無い
ことだ」と自分を納得させるしかありませんでした．正月早々から「ペットの
葬儀屋」を呼んで，簡易な葬儀をあげましたが，私が実家に帰省中に見送るこ
とができたので，多少は「愛犬の死」に対して「納得」できたと思います．

　実家から大阪に戻った後，私は1月末頃に行われる学校説明会に行くことに
していました．単位制の定時制公立高校の候補としては，大阪市立中央高校と
大阪府立桃谷高校がありました．中央高校の方が先に学校説明会がありました
ので，私は先に中央高校の方へ行くことになりました．

　大阪天満橋駅の近くにある中央高校は，ビル群の中に存在し，「すごい都会
にある高校やな」と思いました．学校説明会では，中央高校の概要などが説明
されたり，施設見学が実施されていたりしていました．数十人ぐらい参加者が
いましたが，参加されている方は親御さんばかり，それも母親の方ばかりで，
若い子は数人ぐらいでした．全体に向けての説明が終わった後は個別の相談会
がありました．私はそこで，中央高校では1年で卒業は無理だということを知
りました．「総合的な学習の時間（総合学習）」の必要単位である3単位が1年
間では取れないということでした．私は，「総合的な学習の時間（総合学習）」
が導入される以前の学習指導要領にもとづくカリキュラムで高校教育を受けて
いたため，「総合学習」の単位はそもそもありませんでした．相談に乗ってく
れた先生も教務の方に確認を取ってくれていましたが，どうやら「1年では2
単位までしか取れない」ということでした．私は「ただでさえ2年間無為に過
ごしていて，さらにそこから高校へ行こうというのに，そこでも2年かかると

いうのは，年齢的に恥ずかしいな，もう二十歳やしなぁ」というふうに思いました（ちなみに，こんな状況でしたから，成人式には恥ずかしくて行けたものではありませんでした．成人式の時期が近づくにつれ，年齢的に浮いていたということがトラウマのように思い出されます）．「総合学習のためだけに1年余計に費やすのはなぁ」とも思いました．室内プールがあったり，個人ロッカーがあったりで，施設的には結構充実していると感じていたので，かなり残念でした．ただ，前期・後期制で，半年で単位認定がされる桃谷高校なら「大丈夫なんじゃないですか」と，相談に乗ってくださった先生方がおっしゃっていたので，とりあえず桃谷高校の学校説明会の方に参加することにしました．

　桃谷高校は生野区にある高校で，ビル郡に囲まれた中央高校とは違って，下町の中にある高校でした．大阪環状線の桃谷駅を下り，桃谷商店街のアーケードを抜けて少し歩いた先にある高校でした．生野区ですから，商店街には韓国料理店やキムチを売る店がありましたし，韓国語の翻訳会社とかハングル表記の店とかもありました．古めの住宅がひしめいていて，銭湯がたくさんあったのも印象的でした．その土地にある桃谷高校での学校説明会でも，学校の概要の説明と施設見学が行われた後，個別の相談会が行われました．相談に乗ってくださった先生によると，桃谷高校なら1年間で「総合学習」の必要単位数3単位が満たせるということで，私は少し「ホッ」としました．1年の在籍で高校卒業ができるということでしたので，私は桃谷高校に編入学することに決めました．

　編入学にあたっては，3月末にある編転入の試験を受けなければならないわけですが，科目は国語と数学と英語で，試験範囲は中学校までに習う内容，つまりは高校入試とほぼ同じものでした．2005年当時から5年前の，2000年の高校受験時の私なら簡単に解けていた問題だろうとは思いましたが，その後の5年間，それほど勉強していませんでしたので，いくら高校入試とほぼ同じ問題だとしても，ナメてかかると痛い目にあうと思いました．編転入試は定員40名の中で，入試倍率が例年2〜3倍とのことで，「しっかり勉強線とアカン」と思い，久しぶりに高校入試の参考書を買いました．中学校で学習する要点が書かれた薄めの参考書を購入して，勉強することにしたのです．

　なお，桃谷高校は大阪府立の高校であるため，大阪府に住所がある者か，大阪府で働いている者ではないと入学できませんでした．一人暮らし時代は，住民票はまだ実家の福井県の方にありました．とくに移す必要がなかったからで

すが，今回は難波の伯父，伯母の家に住民票を移して，伯父，伯母の家の2階に間借りという形で厄介になることになりました．「一人暮らしは自分には駄目だ」と言う自覚がありましたし，「伯父，伯母と一緒に生活を送ることによって自堕落な生活から抜け出そう」という目論見もありました．伯父，伯母の家にお世話になることを母と一緒に頼みに行った際には，「康貴君のことは九右エ門（父の名前）さんに頼まれたからね」と，快く引き受けてくださいました．その際の伯父の「ちゃんと勉強するんやで」という言葉は非常に印象に残っています．私はその場では，ただただ涙を流すばかりでした．自分の情けなさやら，周りの人の優しさやらで感情が一杯いっぱいでした．

　2005年の2月ごろ，2年間過ごしたワンルームを引き払い，伯父，伯母の家の2階の一室に荷物を運び入れました．伯父，伯母の家ではインターネットは引かれていませんでしたが，インターネットはもうこりごりだった私にとっては好都合なことでした．なお，伯父，伯母の家の2階は，父の弟である叔父も一時期間借りしていたことがあるということでした．伯父，伯母は1980年代まで，自宅で製麺所を経営しており，その当時はアルバイト従業員などに部屋を提供していたようです．そこは畳敷きの古い六畳間で，非常に昭和の面影が残っている部屋でした．それまで一人暮らしで借りていたワンルームはフローリングでベッドでしたから，私は実家を出て以来2年ぶりに，畳の上で布団を敷いて寝ることになりました．ワンルームのバネが飛び出て痛かったベッドに嫌気がさしていた私にとっては，久しぶりの布団は快適でした．「畳ってええなぁ」と感じたものです．また，伯母には，炊事や洗濯もお世話になりました（さすがに部屋は自分で掃除しましたが）ので，多少の解放感もありました．「あぁ，ありがたいなぁ」と思ったものです．

　伯父，伯母の家は浪速区内にありました．ワンルーム時代は自転車で行っていましたが，徒歩でも行ける距離で，予備校（結果的にほとんど行きませんでしたが）とも近かったので，生活圏が大幅に変化するわけではありませんでした．ワンルームのときよりも大阪日本橋が近くなったという感じでした．伯父，伯母の家は，ビルの谷間にある木造の古い一軒家でした．下町とビル群の境界あたりに位置していたので，人通りが多いとともに，昭和の匂いが残るような場所でした．2階に荷物を運び入れてからは，とりあえず，桃谷高校の編転入試に向けての勉強を開始することになりました．

　3月末に桃谷高校の編転入試がありました．とりあえず要点が整理された薄

めの参考書で対策はしていましたし，そもそも内容は高校入試とほぼ同一のものでしたので，あんまり難しくは無かったです．数日後には桃谷高校の玄関前で合格者発表があったのですが，私の番号を見つけたときは，「あぁ，来年から行ける場所がある．よかった」と思ったとともに，携帯電話で母や伯父，伯母に連絡して合格したことを伝えました．ただ，編転入試は倍率が2倍以上でしたから，当然落ちてしまう子も多く，携帯電話で泣きながら落ちたことを報告している女の子がいたことが印象に残っています．ともかくも，4月からは改めて高校生活が始まることになりました．予備校よりも，ある意味でカッチリとした組織に所属できたということは，私に対して大きな安心感を与えてくれました．

6　桃谷高校編入学（2005年4月）

　4月の入学式の前には受講指導などのオリエンテーションがありました．編転入試出願の際に提出した藤島高校の調査書とNHK学園高校の成績証明書をもとに，桃谷高校での単位の認定が行われました．NHK学園高校には選科生（科目等履修生）として在籍していたので，学籍簿（指導要録）の書き換えなどは行われていないため，藤島高校とNHK学園高校の2校からの書類が必要でした．大検のままだと，大学入試の際も藤島高校から書類を請求しなければならないため，非常に嫌だったことを記憶しています．高校に正規の生徒として編入学すると，学籍簿が編入した高校の方へ移るため，その高校を卒業すれば，卒業後に必要な書類は編入した高校だけに請求すればよいので，藤島高校との縁を切るためにも，高校に編入学したと言ってもいいかもしれません．

　2つの高校での単位をあわせるという，多少特殊な単位認定であったため，桃谷高校の先生方は多少悩まれたようですが，藤島高校で修得した単位をすべて認定して，それでも卒業に必要な標準修得単位数に足りない科目をNHK学園高校での修得単位で補うという形で，単位認定が行われました．結果，体育と情報，総合学習は足りないので，卒業までに修得する必要があるということでした．加えて，高校は3年間在学する必要があり，桃谷高校では残りの1年間在学する必要があったので，「特別活動の時間」を20時間出席する必要がありました．

　したがって私は，体育（通年科目：2単位）を「定通併修制度」[9)]を利用して通

信制の授業で履修することにし，定時制の方で「情報 A」（前期科目：2 単位）と「総合学習」（前期科目，後期科目と通年科目：各 1 単位であわせて 3 単位）を履修することにしました．ちなみに桃谷高校では，「総合学習」のことを「Open Door（通称：OD）」と呼んでいました．「総合学習」に「扉を開く」という意義を見出しているとのことでした．

卒業に必要な単位数（74単位）はそれだけで十分でしたが，それだけでは物足りないし，毎日通うことが訓練にもなって重要だとも思ったので，公民の「倫理」（後期科目：2 単位）と英語の「リーディング」（前期科目と後期科目：各 2 単位，計 4 単位）も履修することにしました．桃谷高校は単位制の高校で，科目シラバスや履修ガイドブックが配布されるので，あらかじめ与えられたカリキュラム・時間割をこなす学年制の藤島高校とは違って，時間割が自由に決められるので，履修システムは大学とほぼ同じものでした．オリエンテーションでも「単位制高校を卒業した生徒らは大学のシステムで戸惑うことがあまり無い」というようなことを教務の先生がおっしゃっていたのを記憶しています．

4 月の入学式が終わった後，15日より授業が開始されました．私が入学した桃谷高校では 1 限目は 8 時50分から始まりました．藤島高校では 8 時半には授業が始まっていましたから，「少し遅めの授業開始だな」と感じていました．また，「空いた時間割」というのも初めてで新鮮でした．さらに，50分授業二つをひとまとめにして授業をし，間に 5 分間休憩を入れるという授業形態でしたから，「システムはほんとに大学っぽいな」と感じたものです．私は月曜と木曜日は 1・2 限で，火曜と金曜は 3・4 限，水曜は 1・2 限と 3・4 限の時間割でした．火曜日の 4 限後には「ショート・ホームルーム (SHR)」が行われ，水曜日は「総合学習」と「ロング・ホームルーム (LHR)」に充てられていました．「SHR」において担任と生徒の学級的なコミュニケーションが行われていましたが，週に 1 回でしたのでクラス的な意識というものが存在せず，私としては「窮屈でなくていいなぁ」と思ったものです．

その桃谷高校へは，基本的には JR 難波駅から電車に乗り，今宮駅か新今宮駅で大阪環状線に乗り換えて桃谷駅まで行き，下車後に徒歩で高校へ向かうという通学手段でした．朝のラッシュ後の通学でしたから，朝の満員電車の嫌な気分を味わうことが無く，非常に気が楽でした．また，難波から桃谷高校前（生野区役所前）までは大阪市営バスが運行されていましたから，バスで通うこともたまにはありましたし，自転車でも充分通える距離でしたので，四天王寺や

生玉神社がある上町台地を昇り降りしながら通ったこともありました．予備校
時代とはうって変わって，きわめて真面目に通っていたのです．

　学校帰りは，大阪環状線外回りを新今宮駅で難波行きの関西本線に乗り換え
るわけで，新今宮駅で降りたホームからは，西成区のあいりん公共職業安定所
が見え，難波行きの電車を待っている間にじっと見ていることもあるわけです
が，私はその建物が醸し出す圧倒的な雰囲気に不思議な感覚を覚えたものです．
周りのほとんどの人は，慣れてらっしゃるのか，ほとんど気にも留める様子は
ありませんでしたが，私としてはその建物を見ながら「アッチとコッチでずい
ぶんと違う，なんでや」と思ったものです．

　桃谷高校には，いろいろな生徒がいました．通信制の課程も併設していまし
たから，そこへ生涯学習ということで学びに来るご年配の方もいらっしゃいま
したし，私が所属していた定時制の課程（多部制単位制 I 部・II 部）でも，金髪に
そめている子とか，水商売をしている子とか，不登校だった子とか，障害を持
つ子とか，いろいろな生徒が在籍していました．I 部（午前中心）に限っても，
中学校卒業で入ってくる新入生が80人なのに対し，編転入で入ってくる新入生
は40人いました．以前の高校で修得した単位が 1 単位も無い場合，編転入試は
受けられませんので，そういった生徒は中学校卒業者と同じ試験（大阪府公立高
校後期選抜試験）を受けて，入学することになるので，中学校卒業で入ってくる
生徒の中にも高校在籍経験のある生徒がいました．藤島高校などとはまったく
違う学校状況でした．公立の定時制・通信制高校ということもあってか，制服
は存在しませんでしたし，禁煙にもかかわらず玄関前でプカプカとふかしてい
る生徒もいました．もちろん禁止ですが，大型バイクで通学してくる生徒もい
るらしく，西門の外側には大型バイクが駐輪されていることもありました．

　ただ，学校内が荒れているという感じはありませんでした．通信制課程の生
徒らは基本的にはスクーリングのある日にしか通学してきませんし，スクーリ
ング自体も午後から始まるものでした．定時制課程のほうも，夜まで居たこと
がないので III 部（夜間中心）のことは分かりませんが，少なくとも I 部や II 部（午
後中心）では，生徒数自体が比較的少なかったり，単位制ですから時間割がみ
んなバラバラだったり，クラス自体がほぼ存在しないということもあったりし
てか，学校内は，とくに午前中は，比較的閑散としていました．生徒数は I 部
と II 部合計で500人程度だったと思います．藤島高校は1200人程度いましたか
ら，半分以下ということになります．ただし，桃谷高校は I 部・II 部だけでな

く，Ⅲ部や通信制もありましたから，名簿上の生徒数はかなり多いと思います．
　入学したての4月のころに，授業が入っていない暇なときに学校内をウロウロしていたのですが，そのときに教員から呼び止められた覚えがあります．4月に着任したばかりの教員らしく，時間割が詰まっている学年制の高校の感覚がまだ残っていたのか，「思わず注意をした」という感じでした．もちろんこちらは注意されるいわれはありませんし，その教員も，呼び止めたすぐ後に，単位制の高校では時間割が詰まっているわけではないということを思い出したのか，平謝りだったのを覚えています．このように入学したてのころは，時間割が空いているときには学校内をウロウロしていましたが，生徒で賑わっているという感じではありませんでした．
　掃除の時間というのもありませんでしたし（掃除は清掃員の方がやっているようでした），土足で出入りしていましたから，玄関には下駄箱が存在していませんでした．上履きなどは体育の授業のときに体育館で使うだけのものだったのです．思えば，下駄箱を設置して，上履きと外履きで学校内と学校外を区切るということは，バリアフリーの観点から考えるとおかしなことなのかもしれません．下駄箱によって区切られることで学校内は学校外より1段高くなりますし，そもそも車椅子には上履きも外履きもありませんから．
　また，桃谷高校は，本館が8階建てでしたので，本館にはエレベーターが三つ設置されていました．三つともバリアフリー対応のエレベーターでした．藤島高校にはそもそもエレベーターが存在していませんでしたので，近代的な設備があることに驚いたものです．8階の屋上には行けませんでしたが，周りが下町で高層建築がほとんどないので，8階まで上ると結構な眺望でした．それなりに景色がよかったように思います．

7　3回目の高校生活と大学受験
（2005年4月〜2006年2月ごろ）

　高校編入後も，精神的な失調が回復したわけではありませんでしたので，5月末頃になると，「もう我慢できない」ということで，保健室に行くことにしました．学校カウンセラーがいることは，SHRで配布された資料で知っていましたし，「もしかしたら精神科クリニックを紹介してくれるかもしれない」ということで，すがる思いで保健室に行きました．

行ったところ，女性の養護教員と男性の学校カウンセラーが出迎えてくれま
したが，私は，その時は精神的にいっぱい一杯でしたので，保健室に入った途
端に泣き崩れてしまいました．ボロボロ涙を流しながら私が「つらいんです」
というような事を言うと，「とりあえずお話を」ということで，「カウンセリン
グ」が始まりました．藤島高校在籍時以来3年ぶりの「カウンセリング」でし
た．私はソファに座って，対面する二人に向かって，ボロボロと涙を流しなが
ら，今までの経緯を話しました．詳細なやり取りがどうであったかは思い出せ
ませんが，養護教員と学校カウンセラーの二人は，親身になって私の話しを聞
いてくれていました．精神科クリニックの紹介はしていないということでした
ので，結局，精神科クリニックへの敷居は高いままでしたが，二人には，私が
高校を卒業するまで，たびたびお世話になっていたと記憶しています．

　5月ごろには図書室を活用するようになっていました．自習のために使うこ
ともありましたが，主にインターネットを利用するために活用していたと思い
ます．図書室にはインターネット回線につながったパソコンが設置されており，
名簿に名前とクラス番号を記入すれば自由に使えたのです．伯父，伯母の家は，
電話線こそあれ，インターネット回線には接続していませんでしたので，どう
してもインターネットを使いたいときは，インターネットカフェに行くか，図
書館のパソコンを使うかしかなかったのです．

　このときも，多少はブログを読んでいました．生徒はみんなバラバラに行動
していたので，多少の寂しさを感じていましたから，それまで読んでいたブロ
グを継続して読むことで，寂しさを紛らわせていたのです．相変わらず「ニー
ト騒動」は続いていましたが，この頃になると，大学の研究者がブログを立ち
上げて，「ニート言説」に対する，ある種の「異議申し立て」を行っていまし
たから，当時はそれらを読んでいました．「ひきこもり」や不登校に関するブ
ログも，以前ほどではありませんが，たびたび覗いていました．ある教育社会
学者のブログにおいて，「『ニート』と言う言葉に安住している若者がいる」と
いう通りすがりの方（と記憶していますが）が書いたコメントを見たとき，当時
の私は「それはおかしい」と感じて，「『ニート』と言う言葉で苦しんでいる人
もいます」という趣旨のコメントを書き込んだことがあります．

　また，『反社会学講座』（＝「スタンダード反社会学講座」）の著者が勧めていた本
を読み始めたのも，このときだったと記憶しています．例えば，谷岡一郎『「社
会調査」のウソ』や，興津要編『古典落語』などです．これ以降，私は社会学・

社会調査や古典落語に傾倒していきました.

　6月に兄が結婚しました. 福井の田舎ですから, 大掛かりな結婚式が挙げられました. 結婚披露宴前には, 実家で嫁入り道具が運び込まれていたり, 花嫁行列が行われたり, 皿割りや仏壇参りなどの儀式が行われたりしました.

　福井では, 結婚式に「饅頭撒き」ということを行うのですが, 親戚一同「盛大にやる」ということで, 親戚が持ち込んだフォークリフトで, ガレージの2階に饅頭やらお菓子やらカップ麺やらペーパータオルやらを大量に運び入れ, ガレージの2階に特設した足場から, 運び入れた饅頭やらお菓子やらカップ麺やらペーパータオルやらを, 親戚の人間 (私も含む) が, ガレージ前の実家の駐車スペースに集まってきた近所の人に対して, 2〜3時間に渡って撒き散らしました. 普通は, お菓子などをダンボールから一つひとつ手にとって撒いていくわけですが, 余りにも大量に運び入れたものですから,「時間が無い」ということで, ダンボールを逆さにして, お菓子を直接落としたりもしていました. 近所の人が「もういらん」と言うぐらい撒きました.

　結婚披露宴では, 祖父がスピーチをしました. このとき祖父は, 隣村の介護施設 (H) よりも実家に近い介護施設 (E) に移ってから1年ほど経っていました. ちなみに介護施設 (E) では, 祖父と顔なじみの入所者も多く, また地元であるということもあってか, 祖父はかなり気楽に過ごしていたようです. 介護施設 (H) から介護施設 (E) に移るころ (つまりはこのときから1年前) は, 母などが歩行介助をすれば, 歩けるぐらいまで回復していましたが, このころになるとさすがに足腰が衰えてきたのか, もっぱら車椅子になっていました. それでも, 短くともしっかりとしたスピーチをしていました.

　また, 兄が披露宴の最後に挨拶をするわけですが,「はじめて家族が増えた」という言葉は今でも印象に残っています. 父は早くに亡くしましたし, 祖父は介護施設, 私は大阪へと出てしまったものですから, 兄のその言葉はとても重たいものに感じられました. 私はそんな兄の姿を見て「自分はでき損ないやなぁ」と思ったものです.

　兄と花嫁 (義姉) が, 披露宴後にハネムーンに出てからは, 親戚一同実家の板の間に集まって朝まで宴会をしていました. みんな, かなり酒を飲んでいました. 私も緊張などを紛らわそうと, 弱いくせに日本酒をコップで飲んでいましたから, 日付が変わるころにはさすがに吐きました. 親戚一同朝まで酒盛りをしていたわけですから, 私が気づいたころ (午前7時ぐらいか) には, 板の間

が「死屍累々」で，めちゃくちゃ酒臭かったのを覚えています．

　さて，私の高校生活自体は，OD で生野区猪飼野を「フィールドワーク（散策）」したり，映画を見たり，芸術鑑賞として劇団「四季」の「マンマ・ミーア」を見に行ったりしていましたが，余り「濃い」生活ではありませんでした．担任や進路指導の教員，養護教員や学校カウンセラー，受けていた授業の教員など，様々な方々からアドバイスなどをいただき，励ましも受けましたが，いかんせん自分が「年増学生」ということが気になり，若い子になじむことができませんでした．まだまだ怖かったのです．

　伯母はパートに出ているので，「一つ作るのも二つ作るのも一緒や」ということで，弁当を用意してくれていましたが，学校で食べるための適当な場所も見当たらないので，いつも学校近くにある公園のベンチで食べていました．天王寺区の神社仏閣ばかりの上町台地辺りや，生野区の鶴橋，猪飼野辺りの古い住宅でゴチャゴチャしたところを自転車でまわったりして，多少の気晴らし，暇つぶしをしていましたが，基本的には自転車でまわっているだけでした．

　夏休みや秋休み（桃谷高校は，9月の前期試験終了後，10月の後期授業開始まで2週間ほど秋休みがありました）は暇でしょうがなかったです．母が桃谷高校の教育懇談会に出席するために大阪に来たり，伯父，伯母の趣味である山登りに連れて行ってもらったりしましたので，まるで「滑る」ように月日が経っていくようでした．

　そうこうしているうちに，またまたまた，受験の季節がやってきました．当時の私は，「公務員になるかぁ，なれるんかなぁ」という感じでしたので，正直もう大学はどこでもいいと考えていました．とりあえず入れそうな私立大学を三つぐらい見繕っていました．ちなみに私は，数学はからっきし駄目でしたが，英語はリーディングの授業を真面目に受けたこともあって，多少はできるようになっていました．国語も，センター試験の過去問を解いてみると，古文・漢文はそれほどでしたが，現代文はかなりできるようでした．

　したがって私は，とりあえずセンター試験は，国語と英語と，授業を受けていた倫理だけ受けることにしました．年が明けて2006年の1月，私は柏原市にある大阪教育大学のキャンパスで，センター試験を久しぶりに受けました．

　一番最初は倫理の試験でした．できはそれなりだったと思いますが，倫理の試験が終わった後は，地理・歴史（地歴）の試験があるのですが，私は地歴の試験を受ける気は無かったので，食堂で，伯母が用意してくれた昼ご飯の弁当

を食べながら，『統計でウソをつく法』という本を読んでいました．そのとき
の食堂は，みんな試験を受けているのか，ほとんど誰もいませんでしたので，
むしろ気が楽でした．

　午後には国語と英語の試験があり，英語の試験の最後にはリスニングもあり
ました．リスニングの試験は，このとき初めて導入されたものだったので，試
験官は結構バタバタしていました．配布された IC プレーヤーが故障していた
りしていたようです．リスニングはそれほど難しくなかったので，私は試験が
終わった後，足早に近鉄電車に乗って難波に帰りました．

　センター試験が終わって数日後に，大阪商業大学（大商大）の前期一般入試
A 日程がありました．私は，当時はとりあえず公務員志望だったので，総合経
営学部公共経営学科という，いかにも「公務員ぽい」ところを志望することに
しました．大商大の入試は 2 科目だけでよかったので，私は国語（現代文）と
英語で受験しました．当時は 3 日ある試験日のうち 2 日選べたので，私は 2 日
続けて同様の科目を受けたのです．

　試験を受けた後，私は「もう受かった」と思っていましたし，落ちても他に
後期日程とかがありましたので，私はもう大学受験に終止符を打つことにしま
した．もう受験勉強は嫌でした．私はもっと学問的なことがやりたかったので
す．後日，合格通知が届きましたので，私は大商大に入ることにしました．な
ぜ，数ある私立大学の中で大商大を選んだのか，その決定的な要因は，私にも
分かりません．社会学・社会調査に興味を抱いており，かつ当時は公務員志望
だったので，『「社会調査」のウソ』と「公共経営学科」の大商大を選んだのか
もしれませんが，それが決定的だったかどうかは疑わしいところです．なお，
どうやら試験成績がよかったらしく，「新入生奨学金」付きの合格通知でした．

　注
　1）「板」とは，「2 ちゃんねる」などの BBS においての，特定のジャンルごとの「スレッ
　　　ド」（掲示板）の集合体で，例えば社会学に関する「スレッド」は「社会学板」に，精
　　　神保健・精神疾患に関する「スレッド」は「メンタルヘルス板」に，日々のニュース
　　　についての「スレッド」は「ニュース速報板」や「ニュース速報板＋」といった感
　　　じで集合体を形成しています．ある話題に関する「スレッド」が集合するように，あ
　　　らかじめ「スレッド」を作成する場所を指定しているわけです．
　2）BBS における「スレッド」（略して「スレ」とも呼ばれる）とは，「板」の下位にあ
　　　るもので，ある特定の話題に関する一連の流れ（書き込み）を形成しているもののこ

とです．まず誰かが最初にある話題に関するスレッドを適切な板（必ずしもそうでない場合もあるが）に作成し，そこに書き込み（レスポンス・略して「レス」ともいう）が連なることで形成されます．我々が「2ちゃんねる」などのBBSにおいて書き込むという行為をしたり，他人の書き込みを読んだりするときに見ているものがスレッドと呼ばれるものです．

3）「モリタポ」とは，「2ちゃんねる」の関連会社である未来検索ブラジル社が提供する電子通貨の一種で，「2ちゃんねる」の有料サービスを利用する際に使用する電子通貨のことです．1モリタポ＝0.1円で提供されており，スレッド本文や投稿者の検索は10モリタポ，「dat落ち」で通常は見れないのスレッドの閲覧は50モリタポで利用できます．

4）「2ちゃんねる」においては，一定期間書き込みの無いスレッドや1000レス（1000個の書き込み）を超えて書き込みができなくなったスレッドなとは，ブラウザに表示されるスレッド一覧からは削除され，通常のブラウザでは閲覧できなくなります．これを「dat落ち」と呼びます．かつては，「dat落ち」したスレッドも過去ログ倉庫と呼ばれるサーバに格納されて無料で閲覧できていたわけですが，2003年の時期には，dat落ちのままの無料では閲覧できないスレッドが多くなり，「2ちゃんねる」における有料サービス（「モリタポ」など）を利用しなければ，そのようなスレッド（過去ログ）を閲覧することができませんでした．

5）「ググる・ググれ」とは，Google（グーグル）などのインターネット検索エンジンを使用して検索することを指す，インターネット上のスラングのことです．自分の知りたいことは，大概の場合においては，以前に他の誰かがその情報を提供していることが多く，Googleなどの検索エンジンを使用すれば，その情報を知ることが出来る場合が多いため，「ますはググれ」ということが推奨されているのです．「ググっても分からないときに質問すべし」という暗黙の規範が，とくに「2ちゃんねる」などには存在していると思います．

6）「半年ROMれ」とは，「ここのBBSの雰囲気に慣れるためには，半年はROM（読むこと）に徹する必要がある」ということを端的に言い表したインターネットスラングのことです．あるBBSを利用している期間が長い，いわゆる古株の人ほど，新しくBBSに参入してきた初心者による，そこのBBSの雰囲気にそぐわない発言を嫌う傾向があるようで，基本的には古株（と思われる）の人から初心者（と思われる）に向けて発せられるスラングだと思います．

7）BBSにおける避難所とは，人気があるBBSがサーバの高負荷で利用できなくなったり，あるいは何らかの事情で閉鎖されてしまったときに，その人気のあるBBSの受け皿となるべく開設されるBBSのことです．人気のあるBBSが利用できなくなることは，そこを利用していた人々にとっては厄災に近いものらしく，そういった人々にとって，受け皿となるBBSはまさに「避難所」のように感じられるのだと思います．

8）トラックバック（略してトラバ）とはブログに実装されている機能の一つで，他の

人のブログの記事に自分のブログへのリンクを作成する機能のことを指します．他の
人のブログの記事をもとにして自分のブログの記事を作成したり，他の人のブログの
記事が自分のブログの記事と関連性のあると思われる場合などに，そのことを通知す
る目的をもって行なわれる場合が多いようです．

9）「定通併修制度」とは，従来4年制であった定時制の課程および通信制の課程を，3
年以上の在学で卒業可能にするために導入された制度です．定時制の課程の生徒が通
信制の課程で学んだりすることで，それまでは定時制の課程だけで4年間かけて修得
していた卒業に必要な単位数を，定時制および通信制の課程で修得した単位数を合算
して卒業に必要な単位数を満たすことによって3年間で卒業できるようにしたわけで
す．

10）授業時間帯が，午前中心のI部と午後中心のII部，夜間中心のIII部に分かれている
ため，「多部制」と呼ばれます．基本的にI部とII部は「昼間の学校（昼間定時制）」
であり，III部は「夜間の学校（夜間定時制）」という位置づけでした．桃谷高校には，
多部制単位制たる定時制の課程のほかに，通信制の課程も設置されていましたから，
職員室が三つありました．I部・II部（昼間定時制）の職員室とIII部（夜間定時制）
の職員室，通信制の課程の職員室に分かれていたのです．

第5章
大学入学後

1　高校卒業〜大阪商業大学総合経営学部入学
（2006年2月ごろ〜2006年4月末）

　大商大に入ることを決めて，大学受験に終止符を打ったあと，母の乳がんが再発したことを知らされました．数週間前の検査で発覚したそうですが，そのことは，私には受験期間中ということで伏せられ，母の乳がんの再発を知ったのは大商大に入るのを決めた後でした．携帯電話で突然聞かされて，かなりビックリしましたが，炎症性の乳がんとして再発したので，乳房全摘出の手術と抗がん剤治療，放射線治療を再開するということで，母は，再度県立病院に入院することになりました．2002年の秋ごろに最初の手術（乳房温存術）をしてから3年半経っており，一番再発しやすい時期だったようです．今回は乳房を全摘出し，1度使った抗がん剤はもう使えないということで，今度は「タキソテール」と「ハーセプチン」という抗がん剤を使うことになりました．

　今回の抗がん剤にも，やはり副作用があるらしく，母は再びカツラをつけることになりました．以前の手術後から飲み始めていた，薬科大学処方の漢方薬も続けていました．私は，突然のことでかなりビックリし，乳房温存術後の炎症性の乳がんとしての再発ということで，「あの時，全摘だったら」などと非常に戸惑いました．当然，このことはインターネット等で調べてみるわけですが，非常にショックでした．義姉によると，兄もインターネット等で調べたようでしたが，かなり取り乱していたそうでした．しかし，病院での治療は奏効したらしく，炎症はおさまったようでした．

　母親の乳がん再手術の後に，今度は介護施設（E）に入所していた祖父が入院することになりました．それ以前からも，不整脈などで病院に行っていたようですが，2月ごろには，祖父は「ご飯いらん」，「食べたくない」と言って食事に手をつけなくなっていました．体力的にも衰弱しているようでしたので，

以前入院していた系列市中病院 (S) に通院して点滴を受けていましたが，医師が「入院する必要がある」とのことで，入院することになりました．

　このときには，祖父は車椅子で移動していましたから，母一人の手では負えないということで，帰省していた私も，介護施設 (E) から系列市中病院 (S) へ入院するための手伝いをしました．祖父は，このときはまだ意識はしっかりしていましたし，話をすることもできました．意識もしっかりしていて，普通にコミュニケーションも取れていたので，私は「多分，大丈夫やろう」と思っていましたし，高校の卒業式や，一人暮らしの部屋を探すなどの大学生活の準備もあったため，祖父の入院の手伝いが終わった後には大阪に戻ることにしていました．

　入院手続き中は，私は診察室横にあるベッドがある場所で，車椅子に乗った祖父と一緒にいたわけですが，大阪行きの列車の時刻が迫ってきて，そろそろ駅に向かわなければならないということで，祖父に「そろそろ行かなあかん」と言ったわけですが，祖父が「今生の別れになるかもしれん」と返したことは，多少気がかりでした．私は病院を出て，大阪行きの特急に乗って，大阪に戻りました．

　大商大に入ることに決めたので，私は一人暮らしを再開することにしました．大商大は東大阪にありますから，難波からでも近鉄で簡単に通えるのですが，私は「これ以上ご厄介になるのはさすがに」と思っていましたので，大商大近くに部屋を借りることにしました．「いい物件は早く無くなる」と思いましたので，2月中に部屋探しをしてしまうことにしました．今回も，前回の部屋探しと同様に，伯父，伯母も一緒に不動産屋についてくることになりました．私は，インターネットの賃貸物件関係のサイトである程度の目星をつけたあと，東大阪にある賃貸専門の不動産屋に伯父，伯母とともに行き，不動産屋の車でいくつかの部屋を周りました．私は，「前回住んでいたワンルームよりも広くて安いところがいい」と考えていましたので，なるべくそのような物件を探していました．6畳の畳敷きで，その他にベランダや台所のスペースが広い物件があったので，私はそこに入居することに決めました．東大阪という土地柄もあってか，家賃は前回のワンルームよりも1万円以上安かったです．3月初めの引越しの際には，親戚が手伝ってくれました．軽トラックをレンタルして，難波から東大阪まで荷物を運びました．

　東大阪に引っ越す前の3月1日には，桃谷高校 (定時制) の卒業式があった

のですが，私はこのときに，卒業式に着ていくために，初めてスーツを買いました．ネクタイは，伯父から青色のストライプのものをプレゼントされました．初めてスーツに身を通すわけですが，私はそれまでに，葬式とか法事とか結婚式とかで礼服を着ていましたから，ネクタイの締め方で戸惑うことはありませんでした．卒業式では，日本語や英語，ハングルや漢字で「卒業おめでとう」というふうに書かれたプレートが壇上にありました．卒業する生徒は百数十人いましたが，卒業証書は一人ひとりが校長から直接手渡されました．卒業生が卒業証書を受け取るたびに，後ろの座席から一人ひとり全員に「おめでとう」と声を掛ける，体が大きくて迷彩柄の服を着た同期の卒業生がいたのが印象的でした．一緒に卒業式に来た伯母も，その生徒が印象的だったようで，「すっごい感心したわ」と言っていました．私は，お世話になった進路指導の教員や養護教員にお礼を述べて，桃谷高校をあとにしました．

　卒業式が終わり，東大阪への引越しも終わった後は，4月の入学式までしばらくありましたので，私は10数日ぶりに福井に帰って祖父を見舞うことにしました．病室に入ると祖父はベッドの上にいました．つい最近までは喋っていた祖父が，ほとんど昏睡状態で非常に衰弱していました．どうやら敗血症らしく，肺炎も併発していました．MRSAにかかっているらしく「バンコマイシン」という抗生物質が点滴されていました．医師によると「もう半年持つかどうか」ということでした．肺機能が非常に弱ってきたので，人工心肺を装着して延命処置をするか否か選択する必要がありましたが，「一回装着すると，途中で中止はできない」ということで，母や兄，難波の伯父，伯母や，大阪に住む叔父（父の弟），叔母などが集まって，祖父の処置について会議しました．「祖父は，みんなに迷惑はかけたくないと思っているだろう」という推測や，福井の実家にいる私の母も病身であること，金銭的にも大きな負担になるということなどで，「延命処置はしない」ということになりました．その場にいた私は「これは仕方の無いことだ」と思いながらも，何か釈然としない部分が心に残りました．

　4月3日には大商大の入学式がありました．体育館で行われた入学式のあとは，新入生オリエンテーションが数日続き，大学生活での諸注意，英語のクラス分けテストや心理テストがありました．周りには元気で活発そうな学生もたくさんいましたが，私は自分の年齢を気にしていましたので，周りの「若い」雰囲気にいまいちなじめずにいました．

　4月の中ごろには授業が開始され，いよいよ私の大学生活がスタートしました．私は，英語はオリエンテーション時のテストが良かったらしく「発展」のクラスに配属されました．英語は週に2コマあるのですが，大学のリーディングの授業と桃谷高校のリーディングの授業のレベルが余り変わらないことには拍子抜けしました．第2外国語はドイツ語を選択していましたが，初回でつまんなくなったので，2年生以降の再履修にまわすことにしました．総合経営学部だからか，「簿記原理」も必修でしたが，これもつまんなかったので，再履修にまわすことにしました．

　公共経営学科なので「公共経営学総論」と言う講義も必修でしたが，私は，この当時は公務員志望でしたので，この講義には真面目に出ていました．主に地方自治体の経営管理に関する講義でしたが，私の兄が実家の地元で公務員をしているということもあってか，兄の話している内容とオーバーラップするところも多く，理解はしやすかったです．基礎演習という大学生活に慣れてゆくためのゼミもあるのですが，私が振り分けられたクラスは，保田先生という社会学者のクラスでした．基礎演習の最初の回のときには，谷岡学長がそれぞれの基礎演習クラスをすべて回られるのですが，私のクラスに来た際には，保田先生のことを「大阪大学出身で，JGSS プロジェクトの幹事もしている非常に優秀な先生」と紹介していました．JGSS とは，Japanese General Social Surveys（日本版総合社会調査）の略称で，アメリカのシカゴ大学が行っている GSS（General Social Survey）に範を取って行われている大規模な量的社会調査のことのようで，それを聞いて私は，「すごい先生やなぁ」と思ったものです．

　4月の末，夜中に祖父の危篤の電話が掛かりました．覚悟はしていましたが，やはりショックでした．電話が掛かってきた時間には，福井行きの特急列車は出発した後で，深夜2時ごろに福井駅に着く夜行列車しか残っていませんでした．2回目の電話では，「明日の午前まではもつ」とのことで，朝の始発でも大丈夫だということを示唆されましたが，私は「行けるならなるべく早く行った方が良い」と思いましたので，すぐさま帰る用意をして，近鉄に乗り，鶴橋経由で大阪に向かって，夜行列車に乗り込みました．5月の連休前で多くの乗客がいましたが，何とか自由席に座って，福井に向かいました．

2　祖父の死 (2006年4月末〜2006年7月)

　福井駅に着いたのは深夜の2時ちょっと過ぎでした．当然バスは終わっていましたから，私は駅前に待機していたタクシーを使って系列市中病院 (S) に向かいました．病院に着いたとき，時計は3時前でした．祖父が寝ている病室には兄が付き添っていました．兄は「よう帰ってきたな」と言いました．私はうなずきながら祖父の様子を見ましたが，肩で息をしている状態で，問い掛けにも，握手にも何の反応もありませんでした．私は愕然としていましたが，「親戚が集まってくる午前中まではもつだろう」とのことで，私は兄と並んで，祖父のベッドの横にしかれた簡易ベッドに座り込みました．ずっと起きているつもりでしたが，空が白んできたころには，少しウトウトとしていました．私が意識を失いかけた瞬間，機械が鳴り響きました．

　看護師が病室に駆け込んできました．心肺が停止したということで，「どうしますか」と指示が請われました．私は親戚が集まるまでは持つだろうと思っていましたので，突然のことに動転し，思わず「(心臓) マッサージお願いします」と言いました．看護師が何度か心臓マッサージを試みましたが，なかなか心拍が回復しませんでした．看護師は諦めの色を見せていましたが，私は「ドクターが来るまでは……」と言い，医師が病室に到着するまでは心臓マッサージが続けられました．何分後かは分かりませんが，医師が病室に駆けつけてきました．医師は「さすがにもうここまで頑張られたので」とのことで，私は納得せざるを得ませんでした．祖父の口からだんだんと空気が抜けていくようでした．兄は号泣していました．私はただただ呆然としていました．また，心臓マッサージについては，これが本当に正しい判断だったのかどうかは，今でも思い悩むことです．延命処置は中止のはずでしたし，激しい心臓マッサージは祖父にとってはつらいものではなかったかと思われるからです．

　午前中には，病室に親戚が続々と集まってきました．兄らは，親戚とも相談して葬儀の日取りや葬儀会社への連絡をしていました．危篤を知らせていない親族らにも連絡を入れ，昼ごろには，私たちは祖父と一緒に実家帰ることになりました．実家ではお通夜・葬式の準備が進められていました．実家の「田の字型」に配置された座敷のふすまは取り払われ，仏間には布団が敷かれていました．親戚と葬儀会社が，お通夜や葬式の段取りをしていました．私は母とと

もに近所に祖父の葬儀のことを伝え歩きました．祖父が仏教壮年会の役員をしていたお手次寺などから僧侶がやって来て，枕経を上げたりもしていました．

　お通夜・葬式は，実家で盛大に営まれました．ある親戚の「この家は，おじじ（＝祖父）が自分の葬式のために作ったもんやからな」と言う言葉どおり，座敷の床の間には祭壇が組み立てられ，祖父自慢の大きな金仏壇は扉が空け広げられていました．板の間にはゴザが敷かれ，囲炉裏には炭がくべられていました．湯灌が済んだ後は，私を含めた親族の男性らが納棺をし，祭壇の上に棺を置きました．お通夜にはたくさんの弔問客がやってきました．特定郵便局長をはじめ，北陸郵政局の役員，土地改良組合長，仏教壮年会の役員など，祖父が様々な役職をしていたためか，かなりたくさんの人々が集まってきました．寝ずの番をした後は，葬式が始まるわけですが，このときは，お手次寺からは，祖父とほぼ同世代の住職が，病身をおしてやってきました．住職はもうほとんど引退状態でしたので，ある親族は「まさか御前が来るとは思わんかった」と言っていました．

　葬式にはお通夜以上に弔問客がやってきました．座敷や板の間は人だかりでした．葬式では，お経や正信偈などを上げるわけですが，「白骨の御文章」を聞いているときには，私は「これ何回聞いたやろうなぁ」と思っていました．これまで幾度となくあった葬式や法事のたびに，これを聞かされていたからです．葬式の後，出棺に際して，棺に祭壇に飾られていた花を納めました．棺を霊柩車に納めた後，福井市内にある火葬場に向かいました．火葬場では，お経と焼香が済んだ後に，棺が炉に納められました．炉の扉が閉まり，喪主である兄が，扉横の着火のボタンを押すのですが，兄は精神的に参っていたようで非常に押しにくそうでした．何分か経って，兄は「押せばいいんやろ」と踏ん切りをつけて，着火ボタンを押しました．

　お骨上げには，私と難波の伯父，大阪に住む叔父と母方の伯父の四人が残りました．2時間ほどで火葬が終了し，収骨の部屋に祖父が運び入れられました．私は，人間の骨を見るのはこの時が初めてでした．火葬場の職員が手順を説明していく分けですが，喉仏を取るために頭蓋骨が割られたときはさすがにビックリしました．お墓に納骨する分以外に，本山に納骨する分とお手次寺に納骨する分も必要でしたから，三つの小さな骨箱に分骨しました．足の骨から入れていって，最後は頭蓋骨で「蓋」をするのですが，祖父の骨は非常に硬いので，私は砕くのに骨が折れました．

　お骨上げが終わった後は，実家に帰り，初七日やお手次寺への納骨をしました．初七日には「精進明け」として宴席が設けられるわけで，その際に「イエのもん（＝家の者）」は，集まってきた人全員にビールなどを注いで周らなければならない（もちろんほとんど顔見知りの人ですが）のですか，私にとっては義務的な感じがして，非常に面倒くさいものでした．

　また，連休の後の週の土日には田植えがあるのですが，私は大学の授業もあるので，2006年の5月中は大阪と福井を何度も往復して，非常に疲れました．私の2006年5月の連休は，こうして過ぎていきました．

　大学の授業は，「再履にまわそう」と思った授業以外は真面目に出席していました．しかし，周りの「若い」雰囲気にはなかなかなじめずにいました．まだまだ，対人恐怖的な感情が残っていました．少人数の基礎演習でも，自己紹介のときは非常に緊張していました．保田先生が，デジカメで学生の顔写真を自己紹介中に撮るものですから，なおさらでした．

　基礎演習では，レポートの作成方法とかレジュメの作り方を教わり，それぞれが興味を持ったテーマについてのレポート課題が課されました．このときに，論文は「ふつうは，『である調』で書くもの」だと教わりましたが，本稿はご覧の通り「ですます調」で書かれています．おそらく本稿は，「普通ではない」卒業論文なのだと思います．

　私はどんなテーマにもとづいてレポートを書くか悩みましたが，大学入学前課題として自殺について調べたこともあって，自殺についてのレポートを書くことにしました．分量は2000字程度でしたが，当時の私にとっては「多い」と感じられる量でした．私は，レポート作成に関する書籍を2冊読み，警察庁のサイトや，自殺に関する新書を2冊程度読んで，レポートをまとめました．レポートは学期途中で一旦添削され，個別面談のときに指導が入るわけですが，「レポートの形式」をしっかり守って書いたからか，大きなツッコミが入ることはありませんでした．「レポートに関してはとくに言うことは無い」ということで，私が他の学生よりも3歳年を喰っていたことが気になっていたようで，個別面談では主に個人的なことが聞かれましが，私がこれまでの経緯を説明すると納得されたようで，「人間て成長するんだなぁ」と言っておられました．保田先生は，私の書いたレポートを「基礎演習の学生に配って手本にさせたい」とのことで，私は快諾し，最後の基礎演習のときに配布されたわけですが，私はさすがに気恥ずかしかったです．こんな感じで，大学1年生の前期授業は過

ぎていきました.

　祖父の四十九日が過ぎた後,遺産相続の話し合いがもたれました.実家には祖父名義の山や田んぼがありますから,これを今後どうするかという話し合いがもたれたのですが,親族一同の意向もあり,福井の実家を継ぐ兄が長子相続することになりました.私を含めた相続権所有者は,相続権を放棄することにしましたので,家庭裁判所にその旨の書類を提出することになりました.私はこのときに,母から貰った実印用の印鑑を印鑑登録し,家裁に提出する書類に押印しました.

3　大商大～関西学院大学社会学部編入学
(2006年7月～2008年3月)

　夏休みになって,私は入居して半年も経っていない部屋を出ることにしました.隣の部屋からの騒音が非常にうるさかったからです.どうやら同棲しているらしく,壁が薄いので,話し声はほとんど筒抜けでした.深夜に寝ているときもうるさいものですから,私は非常に神経をすり減らしていました.私が以前住んでいた浪速区のワンルームでは,それほど騒音がひどくありませんでしたから,半年住んで「もう我慢できない」ということで,宿替えをすることにしました.大学経由で不動産屋を紹介してもらい,住んでいる部屋のすぐ近くにあるワンルームに引っ越すことに決めたのです.そのワンルームは,近鉄の高架横にあり,電車の騒音は大きかったですが,「人の話し声よりはマシ」と思いましたので,そこの部屋に入居することに決め,夏休みの間に一人で台車を使って,部屋に荷物を移し変えました.真夏の炎天下のもとで,黙々と荷物を運んだので,さすがにクタクタになりました.荷物を運び終えて,ワンルームのフローリングの上で死体のように寝転がっていると,携帯電話に電話が掛かってきました.

　電話は,大商大の学生相談室からのものでした.どうやら入学式後のオリエンテーションで受けた心理テストで引っ掛かったらしく,「大丈夫ですか」という感じの電話でした.私は,前回の部屋で神経をすり減らしていたこともありましたが,もともとカウンセリングは受けたいと思っていました.ただ,前期授業期間中は,講義などでいっぱい一杯でしたし,その当時の大商大の学生相談室は,どこにあるのか分からなかったので,結局は利用していませんでし

たので，その電話をきっかけにして，学生相談室に行くことにしました．その時は，精神的にも肉体的にも結構疲れていました．

　学生相談室ではカウンセリングを受けましたが，私は，高校の時には行けなかった精神科クリニックを紹介してもらおうとも思っていました．やはり，いまだに対人緊張や不眠はありましたし，希死念慮を覚えることもたびたびありましたから，カウンセリングだけでなく，精神科クリニックで薬を処方してもらう必要性も感じていたからです．当時の大商大の学生相談室では，いくつかの精神科クリニックと連携していたようで，私はその精神科クリニックへの「紹介状」を貰うことができました．精神科の敷居が高いと感じていた私にとっては，「紹介状」を貰って行くことが，受診ハードルを下げるのに役立ったと思います．藤島高校時代以来，約 5 年ぶりの精神科受診でした．

　精神科クリニックでは，血液検査や受診までの経緯の聞き取りがなされた後，診察室で問診を受けました．私が大体の症状を説明すると，「じゃあとりあえず飲んでみましょうか」ということで，「パキシル」という名前の抗うつ剤 (SSRI)と「メイラックス」という名前の抗不安薬が処方されました．また，当時は不眠もあったので，睡眠導入剤も同時に処方されました．服用を始めて最初の頃は，多少の副作用があった記憶がありますが，服用を始めて数週間ごろには，それまできつかった緊張感が，和らいだような気がします．なお，「パキシル」と「メイラックス」を常用していても，どうしても精神的につらいときがたびたびありましたので，後には「ワイパックス」という抗不安薬も頓服として処方されることになりました．学生相談室でのカウンセリングと精神科クリニックへの通院は，その後 2 週間に 1 回のペースで，継続して行きました．

　後期授業が開始してからしばらくして，兄と義姉の間に長男（私からみて甥・Y君）が生まれました．私は，家族の中では年齢が一番下だったので，初めて年下の家族ができた感覚でした．冬休みに実家に帰ったときには，初めて赤ちゃんを抱きましたが，非常にかわいかったです．ミルクを飲ませてゲップをさせたり，「高い高い」をしてあやしたりしていました．母にとっても初孫ですので，非常に嬉しそうでした．兄も義姉も働いていましたが，実家には母もいましたから，三人共同で子育てをしていました．

　大商大の学生相談室ではカウンセリング以外に，学生同士の集いの場も設けられていました．カウンセリングで勧められたこともあり，私もそこに参加することにしました．そこには英語のクラスで一緒だった学生もいましたが，彼

とは何故か気が合いました．大商大の学生と長く話したのは，この時が初めて
だったように思います．ちなみに，学生相談室で知り合った佐野先生は，その
後，私に対して編入学を勧めるようになりました．私もこのころになると，「も
うちょっと他のところへ行けばよかったかなぁ」と思い，漠然とですが，編入
学を考えて始めていました．

　集いの場は月一回程度のペースで設けられていましたが，ここに集っていた
学生とは結構話をしていました．とくに英語のクラスで一緒だった学生とは，
授業が一緒ということもあり，結構一緒に行動していました．また，この集い
の場が主体となり，自主的な勉強会として熊本にある元ハンセン病療養所を訪
問することもある分けですが，私も「是非行ってみたい」ということで，参加
させてもらうことになりました．『ハンセン病問題に関する検証会議　最終報
告書』という結構分厚い文献を読んでから熊本に行ったわけですが，実際に目
の当たりにした光景は，文献で得た知識がもたらす感覚とはまた違った感覚を，
私に対してもたらしました．今でもうまく説明することができないのですが，
書物から得る知とフィールドから得る知の微妙な食い違いに違和感を覚えたの
かもしれません．

　ちなみに，熊本の元ハンセン病療養所には，1年生のときと2年生のときの
2回訪問しましたが，2回目の訪問のときに初めて入らせてもらった納骨堂内
には，亡くなられた方の遺骨が入れられた多くの骨壺が残っていましたが，私
はそれを目の当たりにして「これはいったい何なんだ」と思わずに入られませ
んでした．納骨堂なので遺骨があるのは当たり前のことなのですが，私は強烈
な違和感を覚えたのです．

　また，熊本のハンセン病療養所訪問以外にも，合宿研修などが行われるので
すが，私が参加したときの合宿研修場所がNHK学園高校のスクーリング会場
と同一だったのは感慨深いことでした．

　2年生に上がるころには，私は，それまで漠然と抱いていた編入学を，具体
的なものとして意識するようになりました．どうやら，学生の集いへ足を運ん
で学生の話に耳を傾けたり，元ハンセン病療養所へ足を運んで見聞したりして
いくうちに，それまで志向性のあった社会学，社会調査のなかでも，とくに質
的な社会調査に興味を抱くようになったみたいです．好井裕明・三浦耕吉郎編
の『社会学的フィールドワーク』や好井裕明『当たり前を疑う社会学』を読み
始めたのも，このころからと記憶しています．また，国立情報学研究所論文情

報ナビゲーター（CiNii）から三浦耕吉郎「人と人を結ぶ太鼓——私のフィール
ドノートから」を拾ってきたのも，このときでした．

　大商大では，JGSS という大規模な量的調査プロジェクトが行われていまし
たが，そもそもこのプロジェクトは，学部生にとっては余り関係が無いもので
すし，質的調査をメインにやってらっしゃる社会学者もいませんでしたので，
2 年生に上がるころには，3 年生からは他の大学に移ることを具体的に考え始
めていました．

　大商大では，2 年生にも通年の「演習 I」という必修ゼミがあったのですが，
私は入学当初より社会調査に関心を抱いていましたし，保田先生の基礎演習や
「社会科学方法論」（社会調査士資格取得のための「社会調査の基本的事項に関する科目：
A 科目」）を受けていたこともあってか，JGSS にもとづいた研究成果の文献を
輪読する，宍戸先生のゼミを受けることにしました．

　宍戸先生は保田先生と同じく社会学が専門でしたし，JGSS プロジェクトに
も深く携わっている方でしたので，社会調査に関心を抱いていた私にとっては，
ぴったりのゼミだと思ったのです．宍戸先生のゼミでは，JGSS 文献の輪読を
した後，各自がテーマを設定して4000字程度のレポートを書くことになったの
ですが，私は基礎演習に引き続いて，自殺をテーマにしてレポートを書くこと
にしました．おりしも『自殺対策白書』が初めて発行されたときでしたし，「自
殺対策支援センター　ライフリンク」も活発に活動を始めたときでしたから，
そういった社会状況に影響されたこともあって，引き続き自殺をテーマにした
のです．デュルケムの『自殺論』も参考にしながら，レポートを仕上げていき
ました．

　編入学試験も念頭にあったので，それに向けた準備も進めていました．私は，
2 年生のはじめのころから社会学部への編入を考えていたので，インターネッ
トの編入学関連サイトから情報を収集したり，編入学対策の書籍を購入したり
して，準備を進めていきました．編入学試験は，基本的に英語と専門筆記と面
接ということでしたので，私は大学受験のときよりも力を入れて英語の勉強を
し，社会学の基礎的な勉強も始めていました．英語は大学受験の参考書を活用
し，社会学では入門的なテキストを読みながら，編入学試験対策をしていった
のです．

　志望する社会学部（もしくは社会学専攻）はいくつかあったのですが，私は，
当時は質的な社会調査に傾倒しつつありましたので，大商大では開講されてい

なかった社会調査士の「F科目：質的な分析の方法に関する科目」が開講され
ていて，質的な社会調査をメインに研究している社会学者が在籍している大学
に志望を絞ることにしました．編入学試験は大学入試と違って，試験日が重
ならなければ幾つでも大学を受験できるのですが，私は，日程的に一番初めで，
第一志望でもあった関西学院大学社会学部社会学科の編入学試験（筆記試験が10
月末，面接が11月中旬）に合格したため，関学の社会学部に編入することにした
のです．

　年末年始には，年賀状配達のアルバイトを始めました．アルバイトに関して
は，採用面接時に履歴書を求められる場合が多いわけですが，郵便局のアルバ
イトでは在籍学校（大学）名を申告するだけで，詳細な履歴書の提出は必要な
かったので，履歴書にある空白期間を気にする私にとっては比較的参入しやす
い場所でした．

　大雪が降る中での年賀状配りを終えた後，今度は，引越し会社で派遣アルバ
イトをしました．派遣会社の登録説明会で登録するだけでよく，履歴書は要り
ませんでしたので，こちらも参入しやすかったわけですが，体力的にも精神的
にもめちゃくちゃしんどかったです．大商大の2年生の後期授業日程も終了し
た後，私は，関学のある西宮に，来年度から入居するための部屋を探すことに
しました．2008年の2月ごろ，西宮市内でも積雪がある中で，関学生協の車に
乗って部屋探しをしました．西宮は，東大阪とはうって変わって，大きな家が
たくさんある閑静な住宅街でしたから，東大阪の部屋とほぼ同じ条件の部屋を
探すのには苦労しましたが，甲陽園方面に良い物件がありましたので，そこに
入居することにしました．甲陽園を選んだのは，当時流行っていて自分でも読
んでいたライトノベルの舞台であった影響もあったかと思います．3月末には，
引越し会社のトラックと，福井から手伝いに来た母の借りたレンタカーで，東
大阪の部屋から西宮の部屋へ荷物を運び入れました．引っ越しバイトの経験も
あって，私の西宮への引越しでは，運ぶ負担を減らすために書籍は小さいダン
ボールに詰めたり，引越し会社の人に適宜飲み物を差し入れたりしていました．

4　関学編入学〜卒論（自分史）執筆
（2008年3月末〜2009年10月ごろ）

　2008年3月末に西宮に引っ越してきた分けですが，西宮は東大阪とは違って

坂が多く，それまではもっぱら自転車で行動してきた私は，「ここで自転車は
キツイやろ」ということで，原付バイクを購入することにしました．実は2006
年の夏休みに，クレジットカードを作ったりする際の身分証明証として使用す
るために「原付」だけの運転免許証を取得していました．ただ東大阪時代は原
付バイクをまったく使っていなかったので，西宮に来てはじめて「運転免許証」
としての効力が発揮されることになりました．春休みのアルバイトで稼いだお
金で，中古の原付バイクを購入したのですが，免許取得時の実習以来まったく
乗っていなかったので，初めのうちは運転に難儀したものです．

　4月には，大学生活2度目の入学式があったわけですが，関学は大商大より
も規模が大きいので，キャンパス内を移動するのがしんどく感じられました．
学生数も多く，とくに社会学部は女子学生が多いので，男子学生ばっかりだっ
た大商大に比べ，非常に華やかに感じられました．「大学が違うだけでこんな
に違うもんか」と，カルチャーショックさえ覚えました．入学式・宣誓式の後
は編入生用のオリエンテーションがあり，卒業までに必要な科目の確認と，3，
4年生の研究演習（ゼミ）についての説明が行われました．基本的に，編入生
はどこのゼミでも受け入れてもらえるらしいのですが，私は質的調査に関心を
抱き，『社会学的フィールドワーク』などを読んで編入してきたということも
あり，三浦先生のゼミに入ることにしていました．4月の授業開始前までの期
日に志望理由書等を携えて三浦先生の研究室を訪ねたところ，「こちらこそよ
ろしくお願いします」と快く引き受けてくださったのが印象的でした．

　私は編入生でしたので，大商大と関学のカリキュラムの違いということもあ
り，3年生のときにも英語とドイツ語を履修する必要がありました．1年生で
取るような「基礎社会学」や「キリスト教学」などの必修科目も取る必要があ
りましたし，大商大での2年生ゼミの「演習Ⅰ」が，関学では1年生ゼミの「基
礎演習」として認定されたこともあって，2年生向けの「教養演習」も取らな
ければなりませんでした．卒業までには，それらを含めて2年間で70単位必要
でしたが，私は3年生のうちにできるだけ単位を取っといた方が良いと思いま
したので，必修科目を含めて1年間で50単位以上取ることにしました．

　私は，春学期の「教養演習」は真鍋先生の「現代社会論演習」を受けました．[1]
課題レポートでは，海外の高金利を受けて「FX：外国為替取引」の話題性（と
くにドル買い）が急速に高まっていることを実証しましたが，その後のリーマン・
ショックの影響で，FXで大損した人が続出したことは皮肉なことでした．

　「教養演習」を含め，3年生の春学期には1週間に16コマ登録していました．毎日3，4コマほどの授業を受けるわけですが，同期でゼミに入った学生らはさすがに1，2年生のときに単位を揃えてしまっているらしく，毎日大学に来てはいないとのことで，私は非常にうらやましく思ったものです．西宮という新しい土地になかなか慣れなかったこともあってか，3年生の春学期はかなりノイローゼ気味でした．当時は，なかなか疲れが取れにくかったことを覚えています．

　3年生の春学期がそのような感じでしたので，関学の学生相談室のカウンセラーのアドバイスもあり，私は秋学期には多少コマ数を減らし，11コマ登録することにしました．ただこのときには，それまで溜め込んできたストレスが影響したのか，うつ状態が再燃してしまいました．「医療費が高いから」という理由で足が遠のいていた精神科クリニックにも，行かざるを得ないような状況でした．当時，大商大では学生健康保険互助組合が整備されており，大学に申請すれば自己負担分の医療費がキャッシュバックされたため，医療費が実質無料でした．関学ではそのような制度が無いため，月数千円の自己負担は家計に響きました．学生課にも異議申し立てをしましたが，「実現は困難」とのことでした（C.O.D. ニュース№.85，関西学院大学 C.O.D. 委員会）．ちなみに関学の学生相談室では，大商大とは違って，学生同士の集いの場が設けられているわけではありませんでした．私としては，大商大での経験もありますから，多少の寂しい思いもしたものです．

　医療費の3割自己負担は，やはり家計に響くので，私は「自立支援医療（精神通院）」の申請をすることにしました．「自立支援医療（精神通院）」とは，「障害者自立支援法」にもとづく制度で，精神疾患を持ち，継続的な通院（精神医療）を受ける者が，公費によって医療費の補助を受けられる制度のことです．世帯の所得によって自己負担割合や自己負担上限額が異なりますが，基本的に精神科通院における医療費の自己負担割合が1割となります．ちなみに「障害者自立支援法」成立以前は，「精神保健福祉法」第32条にもとづいた「通院医療費公費負担制度」が設けられており，自己負担割合は原則0.5割でした．私はそれまでは病名無し（私には知らされていない状態）でしたが，申請には診断書が必要ということで，結局「うつ病」という病名を貰うことになりました．ただ，精神科クリニックでの医療費の自己負担が1割になったことは，家計的には非常に助かることでした．

　秋学期が始まってしばらくして，実家にいる兄と義姉の間に次男（私からみ
て甥・R君）が生まれました．とても大きな赤ちゃんで，食欲もとても旺盛で
した．ミルクの飲みっぷりが良いのか，哺乳瓶があっという間に空になってし
まうほどでした．「兄貴（長男Y君）よりでかくなるんじゃないか」というぐら
いの飲みっぷりでした．

　3年生の秋学期も終わりに近づくと，私は大学院への進学を具体的に考える
ようになりました．周りの学生が就職活動をするなかでそのような方向へ進む
ことには，非常な孤独感を覚えましたが，やはりどうしてもやりたいことがあ
りました．それは，私も以前に経験した（これを執筆している現在も経験している？）
「ひきこもり」についてでした．このころには，「ひきこもり」状態から抜け出
して数年が経過していましたが，いまだに「生きづらさ」を抱えていたからで
す．神経・精神的な失調がいまだ尾を引くということもありますが，そもそも
ひきこもっていたこと自体を隠していたので，どうしても自分や他人に対して
「ウソをついているようで嫌やなぁ」と感じてもしまうのです．研究演習でも，
「ひきこもり」に関して発表するようになっていきました．

　4年生になると，周りの学生は続々と内定を得ていきました．内定を得た後
の彼らは，非常に「学生生活」を楽しんでいるようでしたが，大学院志望の私
にとっては余り関係の無いことでした．それでもやはり，彼らをうらやむ気持
ちは常にどこかにありました．恋人の話やら海外旅行などの話やらを傍らで聞
かされるのは，そういったことに参入しない・できない私にとっては，精神的
にもなかなか耐え難いことでした．煙草を吸う量が急激に増えたのも，この頃
からでした．

　欲望や嫉妬に悶々としつつも院試対策はしましたが，専門筆記はともかく，
英語の準備不足は明らかでした．電子辞書に頼りすぎたのか，紙辞書を引くス
ピードが2年前よりも明らかに衰えていました．当然のことながら9月の大学
院入試は不合格でした．学部でのGPAは3.7ほどと高かったのですから皮肉な
ものです．「付け焼刃では通用しないということがハッキリしただけマシ」だ
とも思いましたが，やはり悔しかったようで，発表日の夜に兄から電話が掛かっ
てきたときには，涙がボロッボロッ出ました．3歳になるY君に電話が替わっ
たときは，鼻水までズルズルと出てきました．「情けないおっちゃんやなぁ」
と思ったものです．

　2009年10月10日，私は実家で25歳の誕生日を迎えました．3歳のY君を膝

の上に乗せ，１歳になる R 君をおもちゃであやしながら，私はそろそろ書き始めなければならない卒業論文について考えていました．おそらく，二十数年前には亡き父も見ていたであろう幼子二人の遊ぶ姿を前にして，私は卒論構想の大幅な練り直しを考えていました．

　さて，私の自分史は以上です．私は太宰治のようには成れませんが，この自分史を読んだ方には，やはり「恥の多い生涯を送って来ました」と述べるほかありません．本稿の自分史の試みは，私にとってかなり恥ずかしい部分，隠しておきたい部分を，「隠しているから恥ずかしいんだ」という一種の開き直りで持って書いたものです．かなり「自分勝手」な動機で書かれた文章ですが，私としては，やはり何らかのリアクションを期待したいところです．皆様のご意見ご感想をお待ちしております．
　最後に，今回の自分史はなるべく広範な方々に読んで頂きたく思いましたので，かなりくだけた文体を使用しました．「ですます調」を使用したのも，読者の方の読み易さを考慮したためです．その試みが果たして成功したかどうかは，まだ分かりませんが，ともかく，ここまでお付き合い頂き，ありがとうございました．

5　自分史を書き終えて

　2010年正月，自分史をほぼ書き終えた私は，下宿近くの広田神社に初詣に行った．もちろん「独りで」である．いまだに大学院受験生である私には，内定などという４月以降の身分を保証してくれるものなどは持ち合わせておらず，２月末に行われる大学院入試に万が一不合格だったとしたら，大学卒業後は「無職」となってしまう身の上である．イチャイチャしている初詣カップルを「あぁ，ええなぁ……」と傍目に見ながら，私は武運長久，院試合格のために，身銭を賽銭箱に放り込んで二礼二拍手一礼をした．「今年こそいい事がありますように」．その後，「関西学院大学合格」とか「長門は俺の嫁」とか書かれた絵馬を一瞥したあと，私は200円のおみくじを引いた．私の実家近くの春日神社では，おみくじは50円だったので，私は「高いおみくじやぁ」と思いつつ，円筒形のおみくじ箱を振った．「第十番　大凶　悦び事なし　待人来らず　生死すべし」．もうどうでもいいや．

　自分史には，やはりナラティヴ・セラピー的なモノがあるのだろうか．やはり「暴露」すると言う実践が，その人の内面を変化させてしまうのだろうか．本稿を書きながら私は，自分というものが変化してゆく感覚を覚えた．だんだんと言葉遣いが荒っぽくなり，些細なことで怒りを覚えることも多くなった．「しょーもない」とか「知るか」とか「潰すぞ」とかいった攻撃的で乱暴的な語彙を，頻繁につぶやくようになっていった．もしかしたら，それまで隠れていた元々の私の性格が，自分史を書くことを通じて表に出てきたのかもしれない．しかし一方で，自分史以前の性格もちゃんと自覚できていた．「落ち着け」とか「そんなこと思ったらアカン」とか「もうあかんねん」とか「コワイ，ツライ」とかいった防御的で抑制的な語彙も，頻繁につぶやいていた．そんな私の様子を察知したのか「なんか表裏激しいね」と私を評した人がいた．私は余り肯定的な評価とは受け取らなかったが，いわば「二重人格」的な性向が私の中に生まれてしまっていることは，自分以外の他者にも感じ取られるようであった．もしかしたら私は，自分史という「パンドラの箱」を開けてしまったのかもしれない．箱から出てきたものが「希望」をもたらすのか「絶望」をもたらすのかは，今後明らかになることだろう．

　自分史を書き終えた今，私は，様々な方々に支えられながら生きながらえていることを思い知っている．この自分史が出来上がったのも，私に関わってくれた人々のおかげである．もとより個人のライフ・ヒストリーは，何もその人個人のことだけの記述に終始しない．その人個人から他者，社会へとつながっていく記述がふんだんに盛り込まれているものである．その意味で，この自分史は，私自身のものというよりも，私を含めた周りの人々共同のものといっても過言ではない．この場を借りてお礼を申し上げたいと思う．ありがとうございました．これからもよろしくおねがいします．

　　2010年（平成22年）1月8日　仏滅

　　　　　　　　　　　　　　　伊　藤　康　貴

【付記】

　この自分史は，2009年12月から2010年の1月のあいだに卒業論文の一部として書き上げたものである．今回，出版にあたって，公表するのにそぐわない記述や読みにくい部分の修正，形式的な編集等を施したが，10年前の執筆当時における，おそらく生きづらかった

私自身の状況を読者に示すためにも，修正は最小限にとどめている．

注
1） 第2章における見田宗介の「原問題」の議論は，この真鍋ゼミで出会ったものである．国際政治学者の猪口邦子による，小学校（サンパウロのアメリカン・スクール）時代におけるパールハーバーの授業体験がその後の自身の問題意識を形成させたという文章などをもとに，研究上の「戦略的な問い」を立てる方法に関する議論を行っていた．

第III部
「ひきこもり」の生きづらさはどう理解できるか

第6章
「ひきこもり」当事者の規範的／
多元的なアイデンティティ
―――「親からの期待」に対峙する自己の語り

1 本章の課題

　1970年代以来, 校内暴力や暴走族, 不登校,「ひきこもり」, フリーター, ニート等々, 様々な若者の「逸脱行動」とされるものが常に社会問題とされてきた. このなかで「ひきこもり」は,「未熟な若者の問題」とみなされ,「ひきこもり」の議論において主流をなしている心理学的な見地からは「アイデンティティの未確立」とみなされることが多い. このことは,「ひきこもり」の社会問題化に先鞭をつけた精神科医斎藤環の「ひきこもり」を思春期心性の問題とみる観点にもっともよくあらわれていた.

　　　「社会的ひきこもり」は事例の年齢にかかわりなく, いわゆる思春期心性に深く根差した問題です. つまり, 人格発達の途上における一種の「未熟さ」ゆえに起こってくる問題であると見ることができます.（略）第二次性徴の発達が, さまざまな葛藤を生じ, 思春期独特の不安定さの原因となります. この「性的に成熟する」ということが, 思春期から青年期にかけてのもっとも重要な課題といっても過言ではないでしょう.（斎藤1998：30）

　ここでは,「ひきこもり」を「思春期心性の問題」「未熟な若者の問題」とみることにより, 心理学的見地からその成熟（アイデンティティの確立）を期待することへの正当性を確保する意図がみてとれる. そしてこのような心理学的な知識を用いながら思春期・青年期の発達課題における問題として「ひきこもり」を説明する形式は,「ひきこもり」をめぐる議論においては, かなりありふれたものであった（高塚2002；山本編2011など）[1].

　無論，「ひきこもり」といった思春期・青年期にみられる問題を発達形態の危機に帰着させる議論を，「成熟を拒む社会状況を批判する素地」とみる向きもあり得るだろう．しかし，そもそもそのように青年のあり方を「未熟」とみる議論自体を下支えする問題意識は，実は過去の青年のあり方（ないしそのようであっただろうという「幻想」）をノスタルジックに振りかえることで達成されている．すなわち，「ちゃんとした仕事に就き，結婚して子どもを産み，自立した立派な大人になる」という生き方のモデルがそれである．このモデルは，確かに一見古臭そうではあるが，実際には今日でも大人たちはそれを望み，若者たち（とくにひきこもった経験のある当事者）はその価値観を内面化している．また若者に施される各種諸対策も，このような価値観にもとづいていると言っていい．そもそも「教育」とはそのような価値観を内面化させる営みであると見ることもできる．

　しかしここで疑問に思われるのは，そもそも「未熟／成熟」という切り分けや思春期・青年期における発達課題としての「アイデンティティの確立」なるものが，今日において現実的なものとして有効なのかということである．浅野智彦（[2013] 2015）が述べているように，「成熟したアイデンティティ」なるものは，しばしばその社会における大人たちが期待する「理想」像と絡まりあっている．「ちゃんとした仕事に就き，結婚して子供を産み，自立した立派な大人になる」という生き方のモデルは，果たして今日において意味を持つのだろうか．

　加えて興味深いのは，上記の「ひきこもり」に限らず，「若者の問題」というのは常に，その未熟さが問われつつ将来的な成熟が期待されるという形式を繰り返してきたということだ．「更生」とか「矯正」という営みにみられるように，若者の「問題行動」は，「未熟」とまなざすことを通じてその問題は若者個人に帰責され，心理面の成熟のために治療・教育的トレーニングが施されるわけである．このように「変わるべきは（社会ではなく）自分」という観点は，社会学者森真一が述べるような心理学化・心理主義化と結びつき（森 2000），一方では心理学的知識にもとづいて社会に適応できるように自己をコントロールするという作法を強化し，他方では「若者への教育」という営みを下支えしているわけである．

　そしてこの「教育を受けるべき若者における問題」として1970年代半ば以降から社会的な問題として扱われ始めたのが，若者の「非社会的行動」とされる

ものである．それまでは暴走族や校内暴力等，「反社会的」と目される若者の問題行動が注目されていたが，1970年代半ばから80年代にかけて，貧困といった家庭の経済的要因を原因としないいわゆる今日的な意味での「不登校」と目された長期欠席児童・生徒の増加や，1980年代半ば，とくにバブル崩壊以降から語られ始めたフリーター，1990年代半ば以降からの「ひきこもり」，2000年代半ば以降からの「ニート」という具合に，ここ30年間における「若者の問題行動」として語られてきたのは，その「非社会性」に焦点を当てたものであった．

　このような「ひきこもり」をめぐるアイデンティティの議論を捉えるために，本章ではまず，若者のアイデンティティと自己のあり方を議論した浅野（[2013] 2015）を中心に，「ひきこもり」の議論を下支えしてきた「若者」の語られ方の変化を追う（第2節）．そしてこの「若者」をめぐる議論を踏まえ，「ひきこもり」における問題枠組みを整理し（第3節），「ひきこもり」問題を構成する二つの論点，すなわち「経済的自立」（第4節1項）と「他者との親密なコミュニケーション」（第4節2項）という論点をもとに，それが「若者問題」といかに結び付きながら「自己」を語らしめるのかを見ていく．そして最後に，家族主義的な価値観が支配的な日本の現状において，「親からの期待」と自分の現状との間に板挟みになるという世代間のディスコミュニケーション状況を議論する（第5節）．

2　若者のアイデンティティをめぐる30年
——多元化する自己のあり方

　本節では，現代における若者のアイデンティティと自己のあり方を議論した浅野（[2013] 2015）を中心に，「ひきこもり」の議論を下支えしてきた「若者」の語られ方の変化を追う．

　浅野は，1980年代以降の消費社会を生きる人々には〈消費こそがアイデンティティを証明する手段である〉と同時に〈アイデンティティとは人の手によって構成され，証明されるべきものである〉というアイデンティティ感覚があり，機能的消費から記号的消費へという変容（Baudrillard 1970＝1979）は人々のアイデンティティにも深い影響を与えていたということを指摘する．

　浅野によれば，1980年代に臨時教育審議会において打ち出された「個性重視」

という原則は，やがて急速に流動化・不安定化する労働市場における方策として の「自己啓発」や「自己分析」へと接続され，消費の場から教育の場に個性 重視原則を通じて「自分らしさ」が浸透した．それが具現化したのが「ゆとり 教育」である．消費社会的な「心の習慣」は，「個性」という用語を通じて学 校的な価値観を浸食し，児童生徒たちを競争に乗れる層と競争から降りる層へ と二極分化させることになった．そして教育の場におけるこのような変化は， 急速に縮小する若年労働市場を背景に，学校における就職指導の機能失調を埋 める形で「やりたいこと」「自分にぴったりの仕事」という論理を下支えした． 1990年代以降の若者はより主観的な「自分らしさ」をもとに進路を見つけ出そ うとしていたがゆえに，若者を取り巻く不安定な状況は若者自身の態度の側に 帰責され，この時期の新自由主義的政策と共振した．労働市場の縮小，学校か ら職場への移行過程の解体，それらを補うべき雇用政策の失敗は，「自分らし さ」の名の下に隠蔽されたのである．

　また，「消費する自己からコミュニケーションする自己へ（そして多元的自己へ）」 （浅野［2013］2015：100）と若者のアイデンティティについての語りの焦点が移 動するなか，1980年代から90年代にかけて以降，コミュニケーションがあまり 上手くない若者が「オタク」と形容されるようになった．1990年代においては， 狭い仲間集団内部での過剰な気遣いと同調性が指摘される一方で，見知らぬ他 者に対する気遣いの極端な欠落という両面性が，1990年代初頭における特徴的 な精神状況として指摘された．そして「仲間以外はみな風景」（宮台1997）など という具合に，それ以降も同様な形式の指摘が繰り返されるようになった．

　内閣府の「世界青年意識調査」によると，友人関係に満足していると回答す る若者（18歳から24歳の男女）は1980年代以降増加傾向にあるとされる（浅野［2013］ 2015：139）．また学校に通う意義を「友達との友情を育む」とする若者は日本 において極めて高いとされる．現在住んでいる地域への愛着度も一貫して増加 傾向であり（浅野［2013］2015：142），その理由として「友達がいる」があげら れている（浅野［2013］2015：143）．こういった事実は，若者の生活の中での友 人関係が持つ重要性の増大かつ親密性なるものの濃度上昇であり，天野義智 （1992）が「自閉主義」の一側面として「繭化体」と呼んだ，情報社会化と消費 社会化が進行するにつれ，限られた親しい他者との関係のみを受け入れあたか も繭を作るかのようにその関係に閉じていくという自己のあり方と対応する．

　さらに青少年研究会が実施した調査では，関係に応じて異なった自分を出し

ながら，いずれもそれなりに本気であるような自己のあり方があることが指摘され，それが多重人格ブームの背景にあった（浅野［2013］2015：168-9）．また青少年研究会が行った三つの時点（1992年，2002年，2007年）の調査では，①付き合いの内容に即して友人を使い分ける傾向が強まってきている，②場面によって自己を使い分ける傾向が強まってきている，③自分を意識的に使い分ける傾向が高まってきている，④自分らしさをどんな場合にも一貫させるべきであるという規範意識は弱まっている，と指摘される（浅野［2013］2015：171-4）．人間関係と自己とが表裏一体で多元化し続ける状況は，少なくとも1990年代以来現在に至るまで続いているわけである．

3 「経済的自立」と「他者との親密なコミュニケーション」という問題枠組み

1970年代以降，消費社会的な語りからコミュニケーションをめぐる語りへと，若者をめぐるアイデンティティの語りが変容している．「ひきこもり」に対する社会的な見方も，実はこの「若者とそれへの見方」と呼応し，「学校へ適応できない児童生徒」（1980年代）という見方から，「親密なコミュニケーションに難を感じる若者」（1990年代）という見方を経て，「社会参加できない若年層」（2000年代）という具合に変化している．2010年代の現在では当事者自体が「高年齢化」してゆく趨勢もあり，40代・50代も散見される（池上 2014）．2010年代後半になると，80歳代の親と50歳代の子どもからなる生活困窮世帯における「ひきこもり」の問題が「8050問題」として焦点化し，ゆえに「ひきこもり問題」はそもそも「若者問題」なのかという意見も現場レベルでは提起されている．しかし一方で，不登校問題から延長された問題系であったこと，若者支援者によって担われた問題系であること，「ひきこもり」に対する法や制度整備も若者自立支援をベースに組み立てられていることなどから，一見年齢的には中高年であっても「若者問題」と見做さざるを得ないとする意見もやはり現場レベルでは存在する．このように「若者」をめぐって議論が錯綜する状況は，今や「若者」という概念それ自体が，社会的に再考される時期に来ていることを示しているのだ．

なお，浅野（［2013］2015）において，極端な一部の事象に過ぎないとみられている「コミュニケーション過少なひきこもり」というイメージが，若者を物

語る際のリソースとなっている点は興味深い（浅野［2013］2015：147-9）．斎藤環の議論を引きながら言う，この「ひきこもり系」と呼び習わされる若者のイメージの一方で，おそらく多元的な自己を持つ今日的な若者の実態の一端を示しているのは，むしろコミュニケーションが過剰とも捉えられている「自分探し系」だと思われる．しかし，いわゆる「若者問題」として1970年代以降今日まで社会問題として主に扱われてきたのは，「不登校・登校拒否」，「ひきこもり」，「ニート」などであり，「自分探し系」よりもむしろ「非社会性」を問題の中核と捉えられた「ひきこもり系」の問題群であった．

　しかし今日の若者をめぐる状況において奇妙なのは，このような大人側の観点を当の若者たちも内面化しているということだ．「コミュニケーション能力が無い」「空気が読めない」という語りは，若者のアイデンティティを構成する語り（存在証明）にもなっていることに注意したい．加えて「ひきこもり」の支援現場においては，支援者や親だけでなく，多くの当事者たちも「就職し，結婚し，立派な大人になる」という価値観を抱いている．エリクソン的な統合へと向かうアイデンティティ観が今日的状況にはそぐわないと指摘する論者は多く（浅野［2013］2015；関水 2016），私もその見方に同調するが，一方で「ひきこもり」や不登校など心理主義化が著しい場においては，いまだ当事者を「未熟な若者」とみなし，その成長や発達を期待する考え方が優勢であった．

　もちろん「ひきこもり」の支援現場では，フリースペース等の「居場所」で「家族以外の親密な対人関係」を得ていくということも推奨されてはいるが，当事者本人とその親の「高年齢化」への懸念が高まるなか，「親密な対人関係を獲得」した後に，いかにして「親からの自立」をしていくか，とくに「親亡き後」はどう生活していくのかということは当事者本人に対する大きな課題として「ひきこもり支援」のなかで位置づけられている．ゆえに「ひきこもり」当事者に対して徐々に「家族以外の対人関係を獲得」させ，「親からの自立」のために徐々に「就労」へと水路づけていくような支援，すなわち最終的には「就労支援」へと水路づけられていくような支援が，「ひきこもり支援」における基本的な形式となっている（厚生労働省 2010）．

　構築主義的アプローチにもとづいて2000年以降の「ひきこもり」の問題化の過程について分析を行った工藤宏司の整理によると，「ひきこもり」の問題化の過程においては，「精神医療問題」という側面をもつ語りとは別に，若者の「就労問題」に重点をおいた語りが存在していた（工藤宏司 2008）．30代・40代

の「ひきこもり」や「ひきこもりから脱出した後」への注目が高まるなか，また当時の若年者の失業率増加を受けて，若者の「自立」のために「就労」が語られるようになったというわけである．とくに2004年ごろ以降に「ニート（NEET : Not in Education, Employment or Training)」という概念が流行したが，それ以降は，「ひきこもり」とニートの両者を結びつけるような議論がみられ，「ひきこもり」の「回復」イメージとして「就労」の側面がさらに強化されることになり，実際，ニート概念の登場と前後して「ひきこもり」の支援現場では支援者も家族も当事者でさえも「就労支援」への意識が加速していた（石川良子 2007：23-4；65-7)．無論「ひきこもり」は，ニートとは「対人関係の強度が違う」として差異化されもしたが（工藤宏司 2008：68)，ニート概念がもともと「対人関係」の有無を不問に付した概念であり，かつ「ひきこもり」概念も「社会参加」の仕方として「就学・就労」という側面が強調されていたので，そもそも「ひきこもり」とニートの両概念は実に親和的であった．事実，「ひきこもり支援」の看板を掲げていた支援機関の多くは，ニート概念の登場以降,「ニート支援」の看板をも同時に掲げるようになっていった[2].

4 「ひきこもり」当事者の規範的なアイデンティティを　めぐる語り

4.1 「経済的自立」を果たせない「自己」を語る　――コミュニケーション化する「自立」

　このような若者の「就労問題」の経過を踏まえると，結局のところ，いわゆる若者の「自立」というイメージ，とくに「経済的自立」というイメージが，正社員を目指す「就職」という点ではここ30年で実はあまり変化してこなかったのではないかという疑問が残る．むしろ産業構造の高度化（とくにサービス業を中心とした第三次産業化）とグローバル化によって，「働くこと」のイメージが「モノを生産する」ことから「人とコミュニケーションをとる」ことへと重点が変化したこと，加えて「働くこと」が「雇われる」（雇用化）というイメージ[3]によって覆い尽くされている現状，そして長期的に雇用が不安定している現状においては,「経済的自立」に対する「就職」という自立観はここ30年で強化されているようにも思える．すなわちここ30年で「経済的自立」イメージとしての「就職」は保存されたまま，そこに「コミュニケーション」のあり方が付

け加わることで「就職」と「コミュニケーション」が結び付き，若者が「コミュニケーション能力」を磨くことに精を出すようになったということである．その時代的背景として，現在的な若者のあり方／見られ方が「コミュニケーション」によって自己を語るという形式によって編成されるようになったことがあげられよう（浅野［2013］2015）．そして「経済的自立」のためにはコミュニケーションが必要という現在的な社会意識は，そのどちらをも達成しえない「ひきこもり」の当事者たちを責め立てる機能を持つに至ったのである．

　したがって，「経済的自立」，とくに「正社員としての就職」を果たせない自己は，単に経済的な困窮だけでなく，他人からの評価（＝承認）を受けられない自己というものを成り立たせることになる．大学卒業後8年間家にひきこもっていた30代（インタビュー当時）男性Bさんは以下のように語る．

> B：ひきこもってた当時は家にいるのが多分しんどい時がある〔の〕かもわからんけど，〔今は〕一応まあ仕事もあったりとか打ち合わせで出かけたりするようになって，家にいるときの窮屈というか肩身の狭さみたいなのがなくなった．（略）以前に比べたら，多分昔だったら〔家族と〕話をしてて，話が進んでうちに「仕事どうするんや」とかそういういう話に向かっていく場合があるから，あんましもう〔家族と〕話さんとこみたいな感じに〔なる〕．（インタビュー，2011年7月）

　このように，「仕事」がない時では「仕事がない」ことが承認されず「窮屈」で「肩身が狭い」ということになる．重要なのは単に「仕事がない」ということだけではなく，それが他者から評価されないという意識が「生きづらい」わけである．そしてそのような状況は，「〔家族と〕話さんとこ」と表現されるように，コミュニケーションを切る（＝外部観察的にはひきこもるように見える）契機ともなりえるのだ．2000年代中頃にはいわゆる「ニート・バッシング」という働いていない若者に対する道徳的非難が存在していたが，そこでの「働かざるもの食うべからず」という価値観は，雇用の流動化等の社会的要因を等閑視したうえで，その価値観が全体社会において支配的な価値観であったと同時に，そのような価値観を他人も抱いているという想定を自己に内面化させることを通じて，「就職」を達成できない自己を「駄目なもの」として位置づけさせるように仕向けていたわけだ．

　もちろん現在は「ノマドワーク」等「雇われない生き方」が注目されたりも

するが，現実には多くの若者と彼らへの諸対策が「就職」へと水路づけられている．「就活」に強迫的になる大学生の姿はその象徴であろう．かつてフリーターやニートが増悪されたのも，既存の「経済的自立」観を脅すという労働倫理的な観点ゆえであった（石川良子 2007）．統合的なアイデンティティのあり方はその観点を下支えしていたわけである．

また「経済的自立」だけでなく，「男／女はこうあらなければならない」というジェンダー規範においても，そうでない自分を「生きづらい」ものとして語らせる．例えばひきこもっていた経験を持つ上山和樹は，「ひきこもり」当事者のこのような心性を指摘し，「『社会的にうまくいっていない自分のような人間に，異性とつきあう資格などない』．そう思いつめて，絶望している人がどれほど多いことか」（上山 2001：151）と語るが，そこには「男は社会的・経済的に成功して女子供を養わなければならない」という命令を内面化することを通じて，そのようでない自己をより価値の低いものとして語らせる機序があるのだ．

そしてこのような規範的な自己のあり方は「ひきこもり」ではありふれたものであるが，興味深いのは，当事者が規範を内面化させるという形式によって，「実はひきこもり当事者は働きたいと思っている」とか「私は実は人と関わりたいのだ」という具合に，当事者の「欲望」が表現される点だ．すなわち，「ひきこもり」当事者がしばしば語る「こうしたい」という「欲望」は，「こうあらなければならない」という規範的な自己のあり方と写し鏡になっているのである．ゆえにこの「欲望」の語りは他者に対して理解可能なものとして語られると同時に当事者の自己物語を支えているわけだが，その一方で社会における規範的な価値観を正当化しつつ，その価値観にもとづく自己を達成できない当事者を追い込む可能性をも孕んでいるのである．

1970年代以降，若者のあり方とそのまなざされ方は変化してきた．消費社会における「自分らしさ」，教育における「自分らしさ」，オタクという生き方は，ここ30年間で現れたものである．しかし，当の若者が向かう先であるところの「経済的自立」へのイメージは，そこに「コミュニケーション」のあり方が添加される一方で，若年労働市場の縮小の下でも保存され，「就職」にありつけない若者を増加させることを通じて，今日の若者の「生きづらさ」という語りを導いているのである．人が生きるために必要な自己物語は，それを聞く他者を通じて産出するものであるが（浅野 2001），若者が若者でなくなっていく回路

の一つである「経済的自立」観が従来の価値観で保存されたままである以上，別様の物語への志向性は閉ざされたままとなっているのである．そして「経済的自立」に関わる自己を「就職」という観点において語りえない若者は，その「非社会性」を社会から責め立てられることになる．

4.2　対人関係における規範的状況——「規範化」と「多元化」の結び付き

　このように，若者をめぐる今日的なコミュニケーション状況や対人関係の場面で着目すべき点として，コミュニケーションや対人関係を取り結ぶということにおける規範的状況が存在している．そしてそれは，「ひきこもり」をめぐる議論においてより強調されている．例えば，「ひきこもり」当事者の対人関係に関して考察した荻野達史は，「ひきこもり」当事者の対人関係についての議論を①葛藤も含んだ関係を営んでいく体勢やスキルに欠ける，②完全に理解される（あるいは相互的な理解が成り立つ）関係を期待する，③今日的な共振的・表層的コミュニケーションよりもより深い「理解」を求める，④若者たちにおける相互に過度に傷つけないという過剰な配慮への精神的重圧と整理するが（荻野 2008a），実はそれぞれの議論が「コミュニケーションにおける規範」と結びついていることに注意したい．すなわち①葛藤を含んだ関係ではいけない，②完全に理解される関係でなければならない，③より深く「理解」されなければならない，④コミュニケーションにおいて他者を傷つけてはならないという命令形への従属がそれである．「ひきこもり」の当事者においては，このような規範的枠組みに即した形でのコミュニケーションが志向されることは少なくない．例えば大学生時代にひきこもった経験を持つ30代（インタビュー当時）の男性Cさんは以下のように語る．[8]

> C：なんとなくやっぱりこう昔から嫌われてるとか，自分が居ることで和を乱してるとか，そういう感覚もあったのよ．だから自分がおらんかったら，なんかこうみんなが楽しくやれるから，俺はおらへんほうがいいという考えもあったのよ，気持ちも．俺がおるから，なんかみんなに心配かけてしまうし，心配かけてしまうこともなんか罪みたいな感じやったのね．
> （インタビュー，2011年7月）

　ここでは，「嫌われている」，「和を乱している」自分は，「みんなが楽しく」なるには「居ない方がいい」と，人間関係おける葛藤や傷つきへ配慮すべきと

いう規範の存在が示されている．ただ注意したいのは，この語りではすでにコミュニケーションにおける規範的状況が自覚されているという点である．つまり，対人関係では「嫌われてはいけない」とか「和を乱してはいけない」，「楽しくなければならない」，「心配かけてはならない」という規範的状況は，すでに自己の語りとして語られている時点で過去の自己のあり方であって現在の自己とは異なるものとして相対化されているということである．語りにおいて自己を多元的に捉えることにより，かつての「生きづらさ」をめぐる語りを成立させているわけだ．そして裏を返せば，若者をめぐる自己の多元化は，むしろそのように自己を語らなければアイデンティティを証明できない現在的な若者の困窮した生活実態を反映しているともいえる．

　続けてＣさんは以下のようにも語っている．

　　Ｃ：だから「親を心配させるな」と〔親から〕言われたよ．親が「私らを心配させるなんて，なんて子や」みたいな感じやから，〔だから親を〕心配させることも自分の中では申し訳ないというふうに思ってて．だから，それやったらもう俺がおらへんかったら，みんな俺のこと考えんで済むやんって〔思った〕．〔そして俺のこと〕考えんで済むからみんな楽しくやれるやんという．俺のことはほっといてくれみたいなんかなー？　それでみんな楽しいんやろーという．そう言うたやん（笑）みたいな．〔本当は〕そう言うてないんやけど，〔みんながそう〕言うたような感覚になってて．〔俺は〕おらへんほうがいいんや，俺は一人のほうがええんやというのも，〔ひきこもった〕一つ理由にあるの．（インタビュー，2011年7月）

　このような語りは，一見「ひきこもり」当事者における「（外部観察的な）コミュニケーションの過少」を想起させるかもしれないが，この語りで示されている他者への配慮は，むしろある種の「社会性」であることに注目したい．不登校の若者らの関係論的な生きづらさを考察した貴戸理恵は，社会学的自我論に依拠しながら不登校や「ひきこもり」の若者の「過剰な社会性」すなわち「社会的でありすぎることによって，社会から撤退する」（貴戸 2011：26）という側面を指摘するが，この「社会性」とは，コミュニケーション的状況や対人関係における「こうあらなければならない」という命令形を自己に内面化させた地点に存在するということであり，そこにはむしろ「コミュニケーションを過剰にせよ」という規範性が指摘できるのである．

　この規範性への過剰な適応を駆り立てるコミュニケーションのあり方は，リースマンの「他人指向型」的な自己のあり方と符合している（Riesman［1950］1961＝2013）．同世代の人間のあり方，他者たちが期待する自己のあり方に敏感に反応して自らをそれに従わせることにより，自分がその社会における適切な人間であるということを，常に気にしながらコミュニケーションを遂行するあり方は，先にあげたCさんの語りにも表れているように，「ひきこもり」の当事者における対人関係の一つの形式であるということだ．

　そしてこのコミュニケーションや対人関係における規範的状況は，「コミュニケーション」や「対人関係」によって自己を特徴づけることを要請する現在の時代的状況と呼応している．アイデンティティがそれらによって証明されなければならないと要請される以上，コミュニケーションや対人関係のあり方は規範化され，「若者」はそれへと駆り立てられている．「ひきこもり」の当事者もその秩序に組み込まれており，コミュニケーションや対人関係に適応できない自己を構成させることで，結果的に「生きづらい自己語り」を成立させている．Cさんのようにかつての自己と現在の自己を異なるものとして捉えるという自己を多元化した語りは，それ自体が自己の「生きづらさ」への対処戦略であり，そう語ることでCさんは自らの現在の生き方を正当化しているわけである．

5　親からの期待と自分の状況との板挟み

　さて，ここまで当事者をめぐる規範的かつ多元的なコミュニケーション状況を見てきたが，その際に自己に対峙する重要な他者として提示されてきたのが家族，とくに親であったことは興味深い．実際，ひきこもった要因の一つとして親との関係をあげる当事者は少なくない．いわば当事者本人と親とのディスコミュニケーションが見受けられるという事である．この点を明快に語ってくれた森下徹氏（グローバル・シップスこうべ代表）の語りを次にみてみよう．

　　森下：学校って行きたくて行くもんじゃなくて，行かないと父親の機嫌が
　　　　悪くなる．で，まぁ母親が悲しむから，行ってた．
　　私：結構家族の関係というのが影響していたんですかね？
　　森下：まあ父親が支配的な家庭やったなー．

　私：お母さんの方は？

　森下：まあ，どちらかというと〔母親は〕父親に仕えているというか，二
　　　人とも教員やってて，で母親は専業主婦になったけど．（略）なんか，し
　　　んどかったんやけど，しんどいと言っても父親は分かってくれへんていう
　　　か．なんかまあ〔父親は〕「がんばれ」，「なにを言ってんねや」みたいな感
　　　じで．でまあ，よくまあ〔私は〕「頭痛い」とか言ってましたね．本当は頭
　　　痛いというより，なんか体が重いという感じやったんやけど．（インタビュー，
　　　2011年7月）

　ここでは，学校へ行くということが，本人の意思ではなく，「父親の機嫌が
悪くなる」ということと「母親が悲しむ」と理由づけることから，むしろ親か
らの期待によってなされていたことが示唆されている．幼稚園の頃から集団に
なじめなかった森下氏は，「頭痛」や「体が重い」といった身体症状を呈して
いたこともあり，小学校から中学校にかけて学校を休みがちであったわけだが，
それでも学校に行くということは，両親によって方向づけられていたわけであ
る．
　また続けて語られる森下氏の見解によれば，両親，とくに父親の森下氏に対
する期待は，森下氏にとっては「プレッシャー」であったという．

　森下：受験のプレッシャーもあったやろうな．父親はあのーまあ，県内で
　　　一番の国立大学に行けというし．父親は結構，まあ割と貧しい家に育って，
　　　でまあ苦労して，でまあ地域で一番の高校，まあ夜間やったけどそこ行っ
　　　て，でまあ地元の国立大学出てという．

　私：そして〔父親は〕学校の先生〔になった〕？

　森下：うん，でまあ〔父親は〕やっぱ大学院とか専攻科に行きたかったみ
　　　たいやけど．まあ仕事の事情で行けなかった．本当，〔父親が〕こっち〔私〕
　　　に小さいときから言ってたのは，「大学院に行くように」〔と〕．

　私：えーすごい．

　森下：その幼稚園とか保育所のとき，自分のなかでは当たり前やと思って
　　　たんやけど．今から考えるとやっぱちょっとおかしいな．（インタビュー，
　　　2011年7月）

　なおこの語りの背景として補足的に森下氏が語るには，父親は森下氏に対し

て自分と同様に教員になることを期待し，かつ家を継ぐことを期待していたそうだ．ゆえに森下氏の父親は自分の息子に対して自分と同様のライフコースを望み，かつ自分が達成できなかったことを息子に託していたわけだが，森下氏にとっては，それは「重苦しい」ものであったと解釈されている．しかし一方で，受験における志望校や，通学していた大学において教職課程を履修するなど，森下氏の人生の選択において父親は影響を及ぼし続けてきたのも事実である．

　ちなみにこの森下氏と私のやりとりは，私が自分以外の他の当事者と行ったインタビューのなかでも最初のものである．森下氏と私との間では，年齢や出身地など生活史上の様々な差異があるが，この「親からの期待」に関しては，私もほぼ似たような経験をしていた．私の場合は，父親を2歳の頃に亡くしているが，郵便局長であった私の父親も私の兄や私に対して大学進学（とそれに続くホワイトカラー管理職）を期待していたようだし，それは「遺言」でもあったため，私の家族は私の受験に対して常にプレッシャーを与え続けていたのも事実である（本書第3章）．そしてこのインタビューの後に私は，森下氏だけでなく，先に触れたBさんやCさん含め自助グループで出会った当事者の多くから，「親からの期待」に対していかに対処してきたかを聞き取っていくことになる．また男性に対して「父親のようになれ」と期待されるに限らない．女性に対しても「母親のようになれ」という「親からの期待」が掛けられている[9]．そして「親からの期待」は達成すべき目標として規範化されていると同時に，その「親からの期待」と現在の自分の状況との板挟みが当事者の問題経験を形作っている[10]．しかし，私や森下氏たちがそうであったように，人々の人生において失敗や挫折は常に可能性として存在するし，いじめや病気など，不意のトラブルに遭遇するリスクも存在する．子どもは必ずしも「親からの期待」に応えられるわけでは無い．

　さらにマクロ的に見ても，自分の親のようになること自体，現在の日本では難しい状況になっている．グローバル化の進展や情報通信技術の発展といった世界的な社会構造の変動を背景とし，また少子高齢化や円高といったバブル崩壊後の日本における社会状況のなかで，日本企業は国際的な競争力確保のために人件費の抑制に迫られていたが，その対応策として1995年に日本経営者団体連盟（日経連）[11]が報告書『新時代の「日本的経営」』において今後の方針として目指したのが，従来「日本的雇用慣行」とされた年功賃金と雇用構造の再検討

であった（成瀬 2014）．そしてその後のデフレ不況への対応のなか，労働法改正や規制緩和を通じて労働市場は流動化し，結果，非正規雇用が（同一労働・同一賃金の原則がないままに）増大していったのは周知のとおりである．また，正規雇用へと至る道として一般に想像されているのは新卒一括採用であり，そのルートからひとたび漏れ落ちた場合には，非正規雇用のままとなりやすい．総務省統計局の「2012（平成24）年就業構造基本調査」によると，過去5年間の転職就業者（「役員」除く）のうち，前職が正規雇用であった場合，現職も正規は59.7%，非正規は40.3%であるのに対し，前職が非正規雇用の場合，現職が正規は24.2%，現職も非正規は75.8%である．ちなみに，大まかな傾向は2002（平成14）年調査より一貫している．なおジェンダー差が大きく，前職が正規・非正規のいずれにせよ，現職は，男性は正規に，女性は非正規に就きやすい傾向にある．森下氏の語りにおいてとくに顕著であった性別役割分業にもとづいた「男性稼ぎ主」型のモデルは，現状もはや行き詰まりを見せているわけだ．

　しかし，親世代とその子である当事者本人の世代の間の埋めがたい溝は，社会構造的には明らかだが，人々の意識の上ではあまり注意が払われていない．合計特殊出生率が人口置換水準付近まで低下し安定した時期である第1の近代から，合計特殊出生率が人口置換水準以下へと低下していく第2の近代へと至る過程を「半圧縮近代」として経験した日本では，1960～90年代初頭の人口ボーナスを背景に家族主義的な福祉政策を採り続け，その後の人口オーナス期に至ってもいまだ家族主義的理念に支配された政策を採り続けている（落合 2013：87-90）．「ひきこもり」を福祉レジームにおける問題として議論した関水徹平は，戦後日本の市場・国家・家族という枠組みにおける生活保障の変容を踏まえ，1990年代以降の労働市場の縮小による企業福祉の恩恵に預かれる人々の減少と，国家による社会保障制度の未整備によって，家族成員に対する生活保障の大部分は家族によって担われていること（家族主義的福祉レジーム）が，家族にとっての「ひきこもり」問題の中心，すなわち企業にも国家にも包摂されない家族成員を抱え込むことを成立させていると指摘している（関水 2016：153）．裏を返せば，包摂の方向性を家族のみへと限定することで，異なる価値観を持つ存在主体をまさに家族集団内で「同居」させているわけだが，先行する価値観が否定されない以上，後続する者は先行する価値観を自己の内面に取り込まざるを得ない．経済成長期に「若者」を経験した親世代の価値観は，その直後の「失われた20年」を経験した子世代の価値観をいまだに縛っている現状があ

る.

6　ま　と　め

　ここまで,「ひきこもり当事者」のアイデンティティをめぐる語りを検討することを通じて, 当事者における多元的かつ規範的な自己のあり方と, その自己のあり方が社会構造といかに関連して当事者の「生きづらさ」を形作っているのかをみてきた.

　「ひきこもり」をめぐる議論は, 従来より, 当事者の「アイデンティティの未確立」という見地から, 当事者の「発達」や「成熟」を促す心理学的・心理主義的なアプローチが主流をなしている(第1節). 一方で, 若者のアイデンティティと自己のあり方を議論した浅野([2013] 2015)が述べるように,「ひきこもり」の議論を下支えしてきた「若者」の語られ方は,「消費」から「コミュニケーション」の文脈へと変化し, 多元的自己を「若者」に要請している現在的状況がある (第2節).

　若者における人間関係と自己のあり方が表裏一体で多元化する状況が進行する一方で,「ひきこもり」に対する社会的な見方においては, 産業構造の高度化の中での「雇用化」も相まって,「経済的自立」や「他者との親密なコミュニケーション」が規範的に要請され(第3節), また, それが果たせない当事者のアイデンティティは周囲からも自己からも承認されず, ゆえに当事者は生きづらい自己を抱え込むことになる (第4節).「経済的に自立せよ＝就職せよ」という命令形を達成しえない当事者は, 他者と自己のそれぞれから承認されないがゆえに「生きづらさ」を経験し, それへの対処として (とくに家族から) ひきこもる選択をしている (第4節1項). また対人関係において「他者と親密にコミュニケーションせよ」という命令形を達成しえない当事者は, ひきこもるという行為で応答するか, もしくは自己を多元化することを通じて問題に対処しようとしている (第4節2項).

　加えて, 当事者世代 (子世代) と親世代の間のディスコミュニケーション状況は, 近年の日本社会が置かれたマクロ的な社会構造の変容 (人口構造の変動や労働市場の流動化,「男性稼ぎ主」型モデルの崩壊など) の中で高まりを見せている. 第1の近代から第2の近代への変容過程を「半圧縮近代」として西欧と比較して短期間で達成した日本社会においては, 従来の家族主義的な価値観が支配的

なままとなり，直近の先行者である親世代の価値観が否定されず，むしろ後続者である子世代は先行する親の価値観を内面化することとなった．ただし，マクロ的な社会構造を背景として「親からの期待」に応えられなかった当事者は，「親からの期待」と自分の現状との間で板挟みとなり，「生きづらさ」を経験することとなった．日本社会においては，国家からも企業からも生活保障がなされない家族主義的な福祉レジームが維持されることで，家族がひきこもった当事者を丸抱えする状態が現在も継続している．ひきこもった当事者は，親との関係や家庭という空間の中で，世代間のディスコミュニケーション状況を生きているわけである（第5節）．

　この世代間の溝に意識を向けさせるためには，自らの経験を人生のオルタナティヴな物語として他者に呈示することを通じて，「ちゃんとした仕事に就き，結婚して子供を産み，自立した立派な大人になる」というメインストリーム的な生き方のモデルを相対化させる取り組みが欠かせない．本章で森下氏が語るように，「今から考えるとやっぱちょっとおかしいな」と旧来のモデルを相対化し，新たなモデルや価値を提示する当事者活動の取り組みについては，本書第Ⅳ部を中心に考察していく．

注
1）　関水は，E. ゴフマンの相互行為論の視角から，エリクソンの自己アイデンティティ論をもとに「ひきこもり」を理解する見方に対する批判的検討を加えている（関水 2016：第3章）．
2）　支援団体の悩みの一つは，経営に関わる資金不足であったが，「ニート支援」を看板に掲げることにより，厚生労働省が2005年に事業開始した「若者自立塾」などの受託を通じた公的助成を狙ったのではないかという指摘もある（石川良子 2007：66）．
3）　総務省統計局の「労働力調査　長期時系列データ　従業上の地位別就業者数」によると，1950年代には就業者のうち約半分が自営業主と家族従事者，残り半分が雇用者であったが，その後雇用者の割合は一貫して増え続け，2016年には就業者のうち約89％を雇用者が占めている．
4）　Bさん（1970年代前半生まれ）は，大学在学中から生きづらさを感じており，卒業後8年ほどひきこもった後，就労支援や居場所活動などを経て，現在はIT関係の仕事をしている．たびたびノアの活動にも参加していた．
5）　この点に関しては次章（第7章）で詳しく論じる．
6）　井出（2007）では，当事者の規範的な自己語りが数多く提示されている．
7）　この「欲望」をモデル＝ライバル論で考察したのが第8章である．

8）　Ｃさん（1970年代後半生まれ）は，幼少期から家族から厳しくしくけられ，また人間関係における生きづらさを感じるなどを経験しており，大学在学中からたびたびひきこもったりしていた．大学卒業後には専門学校に通って資格を取ったり，東日本大震災の災害ボランティアに参加するなどをしており，インタビュー当時からノアの活動にもたびたび参加していた．

9）　女性の語りについては，第7章での岩田やＥさんの語りを参照のこと．

10）　杉山（2016）でも，親の価値観と自分の状況のギャップに悩む「ひきこもり」の当事者の姿が描かれている．

11）　日経連は，労働問題や労働組合に対応する経営者側の全国的な団体であった．1948年に設立され，経済団体連合会（経団連），日本商工会議所（日商），経済同友会とともに財界4団体の一つとされた．2002年5月に経団連と統合し，日本経済団体連合会となった．

第7章
「ひきこもり」と親密な関係
―― 当事者の生きづらさの語りにみる性規範

1　本章の課題

1.1　「関係的な生きづらさ」を支える社会規範をみる必要性

　前章でも示したように，若者の対人関係やコミュニケーションを問題化する論理によって支えられた「ひきこもり」に対する見立ても手伝って，これまで多くの論者が「ひきこもり」の対人関係に関して論じてきた．「ひきこもり」を研究する荻野達史は，「ひきこもり」における対人関係に関わる議論を専門家による仮説と当事者の語りの適合性という観点から整理する（荻野 2008a）．すなわち，①葛藤も含んだ関係を営んでいく体勢やスキルに欠ける，②完全に理解される（あるいは相互的な理解が成り立つ）関係を期待する，③今日的な共振的・表層的コミュニケーションよりもより深い「理解」を求める，④若者たちにおける相互に過度に傷つけないという過剰な配慮への精神的重圧を，当事者における対人関係の特徴とする見方がそれである．だが専門的な知識と当事者の日常が相互作用（「ループ効果」（Hacking 1995 = 1998））を持つ可能性がある以上，専門家の仮説と当事者の語りが適合性を持つのは当然のことであり，むしろ問うべきは，当事者の「生きづらさの語り」がどのような規範によって支えられており，かつそれが個人の経験や欲望といった「個人的なもの」といかに結び付いているのか，である．荻野（2008a）は，専門家的な見方に正当性を与えつつも，その見方が持つ規範的な性質をはずして記述している．その結果，当事者が語る社会と個人との複雑な葛藤状況を，多面的には捉えていない．

　不登校者のその後について研究する貴戸理恵は，不安定労働や貧困，格差・不平等の問題系である「社会・経済的な生きづらさ」と対比する形で，理解するための枠組みが不在であった，人が他者とつながる局面で不可避的に立ち現れる問題系の「関係的な生きづらさ」に照準する必要性を指摘する（貴戸 2011）.

本章で扱う問いも，他者と自己との間にあるゆえに「関係的な生きづらさ」と言いうる．社会と個人との相互性にあるこの「問題経験」（草柳 2004）は，単に個人的なものでもなく，かといってすべてを社会に還元できるものでもない．

1.2 親密な関係における問題経験

また，当事者は必ずしも対人関係全般にわたって困難を抱えているわけではない．ゴフマンを参照しつつ「ひきこもり」の社会参加を論じた関水徹平が指摘するように，当事者においては状況に応じて参加できる／できない関係性や場面があり（関水 2016：249-81），問うべきはどの状況においてとくに困難を感じているのか，である．したがって本章では，対人関係全般を問うのではなく，より限定した関係性を考察していく．その限定性の鍵となるのが，これまでも若者において議論されてきた「親密な関係」である．コンビニや図書館等その場限りの状況ではさほど困難を感じないのに，ある特定の個人と親しくなっていくことに困難を覚えることは，当事者の語りではよくみられる．例えば20代から30代をひきこもった経験を持つ40代の女性Ｆさんは以下のように語る[1]．

> Ｆ：人と親しくなれない．距離を置いてしか付き合えない．この自助会を紹介してくれた田中さん（仮名）とも私は距離は置いてますよ．そんなにべったりじゃない．べったりになったら摩擦がね．お互いのいやなところを見てしまうし．気持ちをぶつけてしまうし．（フィールドノート2014年10月）

これは，私も居合わせた自助グループでの発言だが，ここでは人間関係における「親しさ」と「距離感」が端的に問題とされている．Ｆさんはここで「お互いのいやなところを見る」「気持ちをぶつけてしまう」という「摩擦」ゆえに，「人と親しくなれない」ため「距離を置いてしか付き合えない」という自分なりの対人関係への対処の仕方を正当化しているが，自助グループの場で語ることで，むしろこの正当化自体もＦさんは問題化していると理解できる．つまりこのＦさんの語りでは，一見①「親しくしなくてもよい（したくない）」と明示的に述べていると同時に，その裏で自分も②「親しくしたい」と暗示してもいる．加えて後に見るように（第3節），この親密な関係をめぐる語りは，③「（親しく）しなければならない」と表現される規範によって支えられてもいる．ここには，①と②という微妙に異なる個人的次元における相容れない志向性を持つ欲望とは別に，またそれを支えるものとしての③規範が存在するとい

うことである．当事者の規範的な行為（井出 2007）の背景には，このような語りの構造がある．

　加えて重要なのは，規範の内実として，このFさんが問題とする人々の親密な関係を規定する規範と，後述する人々の性のあり方を規定する規範（以下，性規範）（第2節）が，相互に結び付いている点である．本章では，親密な関係に働く規範が性規範を中心に編成されていることを明らかにしつつ，これらの社会的次元における規範と，当事者の個人的次元において互いに相容れない志向性を持つ個人的な経験や欲望が絡まり合って，当事者の「生きづらさの語り」を構成する様態を見ていく（第3節）．ただその前に，当事者のセクシュアリティを中心とした語り[3]が，ミソジニーとホモソーシャリティ（補足的にホモフォビアも）に特徴付けられた性規範によって支えられていることを論じ（第2節），第3節の分析への導入とする．

　なお本章での用語の確認であるが，ミソジニーとは女性性への蔑視であり，女性にとって自己嫌悪的に，男性にとって女性嫌悪的に働くものと捉えている．ホモソーシャリティは，「ホモセクシュアルでは無い，同性同士の社会的絆」という意味で用いている．ホモフォビアとは同性愛嫌悪であるが，本章では「男に値しない男」（男性集団から承認なされない男性）への嫌悪に注意を向けている．

2　セクシュアリティの語りを下支えする規範

2.1　「性的挫折」とミソジニーの語り——自立を囲い込む性規範

　本節では，当事者のセクシュアリティを中心とした語りを通して，その語りがどのような規範に支えられているのかを考察する．まず，10年以上にわたってひきこもった経験を持つ30代後半の女性である岩田紀美子は，ジャーナリストの塩倉裕に対して以下のように応えている．

　　——あなたが引きこもったことと，あなたが女性であるということとの間に何か関連があると感じることはありますか？

　　かかわっていると思います．もし男性ならば，仮に私と同じ病気〔皮膚病——引用者補足，以下同様〕になって「自分には結婚も恋愛もできない」と絶望することはあっても，「仕事があるさ」という方向へ考え方を持っていくことはできたかもしれないなと感じるからです．私はずっと，自分は

　　恋愛にもセックスにも一生縁がないんだと思っていました．それはイコール，未来に希望が持てないということでした．たまに助言をしてくれるのは健康な人ばかりで，それは本当に私のためを思って言ってくれているとは思えませんでした．例えば引きこもっている最中，母親から「外へ出れば，いい人が見つかるんじゃないの」といわれたことがあります．でもそれは嘘だとしか思えませんでした．母に「もしお母さんが皮膚病の人だったら，お父さんは結婚したと思う？」と聞き返したい気持ちでいっぱいでしたから……．振り返ると，私の意識の中には「人並みに結婚すること」を前提にした社会参加のイメージが強く刷り込まれていたと思います．そのことと私が引きこもったこととの間には関係があるんだろうなと感じるのです．（塩倉 2000：167-8）

　ここでは，女性にとっての「仕事」と「恋愛・セックス・結婚」の関連が検討されている．岩田は自身の皮膚病を「ひきこもり」と関連付ける．岩田は，もし自分が男性であったならば，皮膚病によって結婚や恋愛ができなくても，仕事に未来への希望を託せたかもしれないと考えている．一方女性としての岩田は，「自分は恋愛にもセックスにも一生縁がない」ということが「イコール，未来に希望が持てないということ」と語っている．「仕事」に就いたとしても，「結婚退社」（塩倉 2000：155）を意識する岩田にとっては「人並みに結婚すること」が社会参加のイメージとなっている．「健康な人」と対比される「皮膚病」の人は，女性としての「結婚（と恋愛とセックス）」を困難にすると岩田が想定するものなのである．

　「仕事」と「恋愛・セックス・結婚」を関連づける語りは，10代から20代にかけてひきこもった経験を持ち，その当事者性をもとに自らの経験を著した上山和樹にもみられる（上山 2001）．上山は「ひきこもり」が確かに「社会的・経済的挫折」であるとしつつ，もう一つ決定的な挫折として「性的挫折」を指摘する（上山 2001：151-2）．「性的挫折」は「社会的・経済的挫折」よりも「あまり触れられていない」と上山は言い，「〔とくに男性の〕社会的にうまくいっていない自分」は「異性とつきあう資格などない」と，「社会的・経済的挫折（＝仕事）」と「性的挫折（＝セックスも恋愛も結婚も）」との結び付きを示す．そしてむしろ「性的挫折」の方が「社会的・経済的挫折」よりも「傷として根深いのではないか」と上山は述べ，「仕事」は「一生，できなくてもいい」一方で「性

的な関係」はそうではない，として当事者の「親以上」の性規範における保守性を指摘する．

　この二人の語りからは，「就労（仕事）を通じた社会参加」とは別の挫折が語られていることが分かる．「恋愛・セックス・結婚」への「性的挫折」についての語りであり，「ひきこもった後の社会参加（社会復帰）」で一般的にイメージされる「就労への挫折」と絡み合いつつも，その「生きづらさ」は「就労」とは別のものとして想定されている．加えて，岩田が「いい人」，上山は「（運命の／理想の）結婚相手」（上山 2001：89）と表現するように，「恋愛・セックス・結婚」でのパートナーシップはあくまで特定の「一対一」関係が想定されていることが理解できる．

　先述の荻野は，「『ひきこもり』は男性に多いとされるのはなぜか」と，「性的挫折」とは少し異なった視角から考察を試みている．荻野は「ひきこもり」に男性が多い理由に関するこれまでの議論を，①立身出世が男性に強くかかるためという「立身出世」仮説，②異性とのパートナーシップを作れないという絶望感のためにひきこもるという「性的弱者」仮説，③生きづらさを表現する形態が男女で異なるという「発現形態の相違」仮説の三つに整理する（荻野 2008b）．

　ただここで注意すべきは，先の二人の当事者の語りにみられるように，荻野が言う①「立身出世」と②「性的弱者」は実は相互に関連しあっているということである．上山は「社会的にうまくいっていない（＝立身出世できていない）自分」には「異性とつきあう資格などない」と述べる．すなわち「立身出世すべき」と表現される規範（「仕事」）が「特定の異性とのパートナーシップを持つべき」と表現される規範（「恋愛や結婚」）と結び付き，そのどちらも達成しえない（＝性的になれない）ものとして「ひきこもり」の「生きづらさ」が語られているという事実である．

　ここで注目すべきは，岩田は自分の皮膚病をもとに「結婚も恋愛もできない」と述べている点である．上山が「社会性・経済性」にひきこもった理由を求めるのに対し，岩田は「皮膚病」という「身体性」にひきこもった理由を求めるところには，荻野が言う③男女による「発現形態の差異」と関わりつつも，そこには上野千鶴子がE・セジウィックを引きつつ言う「ミソジニー」というジェンダー的な機序が含まれている（Sedgwick 1985＝2001；上野 2010）．ミソジニーには，女は男に所有されることによって女と証明される一方で，男は男同士の集

団に同一化することを通じて男になるという考え方が含まれているが，岩田の「皮膚病」は，「自分は恋愛にもセックスにも一生縁がない」こと，すなわち男性から選ばれない女（＝性的客体となれない女）の「徴（しるし）」とされており，『「もしお母さんが皮膚病の人だったら，お父さんは結婚したと思う？」』と語る彼女の自己嫌悪を支えている．一方で，上山の「『もう自分には，セックスも恋愛も結婚も，一生ムリだ』これは耐えられない認識」という語りには，上野が「女を性的客体としてみずからが性的主体であることを証明した時にはじめて，男は同性の集団から，男として認められる」（上野 2010：259）という規範への不適応があらわれている．そして「性的挫折」は「男に値しない男」への嫌悪と結び付き（上野 2010：28），他者嫌悪的に女性を構造的劣位に置くとともに男性同士の社会的絆を支える．

　事実，他の当事者による手記においても，岩田や上山のように「自分には一生恋愛にもセックスにも結婚にも縁がない」という語りは数多い（伊藤康貴 2011）．しかし「ひきこもり」は「ニート」概念と結び付けられ，その「回復目標」として「就労」の側面ばかりが注目されていた（石川良子 2007：155-8）．無論そこには，石川良子が言うように，親からの経済的自立への規範が働いている．だが石川良子が言うように，自立には経済面だけでなく，自分の身の回りのことを自分でこなせること（生活面）や，親以外の他者との関係を形成すること（関係面）も含まれうる（石川良子 2010）．すなわち当事者は，規範として，単に経済的自立を社会的に求められているだけでなく，生活面や関係面での自立も社会的に求められているわけである．生活面や関係面での親から自立の象徴的な形態として「結婚」があるならば，恋愛結婚が主流であるこの日本社会において「性的挫折」をした状態は，「結婚」という生活面や関係面での自立を果たせない自己についての生きづらい語りを，岩田や上山のように語らせる．当事者の挫折と自立を求める規範は表裏一体となっている．

2.2　性規範にもとづく自己物語の構成
──ホモソーシャリティのもとで「性」を語る

　「ひきこもり」の対人関係を分析した荻野は，D. リースマンの「他人指向」という社会的性格の議論（Riesman［1950］1961）をヒントに，「友人がいるということ」が同年代集団における自己の適切さを示すものであるがゆえに，当事者は「友人がいないこと」に悩むという可能性を指摘する（荻野 2008a：150-1）．

同様の可能性は「恋人がいないこと」にも指摘しうる．すなわち，個人の方向
づけを決定する同年代集団（同時代人）のほとんどが恋愛やセックスを謳歌し
ているとの思い込みは，「他人がもっているのとおなじような質の性的な経験
をじぶんももちたいとつねに願」（Riesman［1950］1961＝2013：330-1）わせるの
である．したがって当事者の自己物語において恋愛ができたという出来事は，
大きな意味を持つものとして語られる．中学校時代から30代半ばまでを「ひき
こもり」として過ごした40代の男性Dさんは以下のように語る．

　　D：そうですね，その一番大きかったのが彼女ができることやね．
　　私：結構それでかい？
　　D：でかいですよ，……彼女ができたのは大きいですよ，何が大きいと言っ
　　　たら分かんないんだけとね，……そこってやっぱ大きいんちゃうかなー，
　　　男性にとっても女性にとってもね……．あまりにも〔ひきこもった状態から
　　　出た後に通いだした——引用者補足，以下同様〕通信制高校時代モテなかったん
　　　で自分は．男として全然魅力が無いんじゃないかと思ってて，それでも好
　　　きだと言ってくれる人がいるわけやから．だからすごく大きいんですよ．
　　（インタビュー2011年9月）

　Dさんは，ひきこもった状態から出た後に通いだした通信制高校時代にモ
テなかったゆえに，「男として全然魅力が無い」と思っていた．そのDさんに
「好きだと言ってくれる」「彼女ができたのは大きい」と語られている．荻野は
「個別的な関係における相互承認的な関係性」（荻野 2008a：152）が当事者におい
て重要な意味を持つと指摘するが，これはなにも友人関係だけでなく恋愛関係
においても言いうる．
　重要なのは，インタビューという相互行為の場でこのやり取りが行われてい
る点である．（異性愛者としての）男性であるDさんが（異性愛者としての）男性で
ある私に対して「彼女ができたのは大きい」と語る時，Dさんは自身を「男
に値しない男ではない」と自己呈示していると理解できる．つまり「好きだと
いってくれる女性がいる自分は男性としての魅力がある」というアピールが，
このやり取りでは行われている．加えてこのアピールは，「既存の異性愛秩序
にもとづいた適切な男性」との自己呈示でもあり，ホモフォビアとの通底可能
性も持つ．
　したがってこのDさんの語りでは，先述の荻野が当事者の語りにおける友

人関係の意味を分析して言う「いること自体に価値がある」や「個別的で相互承認的」といった意味だけでなく，まさに男性同士の社会的絆が前景化している．Dさんが恋人を得ることで達成したことは，既存の社会に自らを適応させること，すなわち女性を「性的客体」と語ることで自らを「性的主体」と証明することであり，またDさんと私とのやり取りでそれが確認されることによって，Dさんと私の男性同士の社会的絆をここで成立させていたのである．

　社会適応への成功の語りであるDさんの一方で，失敗はいかに語られているか．大学卒業後にひきこもった経験を持つ諸星ノアは以下のように語る．

　　　童貞であることがコンプレックスになったのは，大学卒業後ひきこもって数年たってからのこと．……そして思った．セックスは普通の人がする普通の行為なのだ，と．自分のウブさ加減に恥ずかしくなった．そして人間として，男として，自分が圧倒的に経験値が足りないことを童貞であることを通して思い知らされた気がした．……それ以来自分は人並み以下であることを思い知らされ，童貞コンプレックスともいうべきものに陥ってしまった．／……皆口にはしないけれど，しかるべき時にしかるべき相手と済ませているものなのだということが分かった．自分にそういった"青春"が欠如していたことに気づかされた．（諸星 2003：104）

　ここでは，「セックスは普通の人がする普通の行為」との認識のもとで諸星の「童貞コンプレックス」が成立している．諸星の「男として，自分が圧倒的に経験値が足りない」との記述は，前節で示したように「女を所有することによって男集団から男として証明される」というミソジニーを基礎にした男性同士の社会的絆によって支えられている．また，それができていない自分は「人並み以下」と諸星は自己を嫌悪する．ゆえに，皆は「普通に」「しかるべき時（＝青春）に」しているのに，自分はそうではなく「自分のウブさ加減に恥ずかしくなった」と解釈できる⁵⁾．

　このように，セクシュアリティに関わる語りにおいて男性同士の社会的絆が前景化するという形式は，自身の経験を既存の男性社会への適応のあり方と比較しつつ行われている．したがって諸星のように社会適応の失敗を語る場合，すなわち他者とは異なる経験（逸脱）をしたと想定する自己に対して，むしろ既存の社会に正当性があると当事者が意識する時，その正当性は規範的な性質を持ち，他者とは異なるとの想定は自己を卑下するように働く．そしてこれは

何も男性にのみ働くものではなく女性同士でも言える．例えば，先述の岩田が母に対して自らの皮膚病という身体性を根拠に「性的挫折」を語る際にも，男性の視線が意識されている．岩田は，「母／娘」という女性同士の社会的絆のもとで，性規範に逸脱した自己を正当化しようとしているのである．⁶⁾

3　個人を拘束する規範と個人的な経験や欲望が絡み合う「生きづらさの語り」

3.1　個人の経験や欲望の語りに内在する性のあり方や親密な関係を規定する規範

　ここまで，当事者のセクシュアリティを中心とした語りが，ミソジニー（とホモフォビア）を基礎にしたホモソーシャリティに特徴付けられた性規範によって支えられていることを見てきた．次に注目したいのは，「親友」等，一見「性」から離れているように見える語りにも，性規範がうかがえることである．本項では主に友情を中心とした親密な関係の語りを見ていくが，そこには人々の親密な関係自体を規定する規範が存在し，これまで見てきた性規範と結び付いている．さらに，規範や個人の経験・欲望は，それぞれ異なった志向性を持ちつつ，互いに当事者の行為を拘束している．このことを「摂食障害」を持ちつつひきこもった経験を持つ30代（インタビュー当時）の女性Eさんの語りから見てみよう．⁷⁾

　　私：〔ひきこもった状態から出たことで〕家族以外の人と交流が増えるっていうのは〔意味があった〕？
　　E：私なんかいつも欲してたのは，他人で理解者の人〔家族以外で自分を理解してくれる人〕を欲してた．親の理解はあんまり当たり前すぎて，起爆剤にならないというか満たされる部分では無くて，なんか満たされてるんだけどちょっと違う感じ．いつも他者との交流が無いからか，第三者で自分のすべてを出しても大丈夫な人が欲しいと思ってて．そういう人らに囲まれたいじゃないけど，親友だったり友達が増えたりしたらなあ，ということはまあ多分思ってて．〔それは，ひき〕こもるまえから思ってたんじゃないかと．……姉と私でなんとなくよく似てるんですけど，……でも姉ってなんか私と何が違うって，……本当にしんどく〔つらく〕なった時っていう

のは自分になんか常にずっとカチっとした味方をちゃんと作ってるんですよ，自分をすごい見せれる．それが彼氏であったりとか家族であったりとか．……ダークな自分を見せれる人は絶対ちゃんと確保してて．……だから本当にしんどくなった時は，〔姉は〕そのしんどさを家族とか身近な友達とかに絶対言って助けを求められる．それがなんか自分とは違うなって思って．……なんか助けを求めれるというのは，なんか私にとってすごいことだって思ってて．多分解決して貰わなくてもいいんですよ．……そういう意味では，その〔ひきこもった状態から〕出てきてから，まあ高橋さん〔仮名，Eさんの恋人，筆者とも既知〕もそうですけど，多分私が本当にものすごくしんどくなって，多分体重増えたら多分人にまた会わなくなる性質がまだ残ってると思うんですけど，そういうのも多分電話とかで言ったりするんじゃないかなって，高橋さんに限らず．それはちょっと違ってくる．まあ，ある意味かっこ悪いことも出せれる〔開示できる〕ようになるんじゃないかなって．（インタビュー2014年10月）

　注目すべき第一の点は，「理解者を欲していた」と示されるこのEさんの語りでは，「親」と「第三者」が区分されていることである．親の理解は「当たり前」とされ，かつ「他者との交流が無い」ゆえに，第三者として例示される「親友」や「友人」といった理解者（「自分のすべてを出しても大丈夫な人」）を欲していたとEさんは語る．ここでは，親は「理解者」の中心ではなく，第三者である親友や友達が中心とされている．

　そして次に注目すべき点は，Eさんが現在付き合っている恋人である「高橋さん」を「しんどい時」に「助けを求められる」人と規定しつつ，「かっこ悪いこと」も開示できるようになる関係性を説明している点である．この語りとは別の個所でも「（高橋さんに）自分のかっこ悪いところを出しても彼とは大丈夫だった〔ゆえに付き合うことにした〕」とEさんは語っており，むしろその経験は「第三者」で「理解者」を欲するこの語りを支えている．同時に，その「理解者」のさらに中心としてここで想定されているのは，恋人としての「高橋さん」なのである．そしてEさんと対比されるEさんの姉に対しても，「家族」「友達」とは区分される「彼氏」が登場していることに注意したい．Eさんにとって性規範と結び付いた親密な関係としての「恋人」とは，その他の親密な関係とは区別されるカテゴリーであり，むしろ親密な関係の中心として想定さ

れている.

　無論, このEさんの自己を受け入れてくれる他者を求める語り自体は, 当事者の語りを考察したこれまでの論考でもしばしば言及されてきた (荻野 2008a など). しかし注意すべきは, 親密な関係を求める語りは, 単に当事者の欲望を表現しているのではなく, 規範的な性質が内在されている点である. 荻野が指摘する, 他者からの個別的で相互的な承認関係, すなわち「自己の選好の表明と受容」「役割上対等な関係において必要とされる経験」(荻野 2008a : 151-2) は, このEさんと私とのやり取りでも重要とされていることが確認できるが, 「親しい友人を持たなければならない」と表現できる規範自体も, このEさんの語りには組み込まれてしまっている. Eさんは, 自分の姉が「彼氏」や「家族」との関係を「自分をすごい見せれる」「助けを求めれる」ものとして作っていることを, 自分が達成できない「すごいこと」と極端に表現する. ゆえにEさんは, 親密な関係自体に正当性を与えていることが確認できる. したがってこの親密な関係への希求は, 確かにEさんの個人的な経験や欲望にもとづいている一方で, 人々の親密な関係を規定する規範によっても支えられている.

　さらに, 「体重増えたら多分人にまた会わなくなる」という語りがある. これは, 「他人で理解者の人を欲してた」とは一見異なる志向性を持っている. 先のFさんの語りの構造と同様に, ここでも「親しくしなくてもよい (したくない)」と「親しくしたい」という相容れない志向性を持つ欲望が同時に確認できる. 加えて, それらの語りが, 性規範や親密な関係を規定する規範という複数の次元を含み込んだ規範によって支えられていることも明確に示されている. 「体重増えたら…」の語りは, 女性的な身体性に対する自己嫌悪を伴った規範によって支えられていると同時に, 「高橋さん」以外の友人にも「会わなくなる」点において, 性から一見離れた親密な関係一般にも開かれている. 性的なものと結び付く自己イメージへの葛藤は, 規範に通じることで, 「恋人」という閉じた関係だけでなく, より広い関係性に対して開かれているわけである.

　その一方で, 「かっこ悪いことも出せれる」という発言は, 拘束状況からの脱出を試みる物語行為として理解できる. 「体重増えたら……」に対する応答として「かっこ悪いことも出せれる」ことが可能である関係性や場面は, (親密に)「したくない」という志向性の前提 (「かっこ悪い」とされる体重増加の問題視) を無効にする. そして, 残りの志向性である親密な関係を「持つ (したい・しな

ければならない）」方向へと自己物語を構成することを可能にするのである．

3.2　複数の拘束性のなかで「社会復帰」を語る
——共有されない経験と自己物語

　性規範を中心とした親密な関係を規定する規範と，それによって支えられた複数の次元における相容れない個人の経験や欲望とが複雑に絡み合い，当事者を拘束する様態を前項で見てきた．さらに注目すべきは，当事者はこの拘束性において「社会復帰」を語らざるを得ない点である．このことをEさんの望む「社会復帰」についての語りを通じて見てみよう．

　　E：〔ひきこもった状態から出たきっかけとなった入院の時に〕俗っぽい言い方ですけど結婚したかったみたいです私．……なんでそう思ったかというと，やっぱり第三者ですごい理解してくれる人と一緒になって，まあ家庭じゃないけど自分の居場所みたいなのを多分作りたかったんだろうなーとその時思いました．それ以外では多分思わなかった，なんか就職したかっただの．
　　私：そうですね．〔ここまで〕Eさんの話聞いてると結婚の話はもうほぼないですね，働きたいはあるけど．
　　E：いや本心言っていいですか？（笑）．本当は永久就職したい（笑）．家の中でずっと朝ごはん作って，昼作って夜作って……，そんなの許してくれる人いないですよ（笑）．……まあそうなったらそうなったで悩みは尽きないと思うんですけど．社会との接点が旦那だけってなると，だんだん言いたいこと言えなくなるだろうし．まあある意味働くっていうのは〔結婚しても〕出てくるんやと思う，パートなり．そしたら人間関係がしんどくなるからまた同じことの繰り返し（笑）．……〔私が問いかけた〕「なんか結婚とか出てこないですね」っていうの多分意図的に出してないと思うんです私は．本当はなんか言いたいんですけど，それは言ったら駄目だと思ってるので言わない……変にひきこもり界隈で〔結婚のことを〕言ってしまうと，なんかこう絶対疑問符が付くと思う．同じ女性に言ったとしても，なかなか言えてないし言わないし．でも多分本心はそれですね．（インタビュー2014年10月）

　ひきこもっている最中で手術を要する大病を患った時にEさんが思ったの

は，「結婚したい」，すなわち「家庭的な居場所」で「第三者ですごい理解して
くれる人と一緒に」なりたいということであった[8]．加えて「家の中で……」と
具体的に示されているように，Eさんが欲する「結婚」は家事労働を担う役割
（「永久就職」）として想定され，かつ「許してくれる人（旦那）」の存在によって
はじめて成立するものとして語られている．ここでも「結婚相手」が中心に置
かれ，性規範を中心とした親密な関係を規定する規範が示されている．

　またここでも，規範のもとでの，異なる次元において相容れない複数の志向
性が衝突する様態が確認できる．Eさんが対置する「結婚」と「就職」は，上
野が「東電OL」事件を引き合いに出し（上野2010：191-224），また先の岩田の
語りでも示されているように，女性にとっては「引き裂かれたもの」である．
男性から与えられるこの二つの価値，すなわちどちらもが「男から認められ，
承認される価値」であるところの「自分で達成する価値」と「他人に与えられ
る価値」の両方を，また前者より後者がより価値があるものとして，女性は達
成しなければならない（上野2010：223）．

　さらに「結婚したい」が明示される一方で，「結婚したくない」を暗示する
二つの語りがある．一つ目は，Eさんが「結婚」で「社会との接点が旦那だけ」
になることを「悩み」とすることである．そしてこの「悩み」への対処戦略と
して想定されているのは，「男性支配」の構造から逃れることではなく，「旦那」
のために「主婦」として「パート（タイマー）」として社会との接点を作ること
とされる．「旦那」でも「パート」でも「人間関係がしんどくなる」点におい
て「同じことの繰り返し（笑）」とのEさんの語りの背後に，自身を劣位に置
く自己嫌悪があるのは明らかである．

　二つ目は，「結婚」の話題は「本心」にもかかわらず「ひきこもり界隈」[9]で
は共有し難い，ということである．確かに「ひきこもり」の自助グループでも
「就労」に関わる話題はよく出る一方で，「結婚」に関する話題はタブー視され
ている傾向がある[10]．当事者において達成が難しい「結婚」の話題は，他者への
配慮のもと，儀礼として回避（荻野2007）されているということである．ただ
同時に，ここでも女性同士の社会的絆が確認できる．Eさんが「同じ女性に言っ
たとしても，なかなか言えてないし言わない」ことで達成されるのは，「結婚」
の話題を持ち出すと「絶対疑問符が付く」ことを回避することであり，「結婚」
を不問に付すことで保たれる女性同士の社会的絆なのである．

　Eさんは，女性としての自身の性的受動性，すなわち「性的に客体であれ」

と表現できる規範に「主体的に従う」ことで，結果的に性的客体になり切れていない現在の自己を語っている．前節の岩田と同様，ここでも自己嫌悪が示されているが，同時にこのジェンダーを組み込んだ「家族」という制度に「適応する」ことが「社会復帰」として示されている．当事者が「社会復帰」を語る時，既存の社会への「適応」を相対化する試みがある一方で（第10章），既存の社会に自らを適応させることも意識せざるを得ないことを，このEさんの語りは示している．だがその適応戦略は，ミソジニー（とホモフォビア）を織り込んだホモソーシャリティに特徴付けられた性規範によって支えられている．そして結果的に「結婚」に関わる自己物語が共有されないまま，それは「本心」として個人の内側にあくまで個人の問題として留め置かれるのである．

4　ま　と　め

「ひきこもり当事者」が自立を語る時，他者といかに「親密に」付き合っていくのかという「関係的な生きづらさ」の問題系が立ち現れる．この「生きづらさ」に焦点を絞って，本章では，当事者のセクシュアリティを中心とした語りが性規範によって支えられていることを明らかにした（第2節）．社会の側にホモソーシャリティを要請する規範がある時，社会の側に合わせようとする当事者は，ミソジニーを内面化せざるを得ず，結果的に自らの「性的挫折」を「ひきこもり」の経験と関連付けて語らしめる（第2節1項）．ゆえに自らが性規範に逸脱していないという「証」は当事者にとっては既存の社会における自己の正当性を根拠づける重大な契機として語らしめ，逆に性規範への逸脱の「証」は自己を卑下させるように語らしめる（第2節2項）．

また，一見「性」から離れているように見える親密な関係の語りも，性規範を中心とした親密な関係を規定する規範によって支えられている．かつ，一見欲望を表現しているように見える語りも，規範的な性質が内在されている．加えて，個人的な経験や欲望自体も，複数の互いに相容れない志向性を持つ．当事者は，このような規範と個人的なものとの複雑な絡み合いのなかで拘束されつつ，親密な関係における「生きづらさ」を語る（第3節1項）．当事者の「社会復帰」への戦略にも性規範が組み込まれているが，当事者の親密な関係における課題は他者とは共有されずに，結果的に個人の問題とされ続けている（第3節2項）．

　そして現代社会におけるこのような状況は，「ひきこもり当事者」を含めた我々の生き方をも問う．そもそも「ひきこもり」は社会的に定義づけられたカテゴリーである．すなわち当事者と非当事者は，私が参加する「ひきこもりなどにおける生きづらさ」を中心議題とする「当事者研究会」での発想にもとづけば，境界が曖昧な「連続体」であり（フィールドノート2015年3月），現代社会において両者は「地続き」の存在である（石川良子 2007：239）．当事者を含めた我々が，問題状況への対処の仕方として既存の社会への適応を志向するならば，すなわち規範に沿う形で個人的な経験や欲望を達成することを志向するならば，規範自体を問題とする視点は失われる．そして当事者の問題対処は社会変革よりも，むしろ日常生活の次元で実践される（規範に支えられた）個人的な欲望の実現に傾き，社会的な次元の問題状況は維持される．規範は個々人を結び付け社会を作り上げる側面がある一方で，現代社会においては，そもそも既存の「当たり前（規範に沿う実践）」を達成すること自体が困難である場合は少なくなく（とくにひきこもった場合），結果的に規範に沿えない人々は，現代のこの「生きづらい社会」を意識することになるのである．

注

1）　Fさん（1970年代前半生まれ）は，かつて長期間ひきこもった経験を持つ．自身の生きづらさについて考えるために，自助グループや勉強会などに参加していた．

2）　この構造は，G. ベイトソンらの「ダブル・バインド」論における三つの禁止命令（Bateson 1972＝2000：294-5）を想起させる．しかし本章では，必ずしも二人以上の人間において繰り返される具体的な相互行為場面を分析しているわけではない．ベイトソンらの議論と本章での議論との理論的関連の考察は稿を改めたい．

3）　「ひきこもり」が社会的に問題化された当初から，当事者は自らのセクシュアリティについて自分史や手記で著していた（伊藤康貴 2011）．

4）　（「ひきこもり」の経験を持つ）男性でも，しばしば自身の「身体性」への嫌悪を語ることがあるが，そのような語りとこの議論との関わり方は，今後の課題としたい．

5）　斎藤環は宮台真司との対談で，「（とくに男性の）ひきこもり」を「性的弱者」とする見方を示している（斎藤 2003：75-8）．しかし，思春期や青年期の性のあり方を規定する規範は，同性同士の社会的絆を規定しているともいえる．また「ひきこもり」を「性的に未熟」とし，「他者との出会いによる成熟」を期待する見方（斎藤 1998）は，ホモフォビアを孕みつつ同性同士の社会的絆を下支えする．

6）　本章では紙幅の都合上異性愛者しか詳述できないが，この同性同士の社会的絆のもとでの性規範がLGBTQ＋とされる人々にとって異性愛者以上に抑圧的に働くことは，

　自助グループでも語られ始めている.

7) Eさん（1970年代後半生まれ）は,大学在学中から摂食障害などを抱えつつ長期間の「ひきこもり」を経験した.インタビュー当時はノアの活動に関わりだしてしばらく経っており,定期的にノアの「交流のつどい」に参加したり,シンポジウムなどのイベントの手伝いなどをしていた.

8) Eさんは,自身が「結婚」したとしても人間関係上の問題は続くと予想する.このEさんの語りには,パートナーとの結婚生活における葛藤が示されており,実際に存在するにもかかわらず不可視化されている「主婦のひきこもり」を示唆する点で重要である.

9) 「ひきこもり界隈」とは,「ひきこもり」に関係する自助グループなどを通して形成された「社会」を,一般的な社会とは異なるものとして示すための言葉である.「ひきこもり」の文脈においては,支援空間の「内部／外部」の社会を峻別する認識枠組みがあり（荻野 2007）,Eさんも「界隈」という言葉を用いることで,「内部／外部」を峻別する見方を採用していると理解できる.

10) 一方で,自助グループの会合後に大抵行われる「飲み会（懇親会・二次会）」等では,結婚や恋愛がよく話題になる.これは空間を意図的に分割することで,自助グループ本体では共有できない自己物語を補完する場として「飲み会」等が機能することを示している.

第8章
「ひきこもり当事者」における
他者の模倣とモデルの不在
——欲望の三角形理論を手掛かりに

1　本章の課題

　前章では，「ひきこもり」の当事者の語りに見られる，親密な人間関係にお
ける性規範について考察を行った．本章では，この前章での議論を拡張し，ル
ネ・ジラールの欲望の三角形理論を手掛かりに「ひきこもり」当事者の「欲望」
という側面をさらに理論的に考察することを通して，当事者の「生きづらさ」
の深層に迫り，そして今後の「ひきこもり」問題の方向性について考えてみた
い．その際に本章でまず最初に注目するのは，当事者が抱く「劣等感」である．
ちなみに前章で示したセジウィックの議論も，ジラールの欲望の三角形の議論
を下敷きにし，ジラールの観点に不足していたジェンダーの非対称性という観
点を性愛の三角形に導入して議論を行っていたものである（Sedgwick 1985＝2001；
32-40）．したがって本章は，前章における議論の理論的根拠を検証する意味合
いもあることを付言しておく．
　さて，前章でも見たとおり，当事者の「生きづらさ」の語りには，他者と自
己との間で葛藤する語りがあった．すなわちそこには，「劣等感」とでも呼ぶ
べき当事者の心性がみられ，そして，親や家族と対峙した時や，あるいは同世
代の人間に対峙した時に，対峙した人間と自己とを比較したうえで，自己が劣
位にあると認識し苦悶する当事者の自己の語りがあったわけである．
　そもそも劣等感は，他者と自己を比較しつつ，自己が劣位にあるという認識
において生じる．そしてその際に参照される価値基準（それは「かくあるべし」と
言明されるような社会規範でもある）は，社会的に産出されるものである．したがっ
て劣等感が生まれるのは，劣等感を覚える者（当事者）それ自体に何らかの瑕
疵があるというよりも，劣等感を覚える主体と社会との相互作用によって生ま

れるものである．すなわち，劣等感を覚える主体が，社会的に産出された基準に従ったうえで，その基準を達成できている（ように見える）他者を自己と比較しつつ，比較劣位にある自己に対して働かせている認識が劣等感であると解釈できる．

　ゆえにこの劣等感は，社会規範を媒介とした自己と他者の関係性において生じ，当事者に経験されているものだ．より具体的に示すため，私の自分史から一つのエピソードをあげてみよう．

> 　周りの子たち〔私が入った大学受験予備校に在籍している他の予備校生——引用者補足，以下同様〕は，おそらくほとんど全員が浪人一年目だったでしょうし，高校を卒業してきた子たちだったでしょうから，私としては，自分の状況が非常に恥ずかしく，周りの子たちに対して，大きな劣等感をも覚えていました．とてもとても恥ずかしくて，自分のことを言い出せる状況ではありませんでしたし，「周りの子たちが自分のことをどう思っているのか」ということを考えると，もはや話しかける勇気すらありませんでした．「高校を辞めた奴」だとか「不登校だった奴」だとかいうふうに思われたくなかったのです．（伊藤康貴 2010→本書第4章第4節）

　これは，2004年の春ごろ，かつて私が経験した高校中退や不登校，浪人2年目相当の年齢（20歳）であるという自らの経験に関して，それが当時在籍していた予備校の生徒に対してどのように受け止められるのかについて私が不安を抱いていたことを，2010年の私が自分史において記述したものである．いみじくも2010年の私は，ここで「劣等感」という語彙を用いているわけだが，その劣等感こそが，自分の現在の状況や来歴について他者に開示できない理由の一つとしてあげられていることに注目したい．

　この劣等感は，私が不登校や高校中退を経験し，二浪相当の年齢であることによって自動的に生じたものではない．この自分の状況を，高校を3年で卒業し，一浪相当年齢（18～19歳）の周りの学生と比較することによって生じていることは明らかである．そして単に比較するだけでなく，ある価値基準を用いて比較していることが決定的に重要である．

　その価値基準とは，高校を卒業し大学に現役年齢で進む，あるいはそうでなくても浪人は1年までという，「ほとんど全員」が当然のように行っているとその当時の私が想定していたことと関係している．すなわち私はここで，「ほ

とんど全員」が行っていることをモデル（手本）とみなすことで，自身の不登
校や高校中退経験，あるいは浪人を何年も続けた私の行いをモデルからの逸脱
とみなし，その結果，モデル通りに行っている「周りの子たち」に対して嫉妬
を覚えつつ，自身に対して劣等感を覚えていたわけだ．

　よって，この記述で私が覚えた劣等感には，私自身と周りの学生，そして両
者に関係している価値基準（＝社会規範）の三者関係が存在しているといえる.
いうまでもなくこの着想は，欲望という現象を欲望の主体と客体の二者関係で
はなく，欲望の主体と欲望の媒体，欲望の客体の三角形の関係において理論化
した文芸批評家ルネ・ジラール（1961＝1971）と，その三角形的欲望理論を社会
学の図式（Subject（主体），Model（モデル），Object（客体）からなる三角形の図式）
として定式化し応用した作田啓一（1981）らにもとづいている[1].

　本章では，このジラールらの着想を引き受けつつ，前章で中心的に見てきた
親密な関係（家族や友人・恋人などとしてイメージされる「親密さ」をともなう関係）に
焦点を当てた議論を行う（第3節）.そして，ひきこもっている主体にとっての
モデルの位置づけを考察しつつ，当事者にとっての模倣のあり方とその困難に
ついて議論する（第4節）.そして第IV部で中心的に見ていく「ひきこもり」の
当事者活動が，主体にとってのモデル＝ライバルとして立ち現れ，主体は様々
なモデルのなかから生き方を模索していることを論じる（第5節）.そのために
次の第2節ではまず，ジラールによる「欲望の三角形」の理論的な整理を本章
とのかかわりにおいて行う.

2　欲望の三角形理論とは何か？

　周知のとおりジラールは，ミゲル・デ・セルバンテスの『ドン・キホーテ』
からフョードル・ドストエフスキーの諸著作までの近代小説を分析することを
通じて，人々の欲望のメカニズムを提示した（Girard 1961＝1971）.ジラールに
よれば，主体は，他者に対する欲望を自然的に発生させているわけでは無い.
また，主体と客体の二者関係において欲望が発生しているわけでも無い.欲望
は，主体が他者をモデルとし，そのモデルが対象に向ける欲望を主体が模倣す
ることによって生じるというのが欲望の三角形理論の骨子である.すなわち欲
望には，欲望する主体（S：Subject）と欲望の媒体（M：Model），欲望の客体（O：
Object）の三者関係（三角形）が存在するというわけだ（図8-1）.なおS・M・

図 8-1 欲望の三角形の模式図

O は耳慣れない言葉なので，これ以降本書では，S を「〈私〉」，M を「〈手本〉」，M を「〈手に入れたいもの〉」とそれぞれ言い換えておこう．

　〈手本〉が〈私〉にとっての単なる手本ではなく，ライバルとして立ち現れてくる場合にも注意を向ける必要がある．〈私〉にとって〈手本〉は，欲望を自覚させるものである．したがって必然的に，〈手本〉と〈手に入れたいもの〉の距離は，〈私〉と〈手に入れたいもの〉の距離よりも近い位置にある．すなわち，〈手本〉は〈私〉よりも優位（ないし先行）であり，〈私〉は〈手本〉よりも劣位（ないし後続）に位置づけられる．

　そのうえで先の私のエピソードを例にとると，私と周りの学生（〈手本〉）との距離は，両者とも日本の学校教育・受験システムに組み込まれた同世代の「受験生」であるという点において近接している（内的媒介）．そして滞りなく高校を卒業し単にもう一回大学入試にチャレンジする（ように私に見える）周りの学生は，すでに二年目相当であり高校もまともに通ってない私にとっては，欲望達成により近い「よりまっとうな」存在として私の目に映ることになる．この関係においては，周りの学生は私の欲望達成に対して障害物として立ちはだかると同時に，私は周りの学生のようになりたいと願わせる．したがって周りの学生と私の関係はモデル＝ライバルとなる．先に挙げた私のエピソードにある「劣等感」（および嫉妬）は，周りの学生と私がともになるべく早く大学合格（〈手に入れたいもの〉）を目指す「受験生」でありつつも，私が周りの学生よりも劣位に置かれているという自己認識において発生していたわけである．[2]

　〈手本〉と〈私〉の距離が遠かった場合（外的媒介）はどうだろうか．[3] 例えば，ジラールがあげたドン・キホーテと彼が理想とする騎士アマディース・デ・ガウラ（ドン・キホーテにとっての〈手本〉）との関係，私のより身近な例でいえば，

（おこがましいとは思うが）社会学者である私と第 2 章の後半でとりあげたウェーバーや見田，ミルズら（社会学者としての〈手本〉）との関係の場合はどうであろうか．ともに騎士ないし社会学者でありつつも，〈手本〉が〈私〉のライバルとなって〈私〉の障害として立ちはだかる事態は生じにくい．なぜなら，〈手本〉と〈私〉の距離は，〈私〉が生涯を賭けたとしてもなくなるものではなく，両者の「願望可能圏」は「互いに触れ合うことがないほど十分に離れている」（Girard 1961＝1971：9）からである．ゆえに，〈私〉は〈手本〉に劣等感（や嫉妬）を抱くところか，むしろ〈私〉は〈手本〉を素直に模範とし，〈手に入れたいもの〉の獲得に向かうことになろう[4]．

　ちなみに，外的媒介者を〈手本〉とする〈私〉は，自分がその外的媒介者を模倣しようとしていることを他人に隠そうとはしない．実際ドン・キホーテは，従者サンチョ・パンサに対して，自身がアマディースを理想とすることを誇らしげに語っている．またかつての日本には，ウェーバリアンやパーソニアンを自認する社会学者が多くいたのも事実である．

　一方で内的媒介者を〈手本〉とする場合，〈私〉はその模倣の事実を他者に対しても自分に対しても隠そうとする．内的媒介者が〈私〉に先行して〈手に入れたいもの〉に接近している以上，〈私〉は内的媒介者をライバルとみなさざるを得ない．

　　　主体にとって媒介者は自分の欲望を刺激し，客体に夢中にならせておきながら，客体に接近しようとすると，それを邪魔する悪意の持ち主に見える（中略）自分の欲望達成を妨げ，自分を軽侮している人間をあがめ，この人間の欲求を模倣しているという事実を認めることは，主体の自尊心を苦しめます．（作田 1981：26）

　このアンビバレンスな状態から抜け出すために，〈私〉は，内的媒介者を〈手本〉にしている事実から目をそらし，単にライバルであるという敵意だけを持つことになる（Girard 1961＝1971：11）．先の私のエピソードにそうならば，自分の現在の状況や来歴について周りの学生に開示できないのは，私が周りの学生を〈手本〉とし，彼らの所有物（〈手に入れたいもの〉）を欲しているという事実から目をそらす（自他ともに隠す）ことを通じて，自身の劣等感という感情をやり過ごそうとしていたからである[5]．

3　モデル＝ライバルとしての親密な関係
——媒介者に対する模倣と葛藤の狭間

3.1　親やきょうだいを模倣することと葛藤

　繰り返すが，内的媒介者と外的媒介者を分かつ分割線は，ジラールによれば〈私〉と〈手本〉の「願望可能圏」が重なるか重ならないかによって規定される．すなわち，内的媒介者の場合は，〈私〉との空間的・心理的距離が近接しており，〈私〉と〈手本〉の相互が〈手に入れたいもの〉をめぐって競合関係にある一方で，外的媒介者の場合は，お互いの距離が大きすぎるため，相互に競合関係になり得ないということである．

　ここで家族という関係を例に考えると，〈私〉にとっての親やきょうだい（とくに年上である兄や姉）の存在は，〈私〉にとっての〈手本〉として捉えることができる．そして〈手本〉としての親やきょうだいと〈私〉との距離は，長く同居し様々な情緒的つながりを維持することを通じて空間的にも心理的にも非常に近接していることが分かる[6]．私にとっての父親や兄，Ｅさんにとっての母親や姉は，〈手に入れたいもの〉を所有する〈手本〉として私やＥさんに認識されていたわけであり，私やＥさんの例においては，家族における〈私〉と〈手本〉の関係は内的媒介と捉えるのが適切であろう[7]．

　さて，親やきょうだいが〈私〉にとっての〈手本〉となり得る一方で，ライバルとなる側面もある．きょうだいの場合は，（きょうだい数の減少の趨勢のなか一人っ子の場合も増えつつあるが）長子と次子の年齢差は数歳程度であり，ほぼ同世代とみなせる．親からの承認や家財の継承（＝〈手に入れたいもの〉）をめぐってきょうだい間の諍いが絶えないのは，きょうだいが互いにおけるライバルとしての側面を強く持つからである．

　親と子の場合はどうだろうか．年齢が離れており，きょうだいのような水平的な関係というよりは，むしろ垂直的な関係にみえる．一見すると，親子関係における内的媒介の距離は，きょうだい間の関係よりも遠いようにみえる．しかし少なくとも次に述べる理論的観点を鑑みれば，親子関係における，子を欲望の主体，親を欲望の媒体としたモデル＝ライバル関係が浮き彫りになるだろう[8]．

　親子関係に焦点化した際，一般的に思い浮かべられるのは，ジークムント・

フロイトが展開した「エディプス・コンプレックス」論であろう. すなわち, 男児が母親に対して性愛を抱き, 父親に対して反抗心を持つが, 絶対的存在たる父親への敵意はむしろ去勢不安を増幅させるため, 男児は母親への欲望を抑圧し葛藤状態におかれるという筋書きがそれである.

　しかしジラールは, フロイトには「欲望を模倣する」という観点が存在しなかったがゆえに, ことさら近親相姦的情熱を強調することでしか, すなわち母親に対しての異性愛だけでなく, 父親に対する「潜在的な同性愛」を持ち出すことでしか, 父子のモデル＝ライバル関係を説明できなかったと喝破した. フロイトにとって「母親への自発的で, 独立した欲望」は「動かせない原理」であり, ゆえに「いくつかの萌芽が見られるにもかかわらず, エディプス・コンプレックスを真の模倣による欲望として捉えることには成功しなかった」(Girard 1976＝1984 : 35) とジラールは評する. 「ライバル関係は場所と時を問わず, どのような相手とであっても, 起こりうる」と指摘するジラールにとって, 「エディプス・コンプレックス」は「模倣によるライバル関係の一つの特殊な場合」(Girard 1976＝1984 : 41) に過ぎない. したがってフロイトの観点をジラール流に言い直すとすれば, それは父親 (〈手本〉) が母親 (〈手に入れたいもの〉) を欲望対象とすることを息子 (〈私〉) が模倣するがために, 父親は息子にとってモデル＝ライバル (尊敬と憎悪の対象) となるという, 簡潔な三角形の説明図式になるのだ.

　またグレゴリー・ベイトソンのダブル・バインド論 (Bateson 1972＝2000) も, ジラールのモデル＝ライバル論において位置づけ直される. 「母親が息子に接吻を拒絶する時, 彼女はすでに内的媒介に固有の二重の役割, つまり欲望の扇動者と仮借ない見張り番の二重の役割を演じている」(Girard 1961＝1971 : 38) というベイトソン的なダブル・バインド論の説明は, 母子関係を超えて, 師弟関係にも敷衍される. ジラールが例に出すように, 師匠は弟子の数が増えれば, 自分が〈手本〉とみなされることを意味するので喜ぶが, 弟子の真似があまりにもうまく, 真似する者が師匠を追い越す恐れが出てくると, 師匠の方は態度を変え, その弟子のやる気を削ぐためできるだけ褒めないようになる. 弟子は〈手本〉となる師匠の態度豹変に戸惑うことになろう(Girard 1978＝1984 : 467-8). 「私を真似せよ (モデルの立場から)」と「(私を) 真似するな (敵対者の立場から)」という二重の命令は, 欲望の模倣性における「二重拘束」においても確認できるのだ (Girard 1978＝1984 : 469).

　私にとっては，自分史にも記述されていたように，父親が強力なモデル＝ライバルであったことは疑いようがない．またまれではあるが，「不在の媒介者のほうが実在の媒介者よりも同類であると感じられる」（作田 1981：190）ことがある．私にとっての死んだ父親は，もはや独立した一人の個人ではなく，私の記憶の中で私に影響を及ぼす存在であり，それは生きている父親よりも心理的距離が近い存在のように思える．またすでに彼はこの世にいないので，生きている人間のように彼の方から変化することはない．彼の「遺言」は明らかに彼の願望の発露であり，私にとっての内的媒介者として非常に強力であったと解釈すべきであろう．そして強力な内的媒介者である私の父親は，私にとってモデル＝ライバルであったと同時に，私の兄にとっても同様にモデル＝ライバルであったと考えられる．だが私にとっては兄も，（兄にとって私がどうであったかはわからないが）私に先行する内的媒介者としてモデル＝ライバルであった[10]．

　家族がこれまで（社会学や精神分析を含めた広い意味での）人文社会科学において重点的に注目されてきたのは，〈私〉が最初に出会う「重要な他者」として，〈私〉にとっても最も身近な社会化の〈手本〉となるためであり，まさに家族の成員を〈私〉のモデル＝ライバルとすることで，家族の成員を〈手本〉とした〈私〉の社会化が始まるのである．

3.2　同時代人たちとの葛藤——同年齢集団における模倣と競争

　社会化は，なにも家族だけが担うものではない．モデル＝ライバルは，家族成員だけでなく，あらゆる関係において立ち現れる可能性を持つ．バーガーとルックマンが指摘するように，社会化は「第一次的社会化」と「第二次的社会化」に区分される．「第一次的社会化とは個人が幼年期に経験する最初の社会化のことであり，それを経験することによって，彼は社会の一成員となる．これに対し，第二次社会化とは，すでに社会化されている個人を彼が属する社会という客観的世界の新しい諸部門へと導入していく，それ以後のすべての社会化のことをいう」（Berger & Luckmann 1966＝2003：198）．

　近代社会においては，学校教育が家族の後に続く社会化の大部分を担っている．とりわけ戦後日本では，厳格な学年制（6・3・3・4制）のもとで，とくに義務教育段階においては同年齢集団を一つの単位（クラス・学級）として編成したうえで，横並びの社会化を〈私〉に対して促してきたといえる．この学校におけるモデル＝ライバルは，「生徒／教師」カテゴリー対における教師と，「後

輩／先輩」カテゴリー対における先輩，また同年齢集団における〈私〉以外の同級生（クラスメイト）の3種類がひとまず想定される．ただし，「生徒／教師」は前項で示した親子関係（とくに父子になぞらえられる師弟関係）に，「後輩／先輩」は前項で示したきょうだい関係にそれぞれ対応する部分が大きいように思える．また，同一教室内で長時間にわたって集団で過ごす点において，同年齢集団における同級生を〈手本〉とみなした場合の〈私〉と〈手本〉との媒介の距離は極めて短い（内的媒介）ものと考えられる．ゆえにここでは，同年齢集団における同級生をモデル＝ライバルとみなす点を中心的に見ていこう．

　先に述べた私の予備校での話は，同年齢集団から「逸脱した後」の私についての描写ではあるが，〈手に入れたいもの〉としての「受験合格」は，進学校であるならば「優等生」を媒介として立ち現れるものであろう．無論，教室内において〈手に入れたいもの〉とされるものはなにも「受験合格」だけにとどまらない．「恋愛」，「容姿」，「スポーツ」，「コミュニケーション力」などなど，様々な〈手に入れたいもの〉が，「彼氏（彼女）持ち」，「イケメン」，「スポーツ万能」，「クラスの人気者」といった〈手本〉を通じて教室内で立ち現れる．持たざる〈私〉にとって感じられる「劣等感」は，教室という空間においては〈手に入れたいもの〉を持つ〈手本〉との距離が短くみえるがゆえに高まらざるを得ない．

　ただし，同年齢集団においては，皆が単一の欲望に向かって競争が行われているわけでは無い．「細かく仕切られた中間集団〔『クラスメイト』『同期』など〕は，その中で序列づけが行われる競争の舞台であると同時に，その微細な差異を互いに了解しうる『仲間』としてのまとまりを持つ」（貴戸[2012] 2019：408）という貴戸の指摘のように，競争が存在する一方で，互いを差異化することも行われている．先ほど列挙したように，欲望が複数存在するのも，差異化の結果と言える．そしてジラールにもとづけば，差異そのものに欲望を惹きつける力があるというよりも，「ある対象が私を惹きつけるとき，私にとってのその対象の価値はつねにその同じ対象に対する他者の欲望から生じる」（織田1991：19）ことになる．すなわち我々は，その差異がすでに他者に欲望されているがために，その差異に惹きつけられ，欲望するわけだ．

　無論，競争と差異化は同一水準の行為ではない．差異化も欲望をめぐる競争の一様態である．差異化と同一水準の行為は模倣であり，以下の織田の指摘のように，他人との「模倣への欲望」と「差異化への欲望」が相即することによっ

て，同年齢集団における「差異の欲望」をめぐる競争が行われていると言える．

> 他人がすでに持っている差異を欲望するとき，「模倣への欲望」つまり同一性の欲望なのであり，他人がまだ持っていない差異を欲望すれば，「差異化への欲望」となる．モデルとしての他人との同一性が望まれているときでも，ライバルとしての他人との差異を際立たせることが欲望されているときでも，差異の欲望であることに変わりはない（中略）欲望は必ず差異の欲望であるにもかかわらず，同一性をもとめているような外観を呈するのは，他人のもつ差異を求めた場合，その結果，その他人と必然的に同一になってしまうからである．（織田 1991：18-9）

　再び私を例に出すと，私が持っていた地元の有名進学校への欲望（本書第3章）も，[11] 在籍中学校における同年齢集団からの差異化が図られていた裏側で，他の同じ志望校の受験生との同一化も図られていたといえる．したがって，合格し欲望が達成されたと同時に，進学した高校においては皆が同じ程度の学力水準になることによって，同年齢集団における差異がリセットされてしまったわけだ．そしてまた同年齢集団からの差異化を図るために，「受験合格」を欲望するのであれば，他の同級生を再び〈手本〉とし，受験勉強に向かうことになるわけである．加えてそもそも進学校という場は，「受験合格」が規範として生徒に最も求められる場であるため，その場における規範に忠実に従うのであれば，周囲の生徒を〈手本〉として「受験合格」という〈手に入れたいもの〉を手に入れようとする「欲望」が〈私〉の意識に組み込まれるのである．私のように在籍する学校が伝統校であれば，これまでの生徒の進学実績も〈手本〉として〈私〉に働きかけてくるので，「受験合格」に対する「欲望」は一層強化されよう．

　そしてこの図式は，なにも受験という制度的場面に限ったことではない．日本人のライフコースにおけるいくつかの局面でも同様のことがみられる．〈手に入れたいもの〉を「受験合格」だけではなく，「公務員合格」や「良い企業への就職」，「結婚」，「昇進」，「高い給料」，「子どもの成長」などとしても，同じような図式が現れるのである．そしてそのような〈手に入れたいもの〉は，〈私〉が自由に選び取るものではない．それは，〈私〉の置かれている場において，〈私〉に近しい周囲の他者が何を〈手に入れたいもの〉とし，何を〈手本〉としているのかによって左右される．〈私〉が生まれ落ちた家族や地域，入学

した学校や職場,〈私〉とかかわる〈私〉と近しい存在の友人・知人, あるいは〈私〉が参与する様々なコミュニティにおいて, 人々がどのようなものを欲望しているのかが,〈私〉の欲望を規定しているわけである[12].

4 「ひきこもり」当事者にとっての他者の欲望を模倣することとその困難

4.1 ひきこもった〈私〉にとっての〈手本〉——「古い生き方」の模倣困難

「ひきこもり」の当事者にとっての困難は, 親やきょうだい, 同級生など,〈私〉の〈手本〉となる人々がモデル＝ライバルとして立ち現れるときにあらわれる. それはつまり, 親やきょうだい, 同級生などといった, 社会化のなかでの〈私〉にとっての〈手本〉を模倣することの困難である. 例えば, 私にとって父親や兄, Eさんにとっての母親や姉は, それぞれにとってモデル＝ライバルであるが,〈私〉がその〈手本〉を模倣することそれ自体が〈私〉の認識においては困難を伴うものであったことは, 前章でも見たとおりである.〈私〉と〈手本〉との差異が広がり, もはや模倣できないという認識がそれである.

実際に多くの「ひきこもり」の当事者によって模倣されてきた〈手本〉は,「勉強→良い学校→ちゃんと就職→結婚→出産→家を建てる→親の介護」を模範とした〈手本〉となっていることが多い. いったんこの模範から外れてひきこもったとしても,「ひきこもり」当事者本人の周囲が期待し, またその周囲の期待に応えようとする当事者本人の多くが志向し, そしてほとんどの「ひきこもり支援」において実際に目標として目指されているのは, 森下氏が「古い生き方」と呼ぶこの模範に従った〈手本〉を模倣する「社会復帰」であった. 私がひきこもりつつ固執していたのも, 大検取得, ないし高校を卒業したうえでの大学入学を通じた「社会復帰」であり, それはいったん外れてしまった〈手本〉に再び戻ろうとすることであった.

なぜ「古い生き方」に固執するのだろうか. そこには日本社会における個人と組織の関係のあり方が影響している. 教育社会学者の貴戸理恵は, 日本の教育を歴史的に振り返る中で, 日本社会における組織の特徴を日本型「メンバーシップ主義」(貴戸 [2012] 2019：392) として論じている. すなわち, 日本の企業や学校といった組織においては,「組織に入って何をするか」よりも「組織のメンバーであること」自体が重視され, また組織に所属していることそれ自

体が次の組織への移行（Transition）において重視されるという指摘である．この「メンバーシップ主義」のもとで人々は，学校や企業などの組織の中でメンバーとして頑張ることが規範的な〈手本〉とされるため，組織から離脱すること自体が〈私〉にとってためらわれることがある．むしろ組織からの離脱は「脱落」とマイナス方向の価値づけをもって解釈され，移行にとって致命的になると思念される（就職に不利など）．ゆえに〈私〉が組織に強迫的に執着せざるを得ない状況を生んでしまうわけである．これをモデル＝ライバルの図式で言い換えるならば，周囲に了解されない差異は模倣されず，〈手に入れたいもの〉すなわち欲望の客体にもならないということである．了解されない差異を選択した人間は，互いのモデル＝ライバル関係から「逸脱した」と他の人間から解釈され，かつ自分たちの「仲間」ではないとみなされてしまうわけだ．

　たとえ〈私〉がそれらの組織から離脱しえたとしても，現実問題として，家族という集団からは離脱することが難しいこともありうる．一人で生活する際の家賃（敷金・礼金など）や生活費といった経済的な初期費用や維持費，各種手続きや家事など日々の生活を送るうえでのコストは案外大きい．公的な住宅支援や生活保障が見込めない以上，家族から独立するのは，正社員としての就労を果たさない限り難しく，家庭という場に当事者は留まらざるを得ない．

　もし家族成員（とくに親）がどこかの組織に所属していることそれ自体に意味を見出していた場合，例えば，親が自ら行ってきたように子が組織に所属することを親が欲望するような場合，子が家族以外の組織から離脱している状態（この状態は他者からは「ひきこもり」にみえるだろう）は，親にとっては自らの欲望達成が阻害されていると映るだろう．互いの主体が〈手本〉とするものが異なるために，加えて子は家族という集団から離れられない事情があるために，組織から離脱した子は，他の家族成員とのコミュニケーションを避けることを通して，家族などの周囲から規範として押しつけられる〈手本〉とその〈手本〉に乗れない自分の状態とに引き裂かれそうになっている事態に対処しているわけである．6章で登場したBさんの語りはその典型と捉えられよう．ただしそのような状況の中では，〈私〉は自らが模倣したい〈手本〉が見いだせず，欲望それ自体が枯渇する感覚に陥ることもありうる．当事者がしばしば口にする「どう生きたらいいかわからない」という発言は，自分にとっての〈手本〉を失い途方に暮れている心情を吐露しているのだ．

　また，そもそも社会構造的な側面から考えてみても，現在という時代は，「ひ

きこもり」の当事者たる〈私〉は，親がしてきたような生き方を〈手本〉として模倣することが難しい局面にある．現に引きこもっているにせよ，何らかの活動をしているにせよ，「ひきこもり」の当事者の〈私〉においては，現在の雇用の面では，終身雇用・年功序列型ではなく，つまりは非正規で昇給が見込めず，生活に必要な賃金さえままならないという環境に置かれている場合がしばしば見受けられる．また地方在住であれば，地縁コミュニティの紐帯の強さや移動手段の限定（自動車が無ければ移動できない，場所によっては船が必要）によって，外出すらままならない状況に〈私〉が置かれていることも多い．

　このような日本社会の状況の中で，「ひきこもり」の当事者が，いわゆる「古い生き方」を〈手本〉とした「社会復帰」を目指した場合，本書で示した私のエピソードにもあらわれているように，周りよりも〈手に入れたいもの〉に対して遅れている〈私〉にとって劣等感は常に付きまとうものとなる．標準の修業年限で学校を修了し滞りなく次の組織に移行することが社会的に要請されており，また周囲の人々が常にどこかに所属するという〈手本〉を何の疑問もなく模倣しているなかでは，〈私〉が周囲において模範とされている〈手本〉から離脱し，そして再び戻ってくる間の年月は，周囲からは履歴書上の単なる「空白」とみなされ，周囲にとっても〈私〉にとっても軽蔑の対象と解釈される．雇用情勢が悪化している現在では，就労を手に入れるのは他者との競争という局面でもある．ゆえに他者からの軽蔑を避けるためには，しばしば自らの経歴を隠す（印象操作）ことが行われる（石川良子 2007：第3章など）．しかし，そのような社会的な面子を維持する「成りすまし」，「身元隠し」のような実践は，石川准が言うように，「印象操作をしなければ〔自己の〕存在証明が破綻してしまう」ゆえにますます〈私〉が印象操作に躍起となる事態をつくりだし，「『わたし』の自尊心を激しく傷つける」（石川准 1996：172-3）ことになるのである．

　加えて就労においては，いったん組織から離脱したり非正規メンバーになった途端，そこから正規のメンバー（正社員など）となること自体が困難な社会状況がある．たとえ組織に正規メンバーとして「社会復帰」したとしても，「空白」の事実やひきこもる行為に対する周囲からの否定的評価によって，〈私〉は周りから「二級市民」として扱われるという感覚が残り続け，不全感に苛まれることになる．いきおい，人によっては「否定的な価値を帯びた自分を補償し」，「価値あるアイデンティティを獲得」するために，能力や資格を身につけようと努力（補償努力）（石川准 1996：173）を重ねることで，不全感から逃れよう

ともする. しかし, ひきこもることに対する否定的な評価が社会的に存在する限り,〈私〉にとって「劣等感」という不全感は残り続けるため, この努力は永続することになる. しばしば見受けられる,「社会復帰」の後に過剰労働に埋没し燃え尽きてしまう当事者の姿は, この永続的な補償努力の結果ともいえよう.

4.2 親密な関係やセクシュアリティに対する欲望の模倣困難

「社会復帰」は, 就労の側面だけではない. 人々が模倣する〈手本〉は, 第6章で示した消費やアイデンティティのあり方, そして第7章でも示した人々が取り結ぶ親密な関係やセクシュアリティのありようにまでも及ぶ. 周囲と同じように欲望を模倣していない〈私〉は,「どこかズレた人間」として周囲から解釈され, 軽蔑と嘲笑の対象となる.

例えば若者論の文脈においては, 消費やコミュニケーションに向かうことそれ自体は人々の欲望のあらわれの一つに過ぎないにもかかわらず, 一見すると「非消費」,「非コミュニケーション」のように見える〈私〉を「ひきこもり系」というカテゴリーに当てはめることで, 実際には行われている様々な生の営み (石川良子 2007) が捨象されたまま社会的に理解されていることがしばしば見受けられる. そして,「ひきこもり」当事者ではない一般人 (S) とその一般人が欲望する〈標準的な手本〉(M) との距離に比べて, 当事者 (S') と〈標準的な手本〉(M) との距離は相対的に遠いと認識され, 当事者は「遅れている」とみなされる. もしくは当事者 (S') は一般人 (S) が欲望しない〈オルタナティヴな手本〉(M') を模倣していることで周囲とは同じではないとみなされ,「変だ」というまなざしが向けられ, 不当にも嘲笑され軽蔑されるのだ.

多くの「ひきこもり」当事者が語ってきた「セクシュアルな語り」(伊藤康貴 2011) も, 周囲からの軽蔑, 嘲笑のまなざしと無関係ではない. 周囲の同年齢集団の多くが恋愛にいそしんでいるなかでひきこもっていた〈私〉は, 周囲と同じように性的欲望が模倣できていない, あるいは周囲とは異なった性的欲望を模倣していることによって周囲から軽蔑, 嘲笑される. 周囲からのこうした反応を意識する〈私〉は, 性に関して劣等感を抱き, 人によっては性的欲望を模倣することから目をそらさせる. また劣等感をかかえていること自体が自身の面目に関わると捉えるがゆえに, 性に関して他者にパッシングする. 口に出されない問題経験は他者に伝えられることなく, 個人の意識の内側に留め置か

れることになる．結果的に〈私〉は性から遠のくことになる．[14]

　その一方で，人々のセクシャリティのありようが，同性同士の社会的絆（ホモ・ソーシャリティ）を結びつける．とくに家父長制のもとでは，ミソジニー（女性の自己嫌悪，男性の女性嫌悪）とホモソーシャリティが結託し，「女は男に所有されることによって女と証明される一方で，男は男同士の集団に同一化することを通じて男になるという考え方」（本書第7章）が社会に蔓延する．

　誰かが誰かを性的に欲望する現象は，単純な二者関係では起こらない．あくまで性別二元論的な枠組みの思考ではあるが，男が女を性的に所有する周囲のありさまを模倣することで，男としての〈私〉は女を性的欲望の対象として欲望する．男の欲望の媒体は，父親であり，人によっては兄（弟）であり，そして直接的に接する男友達やメディアによって表象される同年齢集団の男たちである．結果，首尾よく女を所有することができれば，〈私〉は男同士の集団に正規メンバーとして認められる．それができない男は周囲の男たちから「男に値しない男」として，ホモフォビアが裏側に張り付いた嘲笑と軽蔑が投げかけられる．

　女の場合，性的客体として主体化するという矛盾が最初から課せられている．欲望の媒体としては母親であり，人によっては姉（妹）であり，直接的に接する女友達やメディアによって表象される同年齢集団の女たちである．しかしこの〈手本〉たちが行っているのは，男に直接的に欲望を向けるのではなく，周りから〈手に入れたいもの〉として，すなわち欲望の客体として自らの価値を高めることである．そして「女性が，彼女の肉体を欲する男性の視線を内在化する時，その肉体は彼女から独立した一個の実体となり」，「そして彼女はこの実体を客体として操作するにいた」る（作田 1981：162）．女が自らの身体を嫌悪（これもミソジニーのありようの一つである）するのも，主体としての権利が男の側にあり，その主体としての男が〈手に入れたいもの〉とするのは女の身体であるため，女は自らの精神と身体を分離し，実際には思い通りにならない自分の身体を意識的に管理しようとするためだ．

　ちなみにジラールや作田は，男女関係の水準に焦点化した欲望の三角形を考察している（Girard 1961＝1971：177-9；作田 1991：161-8）．男と女の二人だけの関係だとしても，S-M-O の三角形は成り立つ．主体としての男は，女に欲望の媒体（精神）と客体（身体）の二重性を見出す．女の側が意識的にせよ無意識的にせよこの二重性を利用して男を魅惑することは，古くから「コケットリー」

と呼ばれてきた（作田 1991：162；伊藤美緒 1991）．そして作田が示唆するように，主体としての女にとっても，男が媒体と客体の二側面として立ち現れる（作田 1981：166-7）．男女関係は二つの三角形が交錯しているわけだ（二重媒介）．しかし，家父長制のもとでは，男性の欲望として女性の身体性（美しくあること）を，女性の欲望として男性の経済性（「男性稼ぎ主モデル」）を求めさせる．それぞれの〈手に入れたいもの〉を所有しない者は欲望の媒体になり得ず，主体を惹きつけることがない（欲望されることが無い）．したがって，補償努力としての「社会復帰」を当事者が考える際には，（家父長制の温存に加担してしまうものの）主体に惹きつけられる存在となるために，相手が〈手に入れたいもの〉をいかにして獲得すればいいのかという困難な課題が立ちはだかることになり，当事者は，「就労」と同等以上に，「恋愛」や「結婚」に対しても頭を悩ませてしまうのである．

5 「ひきこもり」の当事者活動と「新しい生き方」の模索

5.1 新たなる〈手本〉としての「ひきこもり」の当事者

　周囲の他者から「ひきこもり」の当事者に対して，あるいは当事者が自分自身に対して発せられる「（あいつは／私は）社会のレールから外れた」という言葉に象徴されるように，当事者は「社会のレール」から外れた「逸脱者」というレッテルを付与されがちである．そしてそのような当事者に対するレッテル付与が可能なのも，「メンバーシップ主義」や「家父長制的な性別役割分業」，「男性稼ぎ主モデル」，「ホモソーシャリティ」といった概念で分析されるような日本における「生き方の〈手本〉」が，一般社会においていまだ多くの人々において欲望され模倣されている一方で，当事者は，そういった一般社会において欲望された〈手本〉を模倣することが困難な社会構造に埋め込まれているためである．

　退職や中退，留年といった「履歴書の空白」や「社会のレールから外れた」とみなされてしまうような経歴があるということ，学校や職業，友人，恋愛など生活のある局面において「年齢に相応な経験」が無いとみなされること，発達障害や精神障害などの当事者であること，ジェンダー秩序からの逸脱，性別二元論からの逸脱など，個人によって様々な差異や特性があるにもかかわらず，そのようなその差異や特性といった人間の個別性を覆い隠すほどに，一般社会

において欲望された〈手本〉はいまだ強固である.

　一般社会において欲望された〈手本〉を〈私〉が模倣しようとしたとき,家族や周囲の他者,ひいては社会において流通しているイメージが,〈私〉にとってのモデル＝ライバルとして立ち現れる.〈私〉がひきこもっていた場合,それらの〈手本〉は〈私〉にとって欲望されつつも,ひきこもることを否定する社会と,それに相即してひきこもることに劣等感を抱く〈私〉との相互作用により,〈私〉と〈手本〉の距離は遠くなっていく.この〈私〉と〈手本〉の距離を縮めるために,〈私〉は印象操作や補償努力に邁進していく.

　しかし,そもそも,父のように稼ぎ,あるいは母のように家庭を守るという性別役割分業を前提とした「男性稼ぎ主モデル」に象徴されるような「生き方の〈手本〉」は,果たして「ひきこもり」の当事者の〈手本〉となり得るのだろうか.そもそも,家族と同じような性のあり方に〈私〉は馴染むのであろうか.

　これまで〈私〉の家族がしてきたことを〈手本〉とすることで,むしろ,ジェンダーやセクシュアリティ,エスニシティ,障害,社会階層・階級,貧困,地域社会といった各々の差異や格差に想像力が及ばず,自分自身のあり方を踏まえた〈生き方の手本〉への想像力が阻害されているならば,それは社会構造的な問題を等閑視し,個人の「生きづらさ」を社会的に解決していくことを放置することに他ならないのではないか.そういった疑問が,「ひきこもり」を当事者研究していくと生じてくる.

　むしろ「ひきこもり」の当事者において必要なのは,親やきょうだい,あるいは同級生に取って代わる新しい〈手本〉が模索されることではないかという考えに至る.そしてそれは同時に,自分が生まれ落ちた家族の成員（親やきょうだい）や自分に近い存在（同級生）を内的媒介者としてみなさなくなるということでもある.

　これから本書で示す「ひきこもり」の当事者活動のように,そもそも一般社会において人々が欲望する〈手本〉自体を問い直そうとする動きがある.そこでは,専門家が中心となって実践されている「就労」が第一目標となりがちな支援に意義をとなえ,「新しい生き方」の実践者として自己呈示する人たちが活動している.彼らは自身を「ひきこもり当事者」と名乗りつつ内的媒介者として〈ひきこもった私〉の方へ近づいていく.媒介の距離を縮めることによって,当事者活動を行う人々は,先行する「ひきこもり当事者」として後続する

当事者である〈私〉に対してモデル＝ライバルとして立ち現れてゆく．おなじ「ひきこもり当事者」という内的媒介者として，そして新たなる〈手本〉として，彼らは〈私〉に対して欲望の模倣を働きかけ，後続の当事者である〈私〉の「自らの価値観や自己物語」，すなわち〈私〉がこれまで欲望してきた〈手本〉を相対化させるのである．

5.2 多様な〈手本〉の必要性

「ひきこもり当事者」として内的媒介者が〈私〉に接近していくことによって〈私〉が感じる苦しみもある．つまり〈私〉は，「ひきこもり当事者」という〈手本〉に対しても，自分は比較劣位であるということから，自尊心の苦しみ（＝劣等感）を抱くことにもなる．「自助グループで一緒になる誰それが就職した（それと比べて自分はどうだろう）」，「この人には恋人がいる（どうして自分にはできないんだろう）」，「あの人は明るく振る舞える人だ（自分はどうしても暗い）」などなど，当事者同士でそれぞれの欲望の模倣具合を確かめ合うことは，自助グループ周辺ではありふれた光景である．「勝者が自分に似ていれば似ているほど，敗北の苦しみはそれだけ大きい．それゆえにまた，主体の自己の分裂も深くな」（作田 1981：196）るわけだ．

また「他の人間とコミュニケーションできる人間はひきこもりではない」，「外に出ている時点でひきこもりではない」など，他者とある程度相互行為可能な自分以外の当事者を「偽者のひきこもり（偽ヒキ）」とする当事者も，しばしば自助グループ周辺では見受けられる．ひきこもった〈私〉はそのような行為をもって，自分と他の当事者との差異を焦点化し，自らの「ひきこもり」カテゴリーへの帰属を正当化しているわけである．ただし，そのような物言いが可能なのも，〈私〉にとって他の当事者がモデル＝ライバルとして立ち現れるからこそである．純粋にひきこもることそれ自体をむしろ〈手本〉とすることで，他の当事者に対するライバル的側面に対して対抗しているわけである．[16]

他の当事者がモデル＝ライバルとなることは，当事者活動においてはむしろ必然であろう．しかし，たとえ先輩や同輩の「ひきこもり」の当事者を〈手本〉としたとしても，その〈手本〉を模倣できない〈私〉の苦しみが消失するわけではない．その人が置かれた環境や特性によっては，たとえ〈手本〉としての「ひきこもり」の当事者が周囲にいたとしても，それを模倣できない状況というのは確実に存在する．なぜ〈私〉は他者を模倣できないのか．

　またこれと関連して，人口が少なく「生き方のモデル」が公務員や第一次産業しか想像できないような地方社会においては，そもそも自分の周囲に〈手本〉として見出せる人がいない場合もある．自助グループや当事者会など「ひきこもり」の当事者としての出会いの場がほとんど（あるいはまったく）無い地域環境においては，その地域において〈手本〉とされている「生き方」（地元で公務員となり親元（ないし親の近隣）に住み結婚し子をもうけ…）を模倣できない〈私〉が存在する．〈私〉は，いったい誰を〈手本〉とすればよいのか．

　このような苦しみ，すなわち「他者を模倣できない〈私〉」や「模倣できる他者がいない〈私〉」にも注意が向ける必要がある．この苦しみに対しては，ひとまず以下のような方法性が考えられるだろう．

　まず，一元的な〈手本〉を相対化し，相互に序列づけられない多様な〈手本〉を創出していくことが必要だ．例えば，就労した当事者だけが〈手本〉とされてしまうような状況では，就労という枠組みで成功した〈手本〉のみがクローズアップされ，その〈手本〉を模倣できない人は取り残されてしまう．このように，何かを一元的な〈手本〉としないことは，就労に限らず，恋愛や結婚にせよ，何らかのオルタナティヴな生活実践（農山漁村での「雇われない生き方」，シェアハウス，共同生活，非営利活動など），福祉的就労や障害年金での生活，あるいはメディアで活躍する「ひきこもり当事者」にせよ同様だ．そういった多様な生き方のうち一つを取り上げて唯一の〈手本〉としてもてはやすのではなく，多様な生き方を多様なままに，それ固有の生き方を尊重していく配慮が欠かせないであろう．

　そして，周囲に〈手本〉となりうる人がいない人々に対しては，メディアを通じて〈手本〉を届けることも必要になってくる．かねてより，オルタナティヴな生き方を実践する〈手本〉は，テレビや雑誌，新聞，書籍，ミニコミ誌などで取り上げられてきた．現在においては，インターネット経由で〈私〉に伝えられる〈手本〉も多くなってきた．[17]　そしてそのようなメディアを通じて呈示された〈手本〉に影響を受けた「ひきこもり当事者」も多くいるだろう．内的媒介者としての親やきょうだい，同級生に代わる新たな〈手本〉が，多様な「ひきこもり当事者」として立ち現れ，メディアを通じて地方で孤立した当事者に届けられる必要があろう．

　多様な〈手本〉が立ち上がり，〈私〉に届けられるということは，親やきょうだいという〈手本〉を相対化するということでもある．関水が指摘するよう

に，当事者は二つの問いを抱えている（関水 2016）．すなわち当事者は，親から与えられた問い（＝親の模倣）と，自らの問い（＝〈手本〉の再設定）の板挟みになっているわけだが，この自らの問いを〈手本〉の再設定を通して見定めることで，親から与えられた問いからの解放が可能ではないか．無論そのためには，日本社会が従来より採用してきた家族主義的な生活保障制度ではこのような解放を遂行することは難しい．むしろ「ひきこもり」というものをめぐって社会的に必要なのは，個人の特性や生活に立脚しそれらを保障する制度であろうということになる．多様な生き方や家族から相対的に自立できる環境をどのように社会制度の中に埋め込んでいくのか，その制度設計が必要となろう．

　「就労」など社会において支配的な価値基準に適合的な〈手本〉を目指すのか（補償努力），それとは違って「新しい生き方」とそれを実践している他の当事者を〈手本〉とするのかによって，当事者の他者の模倣のあり方も異なってくる．

　前者はすでに「地域若者サポートステーション」や「ひきこもり地域支援センター」，ほか様々な公的／民間支援団体による支援メニューが構築されており，〈私〉が組織の正規メンバーにおさまれるか未知数だが，ひとまず「ひきこもり支援」や「就労支援」という枠組みのなかで模倣を実践することができる．

　後者の方はどうか．「新しい生き方」といっても，それの〈手本〉になり得るものは実際多岐にわたる．例としてあげればきりがないが，「ひきこもり」の支援業界においては，ノマドワークやテレワークといった勤務形態を実践する人，農山村で農業に従事する人，営利企業ではなく NPO や個人事業主を志向する人たちなど，「雇われない」で生きていこうとする実践はメディアにも取り上げられ，比較的目立つ．またピア・サポーターとして「ひきこもり支援」を中心とした若者支援に携わる人もおり，人によっては社会福祉士や精神保健福祉士，公認心理士等の資格所得をとおして支援に関する専門知識をも身につけようとしていたりする．

　ただしこのような「新しい生き方」といっても，それは「古い生き方」に対する別の提案ということであり，何か強固な〈手本〉があるわけでは無く，一人ひとりが自分なりの生き方を模索するような取り組みだと捉えたほうが適切だと思われる．〈私〉は，自らの手で〈手本〉を組み合わせ，模倣するという，従来の模範に従うやり方よりも再帰的な試みが必要となるのである．

6 ま と め
——「普通」から解放された欲望のあり方に向けて

　本章では，私自身が経験した「劣等感」を呼び水に，ジラールらが展開した欲望の三角形理論を下敷きにして，〈ひきこもった私〉の視点から欲望の模倣という枠組みにおいて「ひきこもり経験」がどのように整理できるのかを議論し，さらにそこから「ひきこもり支援」の今後の方向性を考察した．

　何を〈手本〉とし，その〈手本〉が所有している〈私〉が〈手に入れたいもの〉をどのように獲得するのか，〈ひきこもった私〉はその選択を迫られている．それはまさに，どう生きるのかという問いでもある．

　人間にとって，欲望は無限に拡大する可能性を持ち，それがある意味で社会を豊かにしてきた面もある．その一方で，欲望を引き受ける身体の方には明らかな限界が設定されている．身体は酷使すれば壊れ，あるいは最初から動かず，次第に老化して死ぬ．無限の欲望を引き受けられるほどには身体は強くない．もちろん，医療の進歩や公衆衛生の向上，その他科学技術の発展は，その身体の限界を引き延ばすことを企図してきたと言える．近代化とは，まさしく身体の限界を拡張していくことを通じて，人々が抱く欲望を際限が無いように達成してきた過程としても捉えられる．そしてその限界に対して立ち止まって意識的ないし身体的に問うている姿勢こそが「ひきこもり」の一つの形態ではないだろうか．

　個々人がどのような選択をするのかは，個々人の置かれた状況に依存しており，またどのような選択を行ったとしても，将来「これが正解だった」と納得したかたちで〈私〉が認識しえるかどうかは未知数である．それに，従来のやり方が崩壊しつつある後期近代においては，社会的にみても「これが正解である」と指し示すのは，本来は困難なものである．ゆえに，従来のやり方を踏襲し，それを首尾よく達成できている一般の人々によって当事者に対して投げかけられる，「なぜ普通にしないのか」「なぜみんなと同じでないのか」などという言葉から解放されるための環境作りが欠かせない．そのために必要なのは，個々人がどのような〈手本〉を模倣し欲望を達成しているのか，それを各人が自覚し，未来に向けて他者と〈対話〉することから始まるはずだ．

注

1） また，本章執筆にあたり，ジラールの欲望の三角形理論に対する織田年和の解説（1986；2008）は非常に参考になった．

2） 作田の指摘によると，超越神信仰の伝統がない日本社会では，「社会を超えたところにいる人格的超越者をモデルにする傾向は弱い」ため，「人格としてのモデルは，ほとんどの場合，社会やその内部の集団であり，このモデルに照らし合わせて優劣を競う」とされる（作田 1991）．

3） 作田は，外的媒介者が主体との願望可能圏が重ならないのは，単に心理的距離が遠いのみならず，外的媒介者は願望を持たないためと指摘する（作田 1981：195）．

4） ただし，ドン・キホーテにとってアマディースは騎士物語上の主人公だったが，私にとってウェーバーや見田，ミルズは実在の社会学者である．手本と私の距離は，前者の方が長く，後者の方が短い．偉大な社会学者を手本としつつ，彼らをいかに乗り越えるのか，大変な課題である．

5） ジラールが引くマックス・シェーラーの「羨望」に関する考察には，以下のような指摘がある．「他人が所有していて自分が欲しいと思うものを，自分が所有していないという残念さだけでは，それ自身，〔羨望〕発生させるのに十分ではない．なぜなら，そうした心残りは，欲しがる物，あるいはそれに似たような物を手に入れようと決心させることができる…羨望というものは，そうした獲得の手立てを実行するために必要な努力が無力感を残して失敗におわった時にのみ生まれるのだ」（Girard 1961＝1971：14）．今後の大学合格の可能性はともかくとして，すでに起きてしまっている高校中退や不登校という私の経歴や二浪相当という当時の私の現状は，それが消せない事実として「履歴書」に残ることで欲望達成の努力がもはや無効となったという認識を私に対してもたらした．そして，首尾よく欲望を達成できている周りの学生（〈手本〉）に対する「羨望」を掻き立て，同時に，「媒介者の主体に対する軽蔑」（作田 1981：27）を私に感じさせたわけだ．

6） 無論，「家族」という関係であるからそのまま近接しているということではない．あくまで〈私〉の自己認識としてそれらの関係をどう捉えているかが重要である．

7） 教育社会学の分野では，「教育・職業アスピレーション」（進学や就職に対する欲望）という概念が注目されてきた．すなわち，親の地位（出身階層）と子の地位（到達階層）の関係は教育・職業アスピレーションを媒介としていること，そしてこのアスピレーションの形成には両親や教師，友人などの「重要な他者」の影響が最も大きいことが計量分析によって示されてきた（片瀬 2005）．主題ではないので本章において深く立ち入ることはしないものの，親の達成した学歴や職業が，親および子のアスピレーションを刺激し，子の学歴や職業達成に影響を及ぼすという基本図式が支持されるということは，親が子の〈手本〉となっている側面を実証しているといえよう．

8） 逆の関係，すなわち親を欲望の主体，子を欲望の媒体とした関係があり得るかどうかは，今後考えてみたい．

9）　詳細は，Girard（1972＝1982）の第 7 章などを参照のこと．

10）　議論を簡潔にするため，ほかの家族成員（私の場合は，母親と父方の祖父）がどのように位置づけられるかには立ち入らないが，興味深い問題だと思う．フロイト的には母親は欲望の客体となろうが，私の母親のように母子家庭において正社員として生計を支えつつ家事もこなす存在は，フロイト的理解の範疇に収まるとは思えない．また私の場合，同居の祖父は，私にとっては父親とは別の〈手本〉として立ち現れていたように思う．祖父は大正生まれの戦争経験者で元特定郵便局長として地元の有力者であったため，むしろ外的媒介者として理解すべきかもしれない．

11）　地元の公立中学校を卒業後，県内で偏差値が最も高い福井県立藤島高校に入学し，途中で不登校，2 年終了時に退学した．

12）　本章では，モデル＝ライバルとなりえる内的媒介者として，親やきょうだい，同級生を取り上げたが，モデル＝ライバルとなり得る〈手本〉はなにも身近な他者に限定されないことにも注意が必要だ．小説やマンガの登場人物，過去の偉人（多くは書物で知ることになる），雑誌やテレビ，インターネット等のメディアで露出された人物を〈手本〉とすることもあるだろう．ただし，親やきょうだい，同級生の場合と比べて，それらと〈私〉との媒介の距離は遠いのは確かだろう．このようなメディアなどに登場する〈手本〉が〈私〉にもたらす影響については 5 節で考察する．

13）　このような状況は，井出（2007）の言う「拘束型」にあたるものと思われる．

14）　2000年代前半から繰り返し当事者の手記等において表現されてきた「セクシュアルな語り」は，書籍やブログ等活字メディアを媒介し，人によっては匿名で書くことで，面前の他者を意識しないことにより書き手の劣等感を回避しつつ，社会に訴えることができた語りだと思われる．

15）　小倉千加子は，女におけるジェンダーの商品化として，主婦になるための「従順」と娼婦としての「美」をあげている（小倉［1988］1995：62–7）．30年ほど経過した現在でも，「美」それ自体は女から追及され続けていると思われる．一方で，当時よりも女性の社会進出が進んでいると言われるなかで，女と「従順」の距離は変容している可能性がある．また現在は，男が「美」を追求することも浸透してきている可能性がある．

16）　これは，石川准が言うところの「他者の価値剝奪」に相当するように思われる（石川准 1996：173–2）．なお石川准は，被差別者の存在証明として「印象操作」，「補償努力」，「他者の価値剝奪」，「価値の取戻し」の四つの方法を上げ，さらに存在証明それ自体からの自由についても考察している（石川准 1996）．「ひきこもり」の当事者活動は「価値の取戻し」に相当すると思われるが，それを社会が求める存在証明からどのように自由となる活動なのか，との関連での考察は，本書第11章で行っている．

17）　ネット経由の場合は，従来のマスメディアに比して〈私〉が情報をより積極的に探し出す行為を必要とする．しかし現在の我々は，従来のメディアで接した情報をより詳しく知るためにネットで検索することもあれば，ニュースサイトや SNS のタイムラ

インにおいて自分が意図しない情報に接することもある. 昨今はフェイクニュースという虚偽情報に接する問題があるにせよ, メディアを通じて〈手本〉となり得るものに接する機会が従来よりも高まったのは確かだ.

第Ⅳ部
「ひきこもり」の当事者活動を考える

第9章
「社会／自己」を志向する
「ひきこもり」当事者活動
―――当事者団体グローバル・シップスこうべ（ノア）を事例に

1　本章の課題

　ここ最近の「ひきこもり」をめぐる現象として，かつてひきこもっていた経験のある当事者自身による活動が目立つようになってきた．かつては自助グループ活動といった仲間内の活動が盛んだったが，2010年代後半以降になると，シンポジウムやワークショップなどの開催，同人誌や「ひきこもり新聞」の発行，インターネット（とくに Facebook など SNS）を用いた情報発信といった社会一般に向けた活動が顕著になった．

　本章ではこのような現象を理解するために，私が2011年より現在にかけて参与観察を行っている，兵庫県を中心に活動する「ひきこもり」の当事者団体「グローバル・シップスこうべ」（ノア）の取り組みを事例として取り上げる．ノアの活動をエスノグラフィックに概観しつつ，次章以降で展開する当事者活動が持つ社会学的意義を考察するための準備作業を行いたい．

　そのためにまず本章第1節では，ノアの活動方針が如実に示された「ひきこもり」の支援者全国大会実行委員会での出来事を記述し，ノアの活動の独自性を示す．そして第2節では，ノアの設立経緯を踏まえ，そのうえで，ノアの柱の事業である自助グループ活動（第3節），シンポジウムの開催（第4節），情報の提供（第5節）の3事業についてそれぞれ記述していく．そして最後にノアの現状を概観し，まとめとする（第6節）．

2　ノアの活動方針
——支援者の大会の実行委員会での出来事

2.1　事の発端と対立の構図

　関西のターミナル駅から 3 駅ほど離れたところに，「ひきこもり」の支援機関（以下，O 会）の事務所兼居場所のビルがある．2011年の11月の乾いた秋空の下，そのビルの一室にて，とある大会の追い込みの実行委員会が行われていた．年明けの 2 月に市内の大学キャンパスで行われる予定の「ひきこもり支援者」が集う全国大会（以下，関西大会）の実行委員会である．

　参加者は，ほとんどが「支援者」とされるような人ばかりであった．関西大会の現地の事務局を担うことになった O 会の人だけでなく，地元関西で不登校や「ひきこもり」の家族会や居場所の代表をしている人たちなど地元の人たちが集まる一方で，定年後に支援活動を始めた元教員や元サラリーマン，社会福祉が専門の大学教員やゼミ生，第 1 回目の大会から一貫して大会運営を支えている団体のメンバーなど，これまでの大会の運営に関わってきた面子がその場には居た．

　私と，ノアの代表の森下徹氏も，その実行委員会の場に参加していた．この実行委員会自体も 3 月より毎月行われているもので，参加する面子は大体固定されていた．ちなみにこの全国大会は，毎年 2 月〜 3 月ごろに開催され，全国各地を転々として行われているものである．

　私は2011年の 2 月に，自分のフィールドワークの手始めとして O 会の講演会に参加しており，その際に生意気な質問をしたためであろうか，当時の O 会の代表の人たちの記憶に残っていたのだろう．その縁で実行委員会のお誘いの手紙を頂いていた．森下氏も，O 会でスタッフを担うなどの縁で，第一回目の実行委員会から参加していた．

　会議の場は，非常にギスギスしていた．なんだかとっても重苦しい空気が漂っていた．なにか嫌な感じがする．会議でいろいろ議論するという名目のもとで，じつはあらかじめ結論は決まっているという空気感である．大会まであと 3 か月．時間がない．1 回目から大会運営を支えてきた人たち，それも「ひきこもり」に限らず長年社会運動をしてきた人たちが中心になって物事を決めていく．私たち「現地の素人」は，物事が決められていく経過を眺めつつ，「全国」の

人から会議で割り振られた仕事をこなすばかりである．

　まあそれも大会を成功に導くための円滑な運営のためにはよいのかもしれない．現地の事務局を引き受けたといっても，Ｏ会含め地元の人たちは大会運営に関しては「素人」である．実際に実行委員会においても，現地関西の人たちを「現地」，これまで大会運営を支えてきた人たちを「全国」と呼称し，「全国」の指導のもと「現地」が動くという構図が出来上がっていた．

　これまで，会場の確保，講演会に誰を呼ぶか，シンポジウムの内容，タイムスケジュール，運営スタッフ・ボランティアの確保，備品の用意，大会運営費をいかに確保するか(助成金，参加費・懇親会費，広告費などをどうするか)，チラシ・広報，そして成功した大会として見せるためにどれだけの人数を動員できるかなど，様々なことが決められ，とくに現地の人たちが東奔西走して事にあたっていた．私が割り振られた学生ボランティアのリクルートについては，謝礼もないところか数千円の参加費を払って冬休みのキャンパスに来て見ず知らずの集まりに協力する殊勝な学生が存在するはずもなく，学生のボランティア団体に呼び掛けても全然集まらなかった．

　集客についても，当初，「昨年度以上，700人は集める」と息巻く人もいたが，様々な団体，行政・民間問わず呼びかけても，反応が芳しくない．しかしなにぶん行政等からの補助金なしでは，確実に赤字となるような大会である．人をかき集めて大会チケットをさばかなければ，確実に持ち出しである．会議でも動員人数が一番気にされていた．

2.2　大会という名の社会運動——人を集める，マスコミに流す，組織化する

　ここで少し，この全国大会の特徴について触れておこうと思う[2]．この大会でこれまで行われていたことは，基本的な中身としては，長年ひきこもり等の若者支援に携わってきた専門家による「講演会」と「シンポジウム」，5から6ほどのテーマ別(テーマとしては思春期・不登校，就労支援，発達障害，精神障害，家族支援，居場所・フリースペースなど)に分かれて各地で支援を行っている人たちが発表と議論を行う「実践交流会」，そして「ひきこもり支援」における相談技術やアセスメント技術を高める講習会や事例検討会として位置づけられる「ワーカー（支援者）養成セミナー」といったものであった．この全国大会を1回目から毎回参加している人(実は彼も森下氏と同じように元当事者という立場から支援活動をしている人だが)曰く，「とても支援者的な考えが強い大会」と述べる

ように，実際に支援に携わる支援者を，専門知を身に着けさせることを通じて養成するという，福祉の業界でありがちな研修会といった特徴のものであったといえよう．

ただこの全国大会は単なる研修会ではなく，社会運動的な側面が強いということももう一つの特徴としてあった．とくに「たくさん人を集める．たくさん人が集まったところにマスコミを入れる．マスコミを通じて全国に知らしめる」ということが重視されていた．どれだけの動員が可能か，どこのマスコミが来るのか，そのためにどうやって広報するか，そういったことが会議でも議論されていたし，大会後には新聞各紙が大会開催を報じる記事を動員人数付きで報道していた．

また，大会参加を通じて参加者同士の一体感を構築させるという意識も強かった．実際，大会中に分科会で何が議論されたのかを記事にした紙の「速報」を配布して（大会運営のフィルターを通した）「いまここ」で行われていることの全体共有が図られたり（したがって，許可のない印刷物の配布は禁止されていた），参加者全員を大教室やホールに一堂に会させた上で，開催にあたって檄を飛ばす「はじまりの会」や大会を総括する「終わりの会」を設定したりと，一体感を演出する仕掛けは様々に仕組まれていた．

もっと言ってしまえば，全国各地で転々と開催されることも，そして実行委員会を開催の一年前から定期的に開催することも，大会という名の社会運動を支える構成員として組織化するために行っているといっても過言ではあるまい．どこか古典的な学生運動や労働運動をイメージさせるようなことを行っていたわけである（いやむしろそういった運動にかつてかかわってきた人がこの大会をこれまで回してきたのだから当然と言えば当然なのだが……）．

2.3 「支援者の大会です」

話を実行委員会の場面に戻そう．11月の実行委員会になっても，当初の動員目標の700人に達する見込みは立たなかった．おそらく来たとしても500人程度であろう．しかしその程度の人数で集まる大会参加費では，メイン会場の700人収容大ホールにかかる使用料を賄うことはできない．一方で，この大会は参加者を一堂に会させることに意味を持たせたものである．結局，「動員人数の見込みが達成目標にほど遠いので，大会規模を縮小します」ということで，メイン会場は500人余りを収容できる大教室に変更された．

　これで大会のハコの方はひとまず落ち着いた．ただ大会を回すヒトの方の問題が残っている．縮小されたとはいえ，500人規模の大会の運営を回すためには結構な数のスタッフが必要である．また大会自体，二日間にわたって基調講演やシンポジウム，交流会やセミナー等のプログラムがぎっちり詰まっている．加えてアルバイト代に回すお金はない．謝金や交通費はシンポジストや部会の報告者，助言者で使い切ってしまうし，大会の一体感を演出する都合上，スタッフですら参加費を払っているなか，そもそも金銭で雇われた形で参加してくるアルバイトという存在自体が忌避されていた印象さえあった（この点は，実行委員会参加当初，この大会に対して社会学会大会のようなイメージを抱いていた私をかなり当惑させた）．タダで働いてくれるスタッフをどのように調達するのか．本番まであまり時間がないなか，喫緊に解決すべき問題であった．

　まず最初に出た案が，これまでの大会と同じように，地元の大学生をボランティアスタッフとして動員するという案で，実際の発案者はこれまでの大会を回してきた「全国」の人であった．

　　集会運営にはボランティアスタッフが必要です．運営ボランティアは学生
　　や院生でお願いします．募集してください．（フィールドノート，2011年11月）

　発案者は，学生を動員すれば事足りると思っていたようであるし，実際これまでの大会でも，実行委員会のなかに地元の大学に勤める教員がおりゼミ生を動員していたようである．だが今回の関西大会の実行委員会では，地元の大学教員は参加しておらず，学生集めは一から始めなければならない．

　私としては，冬空のもとで郊外の大学キャンパスにわざわざタダ働きに来る殊勝な学生がいるとは到底思えなかった．しかも郊外に立地するキャンパスであるにもかかわらず交通費は出ず，参加費はむしろ支払わされる．大会中は運営に当たるので，自分の行きたい部会に行けるとは限らない．これなら一般参加の方がマシではないか（この仕事は私に割り振られ，結局集まらなかったわけであるが……）．

　他の人も，もう少しまともな案がないか思案するなか，森下氏は学生に代えて支援団体に来ている当事者をスタッフに迎え入れてはどうかという提案をした．

　　居場所とかに来ている当事者も，我々と一緒に運営のスタッフとして迎え

> たらどうですか．私たちがシンポジウムをしたりするときにはいつも手
> 伝ってもらっていますし．（フィールドノート，2011年11月）

　無論この提案であっても，私が想定する謝金・交通費なしという金銭的問題
が解決されるわけでは無い．ただし，リクルートの間口は拡げておいた方が人
を集めやすいのも事実である．実際これまで，森下氏が関わっていた講演会で
は，森下氏の伝手で集まった当事者に手伝ってもらったことは幾度となくあっ
た．森下氏はここで，自分の知り合いやＯ会に来ている当事者の人たちをス
タッフとして大会運営に入れていいか確認したわけである．
　しかし実行委員会では，当事者をスタッフとして運営に入れることに難色が
示された．この大会での「当事者」という存在は，支援者やその予備軍である
学生と違った微妙な立ち位置にあったわけである．

> 当事者は運営のボランティアスタッフとして会場に入れないでください．
> そもそもこれは支援者の大会ですから，当事者や家族にはできるだけ遠慮
> していただきたい．（フィールドノート，2011年11月）

　一瞬シンと静まり返る会議の場．我々の意見を汲むのは当然のことと言わん
ばかりの応答に「エッ」とおどろいた素振りをみせる森下氏や現地関西の人々
（と私）．しかし大会までに残された時間は無く，ここで決定的な対立を生じせ
しめて半年かけて準備してきたこと，とくに当事者の分科会を潰されてしまう
のではないかと私は内心ヒヤヒヤしていたが，森下氏はすみやかに「分かりま
した．そうします」と引き下がって会議は進行した．
　この応答を「支援者の大会であるから，当事者や家族にはしゃしゃり出てほ
しくない」，と解釈しても過言ではあるまい．興味深いのは，この言動が，当
事者会や家族会を主宰している人たちの前で行われたということである．私に
とっては，ここにきて遂に「支援者／当事者」や「支援者／家族」というカテ
ゴリー対における，これまで隠されてきた軋轢が顕在化したように思えた．
　確かに，当事者をいかにして導くべきかを議論している最中に，もしもその
実践に対して異議を唱える当事者があらわれたとしたら，分科会自体が成り立
たなくなるだろう．またそれ以前に，発表の場にその発表のもととなっている
当事者がいるのは，少なくとも発表者にとっては気まずい．一体感を演出する
社会運動としての大会運営にとっても，それは憂慮すべき事態である．「当事

者や家族は，支援者ではないので，できるだけ遠慮」すべきであるという主張
は，先に触れた支援者の論理，社会運動の論理から見れば，確かに一見筋が通っ
ているように見える．

2.4 「なぜ当事者を分けようとするのか」

そもそも実行委員会に集まった人々は，はじめから一枚岩ではなかった．大
会運営の主導権を握っていた「全国」の人たちは，社会運動として大会を成功
させたいという思惑があった．先にふれたように，人を集め，マスコミに流し，
運動として組織化するのが彼らの目的であった．

一方で現地関西の人々は，大会の運動的側面は二の次であった．実をいうと
開催地の決定は数年前のことであり，開催決定時の現地関西の責任者はすでに
引退していた．後を引き継いだ人たちを支えたモチベーションは，引き受けて
しまった手前，最後までやり通さねばという義務感であったと思う．また前回
より新たに作られた家族の分科会を担うという意識もあった．

そして森下氏であるが，彼の場合は，今回より新たに企画された当事者の分
科会を開いて，当事者で集まりたいと考えていた．そしてその考えは，次節以
降でふれるように，森下氏や森下氏が代表するノアの理念に沿ったものである．

結局，会議において，数か月間続いていた同床異夢から覚めたわけである．
森下氏は後に，会議での応答を振り返ってこう語っていた．

> 居場所に来ている当事者でも運営ボランティアはできるし，実際に講演会
> やシンポジウムでもお願いしている．なぜ当事者（と支援者）を分けよう
> とするのか．(フィールドノート，2011年12月)

さらに言えば，当事者にボランティアを担ってもらえば，当事者にとっても，
人とかかわったり，謝金を貰えたりと良い経験となるし，「ひきこもり支援」
としても理にかなっているはず，というわけである．そしてそれは，I会など
の講演会で森下氏がこれまでやってきたことでもある．しかし，これまでやっ
てきたことを会議で提案したものの，「全国」の人たち依って立つ支援者の論
理，社会運動の論理によって拒否されてしまったわけである．森下氏は自らの
実践を否定された格好となったわけであり，後に振り返って「あんなことして
るから当事者来うへんねん」と漏らすこともあった．

ただそれと同時に，この語りから読み取れる重要なことは，当事者と支援者

を分け，支援の文脈において当事者を端的に「支援の受け手」として措定するという支援者の論理に立脚する「全国」の人たちに対して，森下氏が違和感を表明しているということである．この語りでは森下氏自身の微妙な立ち位置が如実に表れている．それは，当事者団体ノアを代表する森下氏は，当事者なのかそれとも支援者なのかという森下氏自身のアイデンティティの証明に関わる問題である．森下氏はひきこもった経験を持つ「当事者」であり，その一方で，自身の経験を踏まえつつ自助グループ活動を行い，複数の支援機関でスタッフを担っている．森下氏の立場性や彼の活動実践から見て，「全国」の人たちの「分ける」という発想は彼自身の存在否定になりかねず，納得のいくものではないということである．

　一般的にひきこもり当事者は，「就労していない，親密な対人関係がない」存在として定義されつつ，支援を通して「対人関係がある状態にし，就労させる」ことが目指される存在として理解されている（厚生労働省 2010）．件の全国大会も，すべての参加者がそうではないにせよ，基本的には当事者をこのように理解し，一連のプログラムを通じて効果的な支援実践を議論する場であった．

　一方で森下氏の語りと活動実践を通して私たちが気づくのは，森下氏は，ひきこもりの当事者を単なる「支援の受け手」にとどまらない存在として理解しているということである．その理解については，より突っ込んだ形で森下氏は次のように言葉にしている．

　　ひきこもり問題は，社会では甘えや病気として，福祉や医療の問題として扱われる事が多いようですが，それだけでしょうか？　やさしくて才能豊かな反面，人と少し違っている人が，同質を良しとし，変化を嫌い，思いやりを失った社会や家族の中で，味方も無く，自分を守ろうとする行為であり，「どう生きるのか？」という哲学的な問題も含んでいるのではないでしょうか？[3]

　「ひきこもり」は，社会一般における理解としては「甘え」や「病気」とされていると森下氏は認識し，したがって「福祉」や「医療」によって対処されるべきものとされていると想定している．一方で森下氏の言葉では，「ひきこもり問題」はそれだけにとどまるものではないとされる．彼は「やさしくて才能豊か」と当事者の潜在的な能力を仮定しつつ，当事者を他とは「少し」違った存在であると表現している．そしてこの「少し」の違いを認めない現代社会

や家族の問題性を指摘し,ひきこもるという行為はその社会や家族に対する「自分を守ろうとする行為」とする.加えてその行為には「『どう生きるのか?』という哲学的な問題」が内在しているとも述べる.すなわち,「就労していない,親密な対人関係がない」という受動的な「ひきこもり」像に対して,当事者の能動性に注目しそれを強調することを通じて異議を申し立てているわけである.

先の引用に続けて森下氏は以下のようにも述べている.

> 私たちは,当事者として活動し,同じ当事者の方々とつながり,関係者や第3者との対話を進める中で,私たちが望む社会のあり方や生き方を考え,社会へと伝えていきます.[4]

ここには,ノアにおける当事者団体としての特徴が示されている.つまり,①自らを当事者として自己呈示し,②当事者に対して「同じ当事者」として働きかけ,③当事者以外の立場とも対話をするということを「ひきこもり当事者の活動」として行うということである.

加えて,この活動が「当事者」とくくられる人たちの間だけにとどまるものではないという表明も興味深い.自分の中,あるいは当事者同士だけで自らの「望ましい生き方」を考えるという一般的な自助グループでありがちな閉じた方向ではなく,「望ましい社会のあり方」を考え,かつそれを社会に対しても伝えていくという,「社会へと接続された(開かれた)活動」を志向しているわけである.そして「当事者(活動)と社会との接続性」を踏まえた活動実践は,先の「分ける」という発想とは対極にあると捉えることもできよう.[5]

やはり森下氏とノアは,これまで一般的に行われてきた「ひきこもり」に関わる支援活動とは異なることを行っているようである.もう少し具体的な内容を理解するために,次節ではノアがどのように立ち上がり,どのような活動をしていたのか,設立から現在にかけて代表を務めている森下氏の語りをひもときながら,ここで少し振り返ってみたい.

3 グローバル・シップスこうべ(ノア)の誕生

グローバル・シップスこうべ(ノア)が誕生したのは2006年の10月のことである.[6] 2006年春に神戸元町でスタートした支援団体であるI会を母体に,当時

I会に集まっていた当事者たちで当事者会を作ろうという話が，当時 I 会を取り仕切っていた国中氏（仮名）を中心に持ち上がり，森下氏を中心に任意団体「グローバル・シップス」として始まったのが最初の一歩であった．森下氏曰く，「I 会は支援者の作った当事者の会で，グローバル・シップスは当事者が作った当事者の会」という位置づけのようだ．最初森下氏は，国中氏以外の支援者にも相談に乗ってもらい，「団体運営は大変」，「(NPO 法人化した際の) 県に提出する書類とかが大変」という忠告もあって，当事者の団体を作ることや自分が代表を務めることあまり乗り気ではなかったが，国中氏の「やるだけやってみたら」という言葉を受けて，やってみることにしたそうだ．

　ちなみにノアの設立を呼び掛けた国中氏は，大学入学資格検定向けの塾講師を皮切りに，1980年代後半より不登校の支援や人間関係を苦手とした若者に対する訪問支援や居場所支援を始めた人物である．関西や中京圏において家族会や居場所を次々に立ち上げ，全国各地に支部を持つ家族会組織の立ち上げにも協力したという，ひきこもりの支援業界ではちょっとした有名人であった．森下氏にとっても国中氏は特別な存在らしく，自身の活動で重視している「当事者を一番大事にしたい」という思いに対して最も影響を与えた人物として挙げている．ただし，「声を出すだけの人」らしく，各地で立ち上げた団体の実際の運営は，後を引き継いだ人たちが担っていることが多いそうだ．

　さて，ノアの設立当初のメンバーは 6 人ほど．I 会の居場所に集まっていた当事者たちである．彼らは I 会では，パソコンを用いたホームページ制作や，イベントにおける体験発表などを中心に，お花見やお月見などの活動を行っていたそうだ．この I 会の居場所活動の延長線上に，ノアの活動が始まったというわけである．

　なお，当初は任意団体として立ち上がった「グローバル・シップス」だが，設立当初より NPO 法人化を目指しており，森下氏も NPO 設立関連の勉強会に参加して書類を準備していたそうだ．2008年の11月に「グローバル・シップスこうべ」の法人設立に向けた発起人会と設立総会を行い，12月に兵庫県に NPO 法人の認証申請を行い，2009年3月に認証がおり，同年4月に法人登記という流れをたどることになる．

　森下：〔NPO にして〕良かったのは話題になる，肩書きになる，こうやって NPO 法人にしたときの話ができる，あそうかそうか〔そういう NPO かと話

題になる〕，やし．まあねえ，ああいう支援機関の集まり〔前述の実行委員会〕なんかに行って，まあ名刺に，グローバル・シップス，NPO 法人をやってる〔と肩書を言える〕．まあデメリットは，まあ書類は大変は大変．(インタビュー，2011年7月)

このように立ち上がったノアだが，活動としては，NPO 法人グローバル・シップスこうべの定款第5条（事業）に定められたものとして三つあげられている．

（1）ひきこもり当事者等による自助グループ活動の育成事業[9]
（2）ひきこもり当事者等の自立と就労等に係るシンポジウム等の開催事業
（3）ひきこもり等に関する情報提供事業

このそれぞれの「事業」を中心に，以下で見ていきたい．

4 自助グループ活動
—— 「若者のつどい」，「交流のつどい」

4.1 フリートーク形式での自助グループ

森下氏によると，ノアでの自助グループ活動（森下氏は「つどい」と表現する）を始めた経緯は，次のとおりである．

> **森下**：まあ自分なんかは17，8で不登校になって，でやっぱりその一不登校のときはもう，まあ不登校なりひきこもりのときは，ずーと自分のことばっかり考えて，これまでのこと考えて，なんかホンマなんかちょっとしたことをなんか一日一週間，ぐたぐたと考えてましたねー．なんかちょっとしたことが気になって，それが続く＝ぐるぐる回ってくみたいな，なんかもーずーっともう堂々巡りみたいなことやってましたねー．(略) まあ〔ひきこもった状態から〕外に出て，まあ人と話したりして，まあ他になんか考えることもあって，まあ紛らわしているというのか，〔自助グループや居場所には〕そういう意味もあるやろなー
> **私**：紛らわす？
> **森下**：なんか自分一人で自分を見つめなおすというのはホンマ怖いことでー，なんか何のために生きてるんかとかー，でーやっぱりその社会生活

もやっぱり難しい，まあね，なんかまあ色ん＝そのー同じようなことを思っ
てる人と語る場があったらええんちゃうんかなーっていうことで，「つど
い」を〔始めた〕．（インタビュー，2011年7月）

　ノアの自助グループ活動は，アルコホーリック・アノニマス（AA）で行われ
ているような「言いっぱなし，聞きっぱなし」ではなく，フリートーク形式で
進められている．またトークテーマもとくに設けられてはいない．このフリー
トークで自助グループ活動を行うという形式は，森下氏がかつて大学生として
東京に在住していた時（1990年ごろ）に，エンカウンターグループと出会い，そ
こに参加した経験にもとづくものである．

　　森下：教育心理学の授業のときに，まエンカウンターグループっていうの
　　があって，「いろんな大学から学生が集まってきてて」ていうのを大学二
　　年のときに聞いてたんかな？，でまあ三年生の時分も，まあ行ってみよう，
　　ま心理学にもなんか関心あったし，ま自分自身なんか，なんか変えてみよ
　　うとは思わんけど，なんかうーん，まとりえず行ってみようという，（略）
　　〔参加してみて〕なんかまあ新鮮，もうこう自分のこう恥ずかしいと思っ
　　てるような面も見せようとか，こうまあ思い，あ未完の行為，まその思い残
　　さないようにしましょうとか
　　私：でそれを〔ノアでも〕実践していって？
　　森下：実践かなー？，まあたまに，うんま今も，あのーグローバル・シッ
　　プスで集いやるときは，一応エンカウンターグループと自分のなかでは，
　　基本にはしています．（略）あのとき〔グループ参加のとき〕はやっぱ感じた
　　ことを口に出すというのを，こう考えたことより，考えたこともやけど，
　　感じたこと表現するというか，そのとき，いいとか悪いとかじゃなくて．
　　（インタビュー，2011年7月）

　エンカウンターグループとは集団心理療法の一つであり，心理学者カール・
ロジャーズが開発したものがよく知られている（Rogers 1970＝1982）．森下氏が
参加したものは，少人数（10名程度）のメンバーが集まり，それぞれが思った
ことや感じたことを言い合うことによって他のメンバーや内的自己への理解を
深め，自己の受容や対人関係の改善などを目指すものであった．大学時代に森
下氏は，授業でこのエンカウンターグループの存在を知り，「自分自身〔を〕，

変えてみようとは思わんけど，とりあえ
ず行ってみよう」ということでグループ
に参加し，「感じたことを口に出す」こ
との意味など，「いろいろ自分で気づく
ことがあった」そうだ.

　この森下氏の経験をもとに，ノアでは
自助グループ活動を「若者のつどい」と
いう名称で毎月行っていた. 大体月1回
のペースで開催されており，活動を始め
た当初はI会経由の人も含めて人が集ま
り，人が多い場所が苦手な森下氏が息苦
しくなるほどであった. しかし私がノア
に関わるようになった直前ごろ（2011年
当初）は参加者が集まらず，たびたび休
会となっていた. 2011年夏ごろからは，
つどいの名称を「交流のつどい」と変更
したが，これは「若者」という名称があ

写真9-1　部屋の前の廊下に置かれ
　　　　　た案内看板
（出所）森下徹氏撮影.

ることで参加へのハードルを感じる比較的年齢が高めの当事者を意識してのこ
とであった.

　若者のつどいの場所は，神戸元町駅から徒歩10分ほどの緩やかな坂を上って
見えてくる兵庫県民会館の7階，青少年交流プラザのセミナー室を借りて行わ
れていた（写真9-1）[10]. この部屋は登録団体なら無料で借りることができ，交
通の便も良いため，たいていのつどいはこの場所で行われていた. 3か月前か
ら予約が可能であるが，別の団体が先に予約・使用していたりする時もあるの
で，その際はアコーディオンカーテンで区切られた隣にあるフリースペース（交
流サロン）を使っていた.

　セミナー室は約60平方メートルの白い壁紙の部屋で，建物の中央に位置する
ため窓はなく少し閉塞感がある. 長机と椅子が準備されているので，机をロの
字型に配置したり，あるいは椅子のみで車座にして使用したりしている. 隣の
交流サロンも丸テーブルに椅子4つのものが4セットあり，いずれを使用する
にせよ「丸く囲む」形で参加者が集まるようになっている. セミナー室には大
小のホワイトボードも準備されており，小さいホワイトボードはたいてい廊下

写真 9-2　「つどい」でのイス配置の一例

（出所）森下徹氏撮影.

に置いておく目印（案内看板）として使っていた（写真9-2）.

つどいは月一回，土曜日か日曜日に行われている．開始は午後からで，4時半から5時（土日は部屋の閉室自体が午後5時）まで行っていた．次節でふれるノアが主催ないし共催するシンポジウムやフューチャー・セッションなどの事業が多くなった時期には，前半の1時ごろから3時ごろまでの時間をスタッフ会議の時間にあて，事業に関する検討を行っていた．初期のころはつどいの時間の中でスタッフ会議にてやるようなことも話し合われていたが，つどい参加者すべてがノアの事業運営自体に興味があるわけでもなく，とくに一見さんの自助グループに参加したいという人にいきなりスタッフ会議に参加してもらうのも荷が勝ちすぎるということで，どちらも参加自由ということにして時間を分けたという経緯がある.

なお2013年度からは，次に触れるフューチャー・セッションにおいて出た，「休日の昼間には外に出にくい」，「夜間の方が外出しやすい」という「ひきこもり」の当事者にとってはありがちなネタをもとに，平日の夜間に居場所を設けてはどうかということから，フリースペース「ノア」を毎月2〜4回程度，平日の17時半〜20時に，兵庫県民会館のセミナー室を借りて行うということもしていた．基本的にはフリートーク主体であるノアの「つどい」を，平日の夜にも行うようになったということである.

集まってくる人は，私と森下氏を含め，大体4〜5人ほど集まるのが常であり，初見の人は2，3回に1〜2人程度であった．ノアの情報は，森下氏が他の居場所やイベントで知り合った人に勧めたり，あるいは参加者の口コミで広まったりしていったようだ．フューチャー・セッションに力を入れていた頃（2012年〜2013年）には，「ひきこもり」などを取材しているジャーナリストによってインターネット上の雑誌に紹介記事が書かれたこともあり，それを見て参加してくる人もいた.

　参加してくる人は基本的に阪神地区に在住している人で，一人暮らしの人，実家に住んでいる人など様々であった．年齢は20代〜40代ぐらいで，男性の参加者が多かったが，女性もたびたび参加していた．[11] ただ森下氏と私以外が女性の参加者だけになることは数回程度で，逆に参加者全員が男性であることが多かった．もともと不登校だった人や就労に困難を感じている人，精神的な不安を抱えている人，家庭内の不和（とくに親との）を抱えている人など，それぞれが抱え込んでいる「生きづらさ」も様々で，人によっては複数抱え込んでいる人もいた．あまり口数が少ない人もいたが，よくしゃべる人も結構参加してきた．共通項と言えば，「ひきこもりの自助グループ」ということに興味を持って参加したという点ぐらいである．私としても，似たような「生きづらさ」を抱えてはいるが，微妙にずれているという感覚があった．

　会自体はフリートーク形式で進められ，進行役はたいてい森下氏が務めていた．それは森下氏が話題の主導権を握るということでは無く，例えば数回に1回は初参加の人がいるので，その人に対して配慮する役割を担ったり，とくに全体的な話題がない場合は森下氏から話題を提供したりというようなファシリテーターのような役どころを担っていた．話す内容もその場で決まっていくものであり，とくに最近の出来事についての身の上話が中心であった．大体は森下氏の身の上話がまず話されて口火が切られるのが定番であった．また，近々行われる「ひきこもり」関連のイベントや他の支援団体についての情報などを共有することもあったし，参加者が話したいテーマを持ち込むこともあった．

4.2　つどいの二次会

　終了後にはたいてい懇親会として二次会が行われていた．一次会であるつどいの終了間際，次回の日程決めや後片付けを始めつつ，森下氏が「この後，懇親会（二次会）しますけど，どうですか？」と参加者に伝えるわけだが，一次会参加者のうち用事がある人や誰かと食事することに苦手を感じる人以外は大体参加していたと思う．ただ一次会の流れであるため，二次会の参加者も男性が多い（あるいは男性だけ）となることがほとんどであった．また，ごくたまにではあるが，二次会から参加する人もいた．

　場所は元町駅前のサイゼリヤでやることが多かった．サイゼリヤはリーズナブルな価格設定である（ファミレスでも最も安い価格帯で，ドリンクバーだけでも税込み280円であった）し，元町駅前の店はつどいが終わる土日の夕方以降は結構空

写真 9-3　懇親会の様子

（出所）森下徹氏撮影．

いていたので，よく使ってい
た．森下氏は煙草が苦手とい
うこともあり，席は決まって
禁煙席である．

　二次会で話されている話題
としては，もちろんその時の
参加者次第で話題や雰囲気は
異なってくるわけであるが，
一次会で話していた話題を延
長することもある一方で，恋
愛や結婚の話など，一次会で
はあまり出なかった話題が展

開されることもあった．また，参加人数自体は4〜5人程度であるが，その中
の2〜3人がそれぞれ別々になって話をしていることもあった．例えば私と森
下氏で共通の話題となりやすい趣味の話をしている隣で，別の趣味の話題や仕
事や家族，恋人，共通の知り合いに対する話題が展開されていたり，あるいは
スマートフォンをさわっていたりしていた[12]．
　参加者がみなお酒を飲む人ばかりではないが，森下氏はかなりお酒が強いた
め，お酒が飲める3〜4人で1.5リットルのワインボトル（「マグナム」，当時税込
み1080円）を空けることもしばしばであったが，一番飲んでいたのはいつも森
下氏である．私はお酒を飲むとすぐ顔が赤くなる方だが，森下氏はまったく顔
に出ない．「二次会のために一次会があるようなもんやろ」と茶化したことを
森下氏が言うときもあったが，私としてはむしろその言葉は本心ではないかと
も思えるぐらいである．森下氏はそれほど饒舌な方ではないが，アルコールが
入ると話が弾むし，結構夜遅くまで一緒に飲んでいたものである（写真9-3）．
　二次会ではそれぞれ別々に話し込んだりするため，一次会と比べて一見バラ
バラな会のようにみえる．ただ二次会全体としては，誰かと一緒にご飯を食べ
る，あるいは誰かと一緒にお酒を飲む，ということを達成していることになる．
森下氏はじめ二次会参加者は，誰かと話ができるというだけでなく，誰かと一
緒に食べたり飲んだりすること自体に「楽しさ」を見いだしているわけであり，
したがって食事やお酒は，その「楽しさ」を支え，促す道具と言えるわけであ
る[13]．

5　シンポジウムの開催

5.1　社会に開かれた活動としてシンポジウム活動をはじめる

　ノアでは，自助グループ活動だけでなく，シンポジウムを開催することも明確に示している．次節で取り上げる情報提供もそうであるが，シンポジウムと情報提供という二つの活動は，先に述べた自助グループ活動とは位相が異なるように思われる．というのも，若者のつどいが参加者間（自助グループなので必然的にそれは当事者間となる）の共同性によって達成されているのに対して，シンポジウムや情報提供は当事者も含めた社会一般へと向けられた活動だからである．また「ひきこもり」の当事者団体は自助グループや居場所といった仲間内での活動を展開するところが多く，少なくともノアが設立された2008年の時点では，「社会の理解」（ノア設立趣意書より）を明確に訴える当事者団体は，（とくに関西では）珍しかったと言える．

　なぜシンポジウムをノアの活動の軸に据えたかというと，それは，森下氏が持つ社会への関心から来ている[14]．

> **森下**：もともとなんか社会的な問題には関心が，ま小学校のときからあったけどー，なんで勉強するんかなーとか，今の教育システム，そんなん考えるようになって，なんかなんのためにやっぱ生きるんかなーとか，思うし．（インタビュー，2011年7月）

　また，森下氏は高校時代に不登校を経験しているが，その際も，地域での側溝掃除などのボランティア活動はしていた．大学時代以降の「ひきこもり」から抜け出そうとしていた時期（2000年ごろ）にも，カーシェアリングに関心を持ち，予約のためのホームページ制作を手伝ったりしていたそうである．ハウスシェアリングにも関心があり，ノアの活動と並行して，家族が購入した建物をシェアハウスにしたり，そこでイベントなども行ったりしていたそうである．すなわち，社会に対して働きかけることを，森下氏自身はもともと持っていたわけである．そしてこの「社会に働きかける」というノアの特質があったからこそ，先に挙げたような当事者のリハビリテーション（社会への適応）を志向する支援者らとの軋轢をはらませたのではないだろうか．

　第1回目のシンポジウムは2008年4月に明石で「全国若者のつどい」として

開かれていたものである．これも国中氏の呼びかけもあり，90人ほどが集まったそうである．前日のイベントとして姫路城公園でお花見やお月見，餅つきなどをし，翌日，明石に移動してシンポジウムを行ったそうだ．シンポジウムの中身は，ひきこもった経験を中心に当事者が話す体験発表と，観衆と発表者との質疑応答で，参加者は親の立場の人が多かった．ただ中にはそういった場がしんどい当事者もいるので，近隣の明石公園でも別行動としてお花見をしていたそうだ．

5.2　体験発表の当事者的意味

　この頃のシンポジウムにおいて目玉であった体験発表というやり方は，「ひきこもり」に関するイベントではお決まりの形式のようであり，ノアの1回目のシンポジウムもI会でやっていた体験発表を踏襲したもののようである．森下氏自身もI会に顔を出し始めた時期に体験発表をしており，次のように振り返っている．

> 森下：まあなんかーホンマ，誰ともしゃべらんと家にいるとなんかホンマ苦しくて，（略）〔I会では〕最初はまあ，最初はなんかなあ，最初は体験発表したんかー，自分的には聞いてほしいと思ってたんやけど，そういう話，まそういう場所もないと思ってたから，もう機会があって，なんか聞いてもらえて，お金ももらえて，なんかうれしかったですね．（インタビュー，2011年7月）

　自分の話をすること，すなわち自己物語を語る場としては，これまで自助グループを中心に議論されてきたが，この自分の話を当事者以外に聞いてもらうということにも意味があるということを，森下氏は指摘している．ここで重要なのは次の二つである．すなわち，①自分の話を聞いてもらえる場が設けられたこと，そして②自分の体験が意味のあるものとして価値づけられたことである．

　体験発表は，語り手が何を語りたいかだけでなく，聴衆が何を聞きたいかによって支えられている．例えば体験発表において発表者は，自分がいかに「対人関係を回復」し，またいかに「就学／就労」していったのかを到達地点として編成された「回復の物語（the restitution narrative）」（Frank 1995＝2002）を語ることがある．それは「いかにしてひきこもりを脱出したか」（＝「社会復帰していっ

たのか」）という観点にもとづいているわけだが，その物語は，聴衆の中にいる
当事者や親らの今後を見通すための参考として求められる物語でもある．

　従って体験発表の場は，発表者の物語行為（storytelling）に対する承認が制度
的に約束されているわけであり，ゆえに発表者自身の物語を正当化させる（ある種の発表者に対する支援的な）ものでもあるわけだ．発表者が語る物語に対して，聴衆のなかにいる親は当事者本人を，あるいは聴衆のなかにいる他の当事者は自己を仮託することで，当事者本人の自己物語を理解するための鍵を得ようとしている．言い換えれば聴衆は，発表者が提示している身体と言語のなかから，それぞれが直面する〈実存的疑問〉（石川良子 2007）に対処するための鍵を見つけ出そうとしているわけである．

　聴衆の期待に応えるために発表者が話題の筋書きや内容を演出するということは，統制された進行のなかでなら比較的容易く行うことができる．事前に読み原稿を用意しておけば，発表者は自分をどのように自己呈示するかを統制することができる．例えば，発表者は聴衆のなかにいる親の子どもとは異なった存在ではあるが，その親の子どもと似たような経験を有していると発表者が自己呈示し，それが聴衆から承認されることで，体験発表の場は成立している．その結果発表者は，その親の子どもの姿と重ね合わされ，「疑似的な親子関係」がその場で成立する．この疑似的な関係において発表者は，自分の話が聞かれるという出来事を経験するわけだが，それは，発表者がこれまでの実際の親子関係などで経験してきたものとは異なった経験となる．森下氏はその異なった出来事を経験したこと（実際の親子関係では聞いてもらえないことが，体験発表の場では聞いてもらえた）に対して，感覚的に「うれしかった」と言っているわけだ．

　また体験発表は，単に他者に自分の話を聞いてもらえる場としてだけあるわけでは無い．発表の対価として（数千円程度の少額ではあるものの）報酬が支払われているという点も重要である．この「ひきこもりを通じた自らの経験や体験を発表し，聴衆から対価（報酬）を得る」仕組みは，後でふれる当事者活動として展開された「ひきこもり大学」の仕組みと相通じるところがあるので少し考えてみたい．ちなみにこの報酬は，主催者のポケットマネーではなく，講演会の聴衆から徴収した参加費から割り当てられているものである．森下氏が「うれしかった」と評価するのは，単に話を聞いてもらえる場があったのみならず，まさに自らの体験が，対価を得るだけの価値があるものと聴衆からみなされたと森下氏自身が解釈できうるように仕掛けられているからではないだろうか．

　一般的に，社会における「ひきこもり」に対する理解は，「ひきこもった経験に価値など無い」となりがちであるし，社会におけるそのような理解が，当事者の自己否定的な意識に働きかけるであろうことは想像に難くない．その自己否定的な意識に影響を与えている自らの経験に対する否定的な意識を書き換えるという働きが，「体験発表の対価としての報酬」には込められているわけである．

5.3　対話重視への模索——ライブトーク，フューチャー・セッション

　2008年の第1回目のシンポジウムの後は，2011年までシンポジウム活動はお休みしていたが，2011年11月と2012年11月に神戸で，「ライブトーク」と銘打ち，それぞれ実質2回目と3回目のシンポジウムを行っている．2011年のライブトークは，同年に起きた東日本大震災を念頭に，震災と「ひきこもり」をテーマに行い，2012年のライブトークは，開催日が勤労感謝の日ということもあり，「労働」をテーマに開催した．それぞれ家族や当事者を中心に約30名，約50名の参加者があり，私も参加していたが，なかなか活況だったと思う．形式としては前半を講演会とし，「ひきこもり」をテーマに活動されている著名な人に講演をしてもらい，それを受けて後半をフロアの参加者同士の交流やトークの時間に充てるものであった．森下氏はかねてより，体験発表や講演会などの形式が「発表者から聴衆への一方通行なコミュニケーションになりがち」という問題意識を持っており，この頃より，これまでよりもインタラクティヴなシンポジウム形式を模索するようになった．ライブトークにおいて交流やトークの時間を設定することは，そのための試行錯誤である．

　一方で関西の大会が終わった後の2012年4月以降になると，ノアでは新しい形式として，フューチャー・セッション（以下，FS）に取り組むようになった．これは2011年頃より森下氏と親交のあった，「ひきこもり」を取材しているジャーナリストの池上正樹氏と加藤順子氏の提案で取り組み始めたものである（池上 2014）．FSとは，第三者を交えた様々な関係者を集め，対話を通じて相互に問題解決を志向する実践・場である．1990年代に北欧で概念化されEUでは広く展開している（新エネルギー・産業技術総合開発機構 2008）．日本でも政府自治体や民間企業，大学，NPO/NGO等で広まっており，「ひきこもり」問題をめぐっても浸透している（池上 2014：190-209）.

　2012年の5月には，神戸にて「ひきこもり問題フューチャーセンター」の立

ち上げ準備会を行い，6月に
第一回目のFSを開催した（写
真9-4）．最初の開催という
こともあり，「ひきこもり」
という名称を用いて，これま
での支援とは異なる新しい取
り組みをしていきたい人が集
まってきていた．これ以降，
ノア主催でも2012年度に4回
ほどFSを行い，他にも他団
体との共催で数回セッション
を開催し，それぞれ10人程度
から数十人の参加者があっ

写真9-4　フューチャー・セッションの座席配
置の一例

（出所）筆者撮影.

た．FSでは，これまでのシンポジウム参加者の多数を占めていた家族や当事
者だけでなく，一般市民や「プロボノ」（自らの専門知識や技術を社会貢献に生かす
市民活動）としての参加者も多く見られたのが私としては印象的であった．

　フューチャー・セッションのやり方は様々な手法があるが（野村 2012），ノア
でよく行っていたものは，前半に1人から数人のテーブルホストが話題提供を
行った後，後半にワールドカフェなどを参考にした対話を行うというものであ
る．ワールドカフェとは，「対話」を深めるためワークショップの方法として
考案されたものであるが，ノアではその手法を参考にしつつ，おもに次のよう
に進めていた．

　①参加者はテーマごとに数人のグループに分かれて自己紹介の後に「対話」
し，「こういうのがあったらいいな」「こういうのがほしいな」など，対話中に
思い付いたアイデアを付箋紙に1個ずつ書いて，模造紙にはっていく（写真9-5）．

　②次に，休憩をはさみつつ（お菓子や飲み物を「おもてなし」として用意している），
テーブルホスト以外のメンバーは他のテーブルに移動する．

　③改めてセッティングされたテーブルにおいてホストは前回の「対話」の概
要をまず話し，前のメンバーが残した付箋紙を参照しながら今のメンバー間で
「私たちにできること，私たちだからできること」などを「対話」を深めてい
く．

　④この①～③の流れを数回繰り返し，最後に「ハーベスト」として各ホスト

写真9-5　模造紙に付箋を貼る（フューチャー・
　　　　　セッションのひとこま）

（出所）森下徹氏撮影.

が参加者全員に対してまとめ
の報告を行うというものであ
る.

　もちろんこれは一つの例で
あり，他にもホワイトボード
を使って話の内容をまとめた
り，話題を受けて参加者が肯
定的意見を付箋に書き，それ
を話題提供者の身体に張り付
けてゆく「養虫スタイル」な
ど，様々な方法を採用してい
た.こういったワークショッ
プ型のシンポジウムをするの
はなにぶん初めてのことであったため，FS などの運営手法に詳しいプロボノ
の方に手伝ってもらったり，あるいは森下氏も，ファシリテーターとしてセッ
ションをうまく回す技術を向上させるために他の FS に積極的に参加するなど
していた.

　テーマとしても，ノア主催の「生きると働く」と称したセッションや他団体
との共催セッションにおいて，生き方や働き方，恋愛・結婚，支援のあり方や
「私たちにできること」などについて行っていた.このような話題は，これま
で「ひきこもり問題」をめぐってあまり触れられてこなかったが，森下氏をは
じめ「このテーマでしたい！」ということで，FS のセッションテーマとして
やっていったわけである.

5.4　「ひきこもり大学」——経験を価値に変える

　2013年秋ごろから2014年度にかけては，今度は「ひきこもり大学」という取
り組みを始めた（写真9-6）.これは，東京の方で行われていた「ひきこもり
問題」を話し合う FS の「—庵—IORI」に参加していたある当事者から出たア
イデアであり，ひきこもった当事者の経験に価値づけするという意味では，こ
れまでの体験発表と似たような性格を持つものであった.

　もちろん，「ひきこもり大学」として新しく提案されたのは，これまでの体
験発表とは異なる性質もあったからである.その特徴として挙げられるのが，

①どのような内容で「ひきこもり大学」を行うのかを講師役となる当事者自身が設定すること，②講義への対価は観衆からの投げ銭であり，そこから講師の報酬や交通費が賄われること，③講義形式やセミナー形式，音楽ライブなど，開催の形式にはこだわらないことである[16].

　ひきこもり大学で行う内容は，必ずしも体験発表に限らない．重視されるのは，ひきこもった経験を何らかの価値に変えることである．したがって内容としては，「コミュニケーション学部」や「セルフセラピー学科」，「生きていたいと思うようになりたい学科」，「弱さでつながる学科」，「みんな違って，みんないい学科」など，講師役の当事者による思い思いの学部学科名称が付けられつつ，ひきこ

写真9−6　ある「ひきこもり大学」の実施の際に，看板代わりに使った垂れ幕

（出所）筆者撮影.

もっている最中で得た知識や技術，ひきこもり当事者としてのモノの見方・考え方，今後行ってみたい事業など様々な内容が全国各地で展開された．ノアでも，大阪でひきこもりの当事者主体の活動を展開している「わかもの国際支援協会（わかこく）」などと連携しつつ，大阪や神戸で数回「ひきこもり大学」を開催し，とくに2014年3月に行った「ひきこもり大学経済学部」は，当事者や家族にとっては切実な「お金」にまつわるテーマであったためか，約100名の参加があり，これまでのシンポジウムで最も盛況であった.

　「ひきこもり大学」における，投げ銭から講師役の当事者への報酬・交通費が賄われるという仕組みは，観衆一人ひとりが講義の対価を決定するという意味ではシビアに見える．集まる金額は予想できず，必ずしも多額が集まるわけではない．しかし，集まった金額が自分の講義内容の価値であると露骨にわかる仕組みであり，これまでの体験発表よりも，講義内容への価値づけが観衆から直接なされているということが講師からは明確であり，まさしく「自分の手で得た報酬」ということがわかるということであった.

　ノアで行った「ひきこもり大学」の形式は，前半を講義にあて，後半に小グ

ループに分かれて議論するというものであった．基本的には，これまでライブトークで行ってきた形式に，「ひきこもり大学」のアイデアを加えたというものであったと言えるが，これまでの積み重ねを生かしつつ，当事者主体の対話型シンポジウムを模索した結果でもあった．

6　ひきこもりに関する情報の提供

> 森下：ひきこもりの，まあ去年そのー調査ずっと回るのにそういう情報を集めてたというのもあるし，集めてた．まあ必要やったていうのもあるし．あとつどいやったときに，その支援機関の情報ほしいという人が居て，まあホームページにちょっとまとめて．まあもっとこう詳しくしたいんやけど，ちょっとそこまでの余裕がない．（インタビュー，2011年7月）

　森下氏がなぜ情報提供にこだわるのかについては，少し説明が必要であろう．私が大学院に入学した2010年ごろはとくに，ひきこもりに関係する支援団体や自助グループの情報（支援機関のリストなど）は，当事者にとって役に立つ形ではまとめられていない現状があった．行政がまとめる支援機関リストは，基本的には公立の機関や補助金の交付先など公的性格が高い団体に限定されており，自助グループや当事者主体のグループは掲載されていないことがほとんどであった．また，ひきこもっている当事者にとって最もアクセシビリティが高い情報媒体はインターネットであるにもかかわらず，自身が住んでいる地域の支援機関リストがまとめられたウェブサイトが存在しないため，当事者がどこかに行ってみたいと思ったときに，果たしてどこに行けばいいのかが分からないということになっていたわけである．

　ノアのつどいが始まったばかりの2007年頃に集まっていたつどい参加者のニーズとしても，支援機関の情報がなく，リストが欲しいということがあった．森下氏自身も当事者に届く情報の不足に気づいており，その頃より森下氏は，ニーズに応えるかたちで，主に兵庫県内の支援機関のリストや，ひきこもり関連のイベント情報をまとめて，ノアのホームページ上で情報提供を行っていた．

　また兵庫県では，子ども・若者育成支援推進法（2010年4月施行）にもとづく地域協議会として「ひょうごユースケアネット推進会議」が設置されており，[17]県内におけるひきこもりや不登校などの若者支援の連携を図っていた．その会

議体の事業として，2010年5月から9月にかけて県内のひきこもりの実態調査が行われ，森下氏はその調査にアシスタントとして加わり，県内各地の支援機関を見聞し，情報を収集した経験があった[18]．この経験も生かして森下氏は，次第にホームページのコンテンツを充実させているわけである[19]．

　加えてノアの情報提供で特徴的なのは，支援機関のリストだけでなく，森下氏が収集した，主に関西地方においてここ数か月以内に行われる予定のイベント情報も載せている点であろう．いきなり支援団体につながるのではなく，一般参加が可能なイベントに匿名の一参加者として参加することで，主催団体の様子をうかがう当事者も案外多い．「自分が何者か」が問われない空間には参加できる人にとっては，イベント情報は他者との重要な接点となり得るのである．

　また，多くの自助グループやイベントを「はしご」している当事者もいる．そして当事者同士が出会うことによって，自助グループで行われているように，情報の共有が図られたり，あるいは二次会で盛り上がったりする．ときにはその出会いが，新たな活動に結び付くこともある．支援機関リストやイベント情報の提供は，そういった当事者同士をつなぐ橋渡し役に一役買っているわけである．

　このように，当事者にとってインターネット上のつながりは重要な社会関係資本であるといえる．とくに私が驚いたのは，ツイッターやLINE，Facebookなどの SNS による，イベントや自助グループに参加している当事者同士のネットワークが，オープン／クローズド問わず形成されていることであり，そこで様々な口コミ情報が流通していることであった．ノアもこのネットワークの一端としてFacebookでのノアのホームページや，イベント開催を告知するページを開設したり，グループページを開設してメンバー間での連絡に活用したりしていた．

　もちろん，最初からノアのホームページが現在のように充実していたわけでは無い．ノアのホームページは，最初はI会のホームページを間借りして，つどいの開催日時を告知していたことから始まったそうである．そもそもI会のホームページ自体も，もともとパソコン関係が得意な森下氏がホームページ作りにも興味があったということもあり，国中氏から頼まれて他のメンバーと一緒に作ったそうである．その後森下氏は，ノアの独自ドメイン（www.global-ships.net）を取得し，現在に至るまでノアのホームページを管理し，情報を提供して

いる．

　　従来の価値観にしばられない新しい生き方，自由・平和・愛を求め，希望
　　と不安を胸に，いざ共に大海へ！[20]

　2016年現在，このノアのスローガンが掲げられたホームページには，他にも
様々なコンテンツがある．NPO団体としての公開情報（活動内容や経緯，年次別
の事業報告書や財務諸表など）や連絡先，そして森下氏や立ち上げ当初のメンバー
が書いた短い文章が載せられた「メンバーの声」が掲載されている．
　その「メンバーの声」の中の一節にこのような記述がある．

　　不登校は，当初（30年ほど前）は専門機関により本人に問題（情緒など）があ
　　るとされ，「登校拒否」と呼ばれ，教育・指導が行われていました．そし
　　て各地で事件（広島・風の子学園事件など）が起こり，前後してフリースクー
　　ルができはじめて，そうした中から実際には行きたくても行けない人が多
　　いという意味で「不登校」と呼ばれるようになり，学校に問題がある，無
　　理に学校へ行かなくてもいいのではないかという考えが現れ，救われた児
　　童・生徒の方々も多いと思います．／医療関係者により「ひきこもり」と
　　いう言葉ができて20年ほどですが，支援機関では本人の問題（病気・障がい・
　　甘え・コミュニケーション能力不足）として，本人への治療・就労への訓練が
　　行われている事がほとんどです．事件もありましたが，その認識はほぼ変
　　わっていないように思います．行政や支援機関によるご尽力の一方で，総
　　数は増え，本人とご家族の高齢化が進んでいます．／私たちの親世代は「食
　　べる」事に必死だった戦中・戦後からがんばって，奇跡的な復興・右肩上
　　がりの成長をとげました．その影で大切な事を置き去りにしてきたのでは
　　ないでしょうか？　不登校・ひきこもりはそんな社会への問題提起の面が
　　あると思います．／ご一緒に当事者の声を社会に伝えましょう！[21]

　この文章には，「ひきこもり」は「社会への問題提起」であるという主張が
書かれている．ここで展開されている主張の根底には，「本人への治療・就労」
が中心となりがちな従来のひきこもり支援に対する批判的な視点を持っている
ことであり，当事者本人への帰責の一方で見過ごされている社会的な問題に対
する関心がある．この二つが，ここで取り上げたノアの活動のような「ひきこ
もり」の当事者活動を支える論理であり，社会に対する問題提起のために「当

事者の声を社会に伝える」ということも，ノアの情報提供事業の一環なのである．

7　ノアの現状と本章のまとめ

「こんなんでよかったんかなー」．2014年3月，ひきこもり大学の終了後に，森下氏が漏らした言葉である．このフレーズは森下氏の口癖みたいなものでもあるので，「まあ，ええんちゃいますか」と，私は半ば適当に相槌を打っていた．しかし今から思うと，私の適当さとは違って，森下氏は今後のノアの活動に関して，何らかの不安を抱いていたのかもしれない．

実際ノアでは，2014年度から兵庫県より委託を受け，ひきこもり・不登校等の電話相談事業「ほっとらいん相談」の事務局を担うようになった．これはノアが事業の事務方となり，電話相談員の日程調整やコーディネート，報酬計算などの各種事務作業や相談員の欠員時のピンチヒッター役などを，ノアのNPO事業として請け負う（実際に実務をこなすのは森下氏）ものであり，それまでのノアの活動とは一線を画すものであった．ノアにとっては新しい事業ということもあり，とくに初年度は，森下氏にとっては非常に忙しかったようだ．

私も2014年あたりは，研究の忙しさと体調不良，その他諸々が重なり，ノアの活動に積極的に参加できない時期であったし，私と同時期にノアに関わるようになったほかのメンバーも，生活状況の変化などもあり，活動から離れていった時期でもあった．森下氏はじめ，つどいやフリースペースを定期的に開催するのは難しい状況になってきたということもあり，2014年度以降は自助グループ活動を休止し，ホームページ等による情報提供と，他団体が主催するシンポジウムなどのイベントに協力することが活動の中心になっていった．またノアは，2014年のKHJ大会における「ひきこもり大学」への協力を皮切りに，2015年度から一年間は，他の当事者団体などと共に，日本財団から助成を受けたKHJの「ひきこもり大学KHJ全国キャラバン」事業に協力し，全国21地域でひきこもり大学を開催した（ひきこもり大学出版チーム編2020）．森下氏もファシリテーターとして全国を飛び回り，非常に忙しそうであった．

一見，ノアの活動は休止しているように見えても，活動自体は続いており，基本的にはI会や他団体のイベントや活動の援助をしつつ，活動を継続していた．ただし2017年になると，森下氏が生業の関係で関西を離れることとなり，またI会も2018年度末で活動を終了したこともあり，2017年頃からは，ノアで

は兵庫県の受託事業である電話相談事業や兵庫県の「ひきこもり情報ポータルサイト」制作活動など，関西から離れていても活動できる事業がメインとなっていた．

　この状況も，2020年頃からの新型コロナウイルスの流行における社会状況を受けて変化があった．兵庫県では，コロナ禍以前より，オンライン上の居場所（「電子居場所」）の開設について検討がなされてきたが（兵庫県ひきこもり対策検討委員会 2020），コロナ禍において対面での集会等が制限される状況の中で，ノアでもオンラインビデオ会議ツールの Zoom を用いた居場所（2020年1月）や当事者会（2020年4月〜7月）を実施することとなった．2020年8月からは兵庫県の受託事業となり，2021年3月現在まで定期的に開催されている（オンラインスペース・フェニックスと，女性限定の好会（ハオかい）としてそれぞれ実施）．コロナ禍以前においてはICTスキルや設備の面でハードルが高そうだったオンラインでの集まりも，コロナ禍においてオンラインでつながることが当たり前のものとなることで，参加のハードルはぐんと低くなったように思える．

　かねてよりノアは，I会など関係する他団体との連携を積極的に行ってきたわけだが，2010年代は自助グループやシンポジウム活動などを行うひきこもり当事者主体の団体が活発に活動を行いはじめた時期でもある．他団体との連携は，ノアのこれまでの蓄積（それは森下氏自身の経験でもある）を，他の当事者団体の活動にも生かすという意味もあるように思う．一見ノアの活動は休止しているように見えても，実際は，ノアの活動はノアを超えて，他の当事者や他の団体，ひいては社会に対して影響を及ぼし続けているわけである．

　　注
　1）　O会は，後に紹介するI会を立ち上げた国中氏（仮名）を中心に設立された家族会から出発した団体で，現在は居場所活動や市から受託の「ひきこもり地域支援センター」事業などを行っている．なお後述のI会と同じく，関西圏や中部圏の各地で国中氏が立ち上げた同名を冠した団体が「ひきこもり」の支援活動を行っている．
　2）　なお，本章で触れているはあくまで2011年度までの全国大会についてのものである．近年のこの大会は，厚生労働省の当事者ピアサポーター事業化や「当事者主権」の影響もあってか，専門に特化した支援者に限定せず，より開かれたものになっているという．実際2015年度の大会では，当事者シンポジウムが目玉のひとつになっていた．
　3）　『NPO法人グローバル・シップスこうべリーフレット』「代表から」より引用．
　4）　『NPO法人グローバル・シップスこうべリーフレット』「代表から」より引用．

5） なお，当日の大会においては当事者の特別分科会が設けられ，居場所や自助グループに参加している当事者の体験発表や質疑応答が行われ，当事者だけでなく，家族や支援者，研究者などが数十名参加し，活発な議論が行われていた．大会自体も，未許可のビラ（内容については至極まっとうなもの）が配布されるなど一部混乱があったようだが，ほぼ滞りなく終了した．

6） ノアの愛称は2013年3月に決定したものであり，「正式名称が長い」ということで愛称を付けた経緯がある．したがって「ノア」は，設立当初から2013年にかけて存在した名称ではないが，本章では読みやすさを考慮して，略称として「ノア」を用いている．

7） ちなみに森下氏によると，O会は「支援者が呼びかけて作った家族会」という認識のようである．

8） なお，私はノアの活動に参加し始めたのは，森下氏と初めて出会った2011年3月ごろからである．2012年5月からは，活動から離脱していた人に代わって監事を務めている．

9） 他団体の定款を参考に作成したため，支援者や家族が自助グループを育成するという意味で「育成」との文言が入っているが，本来は不要だったかもしれないと森下氏は述べる（フィールドノート，2017年3月）．

10） 本章で用いた写真のうち，写真9-1，写真9-2，写真9-3，写真9-5は，森下徹氏の撮影による．記して感謝したい．

11） あくまで外見からの判断であり，性的指向などは，実際は不明である．

12） 二次会を開催するということは，ノアだけでなく他の複数の「ひきこもり」の自助グループでも行われており，私はそちらにも何度も参加したことがあるが，興味深いのはそれぞれのグループで違いが出てくるということである．例えばある自助グループは参加者の年齢が比較的近い（20代後半～30歳代前後）男性だけの二次会であったためか，ノアの二次会ではあまり出ない彼女，アニメ，ゲーム，スポーツ，ギャンブル，酒などの話題で盛り上がることもあった．場所もファミレスだけでなく，全品280円の焼き鳥屋やカラオケボックスなどで行うこともあった．

13） また，この二次会は，つどいだけでなく，次にあげるシンポジウムの終了後にも大抵行われていた．シンポジウムの二次会の場合はつどいと比べて人数が多く，打ち上げ的な要素もより強かったため，サイゼリヤだけでなく，低価格メニューが充実した居酒屋で行う事も多かった．

14） 塩倉（2000）や石川良子（2007）などのレポートをみると，1990年代後半より関東を中心に自助グループ活動などの当事者活動の盛り上がりが記されている．関東のいくつかの活動や団体は，当時より現在まで続いていたりするが，関西で現在活動している団体は，2000年代中頃以降に活動が開始されたものばかりである．埋もれている活動や運動の歴史の掘り起こしが待たれる．

15） ちなみに，IORIを立ち上げたメンバーの中には，先述の関西大会以来ノアと親交が

あり,「東京でも FS を立ち上げたい」ということで神戸での第 1 回 FS にも参加して
いた人たちもいた.

16) 「ひきこもり大学　KHJ 全国キャラバン　ホームページ」〈http : //www.khj-h.com/khj
-c.net/activities/〉（2021年 3 月24日取得）より要約して引用.

17) 子ども・若者育成支援推進法第19条「地方公共団体は,関係機関等が行う支援を適
切に組み合わせることによりその効果的かつ円滑な実施を図るため,単独で又は共同
して,関係機関等により構成される子ども・若者支援地域協議会（以下「協議会」と
いう.）を置くよう努めるものとする」.

18) この調査結果の詳細は,ひょうごユースケアネット推進会議（2011）にまとめられ
ている〈https : //web.pref.hyogo.lg.jp/kk16/documents/000175542.pdf〉2016年11月 5 日取
得.

19) 無論,当初からホームページが現在のように充実していたわけでは無い.森下氏は
I 会のホームページなども最初から手掛けており,ノアのつどいの情報も,当初は I 会
のホームページに記載されていた.2007年11月以降に I 会とノアのホームページを分
離させ,支援機関の一覧やメンバーの声などコンテンツを充実させつつ,Facebook や
Twitter も活用しながら現在に至っている.

20) 『NPO 法人グローバル・シップスこうべリーフレット』表紙より引用.

21) NPO 法人グローバル・シップスホームページ〈http : //www.global-ships.net/voice/〉
（2021年 3 月24日取得）より引用.

22) 兵庫県では,支援における県の役割を検討するために,2019年 9 月より「兵庫県ひ
きこもり対策検討委員会」が設置された.森下氏も委員として参加しており,新たな
施策について検討が重ねられてきた.この委員会の報告書や議事要旨,パブリック・
コメントは兵庫県のウェブサイト〈https : //web.pref.hyogo.lg.jp/kf08/hikikomori02.html〉
（2021年10月 6 日取得）より閲覧できる.なお,オンラインの居場所については,2019
年 9 月 3 日の第 1 回会議の時点で提案がなされており,2019年10月17日の第 2 回会議
においては,Zoom を用いた電子居場所について提案がなされている.

第10章
「ひきこもり」の当事者として
〈支援〉するということ
——「当事者というカテゴリー」を読み替える実践としての当事者活動

1　本章の背景

　「ひきこもり」の支援機関，とくに地域の拠点として行政から指定されている支援機関では，精神科医や臨床心理士，精神保健福祉士，社会福祉士，保健師等の士師業の人々，すなわち一般的に医療や福祉の専門家とされる人々が常駐しており，支援プログラムを組み立てて当事者に提供している．一方で，自助グループや家族会は，月に数回から週に数回ほどのペースで集会を開いていることが多く，1回で数人から十数人程度の出席がある．また当事者の自助グループは，自己申告制ではあるものの「ひきこもり」をかつて経験した者もしくは今も経験している者のみの参加である．家族会はもう少し参加資格が緩やかではあるものの，基本的には「ひきこもり」の子どもを持つ親（主に母親）の参加が圧倒的に多い．そしてこれら「ひきこもり」のフィールドで特徴的なことは，「当事者」と「家族」，あるいは「専門家（的な支援者）」という形式的なカテゴリー化が日常的に実践されているということである．

　しかし「ひきこもり」の支援という社会的文脈に沿ってみると，「当事者」（時には「家族」も）というカテゴリーは必ずしも一枚岩ではない．なぜなら，自助グループや親の会においては，「当事者」や「家族」という顔のあるメンバーが，ときとして「支援者」としての顔をのぞかせることがあるからだ．自助グループや親の会等は，基本的には同じ経験を持つ者同士の集まりではあるが，その場におけるメンバーの経験や立ち位置，あるいはその場で何が話題となりその話題の主導権を誰が担うかによって，同じようなメンバーであっても各々の立ち位置の差異が明確になる瞬間がある．

　本章では，この一枚岩ではない「ひきこもり当事者」，すなわち文脈によっ

ては完全に「当事者」とは言えないかもしれないが，しかし専門家的な知識によってではなく，自らの「ひきこもり経験」や「当事者性」を呈示しながら〈支援〉活動を実践している人々を考察対象とする．彼らの行う〈支援〉内容や方法，理念といったものは多様だが，家族でも無く専門家でも無い立場であり，かつ支援を必要とする（と思われる）「当事者」と似た経験をしていたことから完全なる第三者でも無いという立場から〈支援〉を展開していることで共通する．彼らは自らを「当事者」あるいは「経験者」，「元当事者」と名乗ることで自らの当事者性を呈示し，専門家による支援との差別化を図っていることも特徴的である．

2　本章における先行研究と本章の課題

2.1　支援の受け手としての「未熟なひきこもり当事者」という想定

「ひきこもり」に対する支援活動は，「ひきこもりの当事者は未熟であり支援を要する」という前提のもとで支援活動が展開されている．例えば，「ひきこもり支援」について厚労省は以下の見解をとる．

> 支援を必要とするひきこもりの中心にあるのは，子どもであれ，青年あるいは成人であれ，社会的な活動からの回避が長期化し，社会生活の再開が著しく困難になってしまった事例です．……いずれの場合も，精神保健，福祉，医療などからの支援を必要としています．／ひきこもりの長期化とは，年齢相応の社会経験を積む機会を失うことですから，すでに同世代の大半が年齢相応の社会経験を積んで次の課題に向いあっている状況に合流し，一緒に進みはじめることは容易なことではありません．再チャレンジを支える仕組みと支援者が必要なのです．（厚生労働省 2010：11）

この記述で特徴的なのは，「ひきこもり」の支援が必要な理由として，「ひきこもり」が「長期化」することによって「年齢相応の社会経験を積む機会を失う」ことになり，結果として「社会生活の再開が困難」になるという記述である．この「年齢相応の社会経験」という考え方は，エリクソン流の発達心理学でいうところの発達の概念（Erikson 1959＝2011）の援用であり，このような概念を援用することを通じて「ひきこもり」を「未熟な若者の問題」として扱うことに正当性が与えられているわけだ．

　ロバート・エマーソンらが指摘するように，社会問題を構築主義的に捉えるならば，「問題（trouble）」というものはその問題がいかにして対応されるかによって不断に構築されていくものであり，とくにその問題に対応する専門家（troubleshooter）の役割や対応の仕方の影響はとても大きい（Emerson & Messinger 1977）．「ひきこもり」も，それを発達の概念，例えば「自我同一性獲得に困難が生じた若者（思春期・青年期）がもつ発達危機の一形態」（山本編 2011：52）と捉えることを通じて，「大人の問題」ではなく「未熟な若者の問題」として構築され続けているのである．加えて「ひきこもり支援」は中村好孝らの言う「甘えであるという世間の見解」に一見抵抗するようでいて（中村好孝・堀口 2008），「成熟／未熟」という論理によって結果的にはその見解をなぞっているともいえる．

　また厚労省の記述では，「長期化」を打開するために，精神保健，福祉，医療等の専門家による支援の必要性が強調されている．この視点は，「当事者」を支援の受け手として可視化していると同時に，「支援する／される」という関係性を前提としている．加えて，「当事者」が自らの存在について自らで定義していく過程において「患者」，「利用者」といった「支援をされる」側の語彙を浮き彫りにさせる一方で，「当事者」が支援の受け手以外となる語彙については不問に付されている．

　レスリー・マーゴリンが指摘するように，この記述における「ソーシャルワークのことばとイメージは，……ある人々の集団による別の人々の集団の支配を要請し，正当化する．ソーシャルワークのクライエントは，受動的な客体として登場させられている」（Margolin 1997＝2003：186）側面がある．「未熟な若者の問題」という「ひきこもり」の理解に加え，「支援をされる側」という語彙のみを浮き彫りにする記述がこの側面を支えているのだ．

　このように，「ひきこもり」の支援活動においては「支援する／される」といった関係性が自明とされ，実際の「ひきこもり支援」においては，基本的に精神科医やカウンセラー等，医療や福祉の文脈で言う専門家によって，「当事者」のどこが問題であるのかが決定されている．そしてそれに対応する「回復目標」が社会へ再適応を目指すものとして編成され，支援プログラムにおいては「ひきこもりは未熟」という名目のもとで当事者は支援の受け手としてのみ想定されているのである．

2.2 二分法を前提としたこれまでの社会学的研究

　これまでの「ひきこもり支援」についての社会学的研究においても，「支援する／支援される」という二分法を前提とした議論が多い．これまでの研究では「ひきこもり支援」活動が持つ機能やそこでの当事者の経験を分析しつつも，支援の受け手としての当事者像を想定しがちであった．具体的には，支援機関のスタッフがいかなる方法で当事者と接しているのか(中村好孝 2005；中村好孝・堀口 2008)，あるいは精神医療は当事者とどのように関わっているのか(荻野 2008c) という「支援する／支援される」という二分法を前提とした支援をする側の議論であったり，または「ひきこもりの居場所」や自助グループに通う当事者の語りを提示しつつも，「そこで何を得ているのか」，「どのような影響を受けたのか」など，支援の受け手としての当事者の語りに焦点をあてる議論（石川良子 2007；荻野 2007）であったりした．

　確かに「ひきこもり」を「未熟な若者の問題」として捉えるならば「支援する側／支援される側」という二分法的なカテゴリー化に目が行きがちになるかもしれない．ただ実際には当事者は，「ひきこもり支援」という文脈において単なる支援される客体としてのみカテゴリー化されているわけでは無い．また最近では，自らを「当事者」等と名乗りながら展開されている〈支援〉活動も存在する．ゆえに「支援する／される」という二分法的な視点だけでは「ひきこもり支援」を捉えることは難しい．

　そもそも実際の専門家自身も，自らの理論枠組における課題や「ひきこもり当事者」らからの支援実践に対する異議申し立てを無視してはいない．「当事者」をピアスタッフとして支援実践に位置づけ，「支援／被支援」関係を克服しようとする志向性を持ったり（例えば山本編 2011），「ひきこもり支援者」の交流大会において「専門家だけでなく若者や関係者みんながソーシャルワーカーである」とシンポジストが言明したりする等（第9回社会的ひきこもり支援者全国実践交流会），自らの支援理論や支援実践において「当事者」概念を取り込む向きもある．さらに2013年からは，「ひきこもり」を経験した人々を「ひきこもりサポーター」として養成する事業が行政の施策として展開されてもいる（厚生労働省 2013：183)．

　この潮流は，三島亜紀子が指摘する，ポストモダン状況下におけるソーシャルワーク理論の「反省的学問理論（おのれに向けられていた批判を内面化することによって正当性を保つ学問理論)」の実践（三島 2007）ともいえるが，専門家が「支援

／被支援」という関係を克服しようと志向しているとしても，「専門家は，反省的学問理論に拠って利用者の生きている場に降りてきたようで，支配的なパワーに裏付けられた実践への水路も確保している」(三島 2007：203)側面もある．そもそも三島の記述自体が「専門家／利用者（当事者）」という関係を前提としてしまっており，本章で見ていくこの両者(「支援者的な当事者／利用者的な当事者」)を行き来する存在は，いまだ記述されていない部分である．

　よって本章では，まず支援される側でもあるけれども支援をする側でもありうるといった，「当事者としての〈支援〉」に関わる人々の活動における立場性を見ていく．「ひきこもりの当事者」というカテゴリーがいかにして戦略的に実践されているのかを記述することを通じて，「支援する／される」という「ひきこもり支援」にありがちな二分法的な関係性をいかに乗り越えようとしているのかを見ていくことが，本章の第一の課題である．

2.3　自助グループ研究における機能論と物語論

　実際に「当事者としての〈支援〉活動」が実践していることは，前章で示したように，自助グループ活動や「居場所」活動，アウトリーチ（家庭訪問）活動，各種イベント（体験発表やフューチャー・セッション等）と多岐にわたる．そこでは支援の受け手として想定されがちであった「ひきこもり当事者」をむしろ支援の担い手としても位置づけ，同様な経験を持つと想定される「当事者」同士で集まるという点でこれらは多分に自助的な活動である．

　ただしこれまでの一般的な自助グループの研究では，否定的な自己イメージを肯定的に書き換える場という機能論的な視角や (住田 2004)，「気持ちや情報，考えかたのわかちあいの場」(岡 1999) あるいは「自己物語を構成する場」(伊藤智樹 2009) という具合に，「物語の共同体モデル」という物語論的な視角で自助グループが論じられてきた．「ひきこもり」の文脈でも，「ひきこもりの自助グループ」等は，否定的なまなざしに晒された「ひきこもり当事者」が「承認の決定的に欠如した外的空間から逃れ出る場」であるとか (荻野 2006)，「ひきこもり」という語彙を通じて関係性が構築される場であるとか (石川良子 2007：118)，あるいは「自己物語」を支えつつ能力主義的で個人主義的な「外部社会」を対照化する場である (荻野 2007) という具合に，「ひきこもりの自助グループ」における機能性や物語性が共同体という観点から強調されてきた．

　ただ「ひきこもりの自助グループ」の実際の活動では，自らのこれまでの経

験や日頃の出来事をめぐって話が盛り上がることもあれば，話が盛り上がらないまま沈黙が続くこともある．よくしゃべる参加者もいれば黙ったままの参加者もおり，その場がどのような性質になるかはその日の参加者たちにゆだねられている．そもそも「活動の場に集まる」以外になにがしかのプログラムが構成されているわけでもない．むしろ「ひきこもり」支援機関においても，このようなあらかじめ決められた支援活動を柔軟に再編成していく〈ゆるさ〉をもった支援は実際の光景であり，それは専門家の支援というよりも自助グループや居場所の〈支援〉に近い．

　このような実際の活動を鑑みると，自助グループにおける機能論的なアプローチや物語論的なアプローチという視角だけでは「当事者としての〈支援〉活動」がその主要な活動としている「ひきこもりの自助グループ」を分析しえない．なぜならばそこでは，確かによくしゃべる者たちによって「ひきこもり」の語彙を用いて「自己物語」が構成され，その物語によって自己が承認されつつ他者や「外部社会」に対する見方を変容させる側面もある一方で，そもそもよくしゃべる人たちの物語の筋として見出しやすい「探求の物語」(Frank 1995 ＝2002：179；石川良子 2007：150)は，それぞれの自己物語のモデルとして簡単に受け入れられるものでは決してなく，結果的にしゃべらないという選択に帰結する可能性をもつ．

　だが，たとえしゃべらなくても通い続ける人はありふれている．また社会への再適応を語る「回復の物語」(Frank 1995＝2002：114)として語ることも，結局専門家的な言説をなぞるだけであり，「就労」や「結婚」していたりと「社会参加」しているにも拘らず自助グループに参加し続ける「ひきこもり当事者」の存在を説明できない．ゆえに「ひきこもりの自助グループ」は，果たしてそれは単に自己への否定的イメージを変える場であり，かつ「外部社会」を対照化する「物語の共同体」たるのだろうか等々の疑問が出てくる．たとえしゃべらなくても，たとえ「外部社会」に身をゆだねていたとしても，いったいどうして「ひきこもりの自助グループ」に通い続けているのか．これらが本章で見ていく第二の課題である．

3　「ひきこもり支援」における立場性を問う実践

3.1　専門家に対する異議として

　本節では主に第一の課題に応えていく．第6章でも示したが，次に示す森下氏は40代半ばの男性で，高校での不登校経験を持ち，大学入学からひきこもりがちになり，大学卒業後も「ひきこもり」状態であった．「ひきこもりの当事者」が集う居場所に通ううちに「ひきこもり支援」に関心を抱くようになり，2000年代後半に「グローバル・シップスこうべ（ノア）」を立ち上げ，自らを「ひきこもりの当事者」と名乗りつつ自助グループ等の〈支援〉活動を実践している．民間の支援機関O会の非常勤スタッフでもある．この森下氏は現状の「ひきこもり」に対する支援のありようを次のように語る．

　　森下：まあ〔自分自身も「ひきこもり」の状態から〕出られてよかったですねー，自分のなかでは不登校では坂上先生〔仮名：精神科医〕にお世話になって，ひきこもりでは国中さん〔仮名：第9章参照のこと〕かな．自分のなかでは，分かってくれる人が，支援者がなかなかおらへんなーっていうのが．自分の考えなんかもしれへんけど，大体の支援者は，本人が悪いとは言わへんけど，甘え，なおそう，なおす，教育，トレーニング．

　　私：治療とかもですしね．

　　森下：うん，して社会に戻すのが目的？　ていう感じはする．自分的には新しい生き方を求めてる人らが，そういう生き方をなかなか理解してもらえる場が，ないというかそういう人がいない．で学校でもそんな話もできず，そういう理解者がなくて，やっぱり，人との関係を断ってひきこもってまうんちゃうかな．それと，人間に対して失望しているというか，だからなかなかそういう支援機関にも，行ったってどうせ，ねえ社会に〔出て〕，働かんととか，働くようにとか言われるの分かってて来うへんし，実際行ったとしても大体の支援機関はそんな現状やし．（インタビュー，2011年7月）

　ここで森下氏は「分かってくれる支援者／分かってくれない支援者」という分別を展開し，「大体の支援者（＝「分かってくれない支援者」）」は「トレーニング」等を通じて「社会に戻すのが目的」があることを語り，彼らが当事者の「生き方をなかなか理解し」てくれないことを問題視する．では森下氏がここで言

う「分かってくれない支援者」とは誰か.

　丁度この私と森下氏とのインタビューが行われていた当時，森下氏が活動する地域では「ひきこもり」支援に携わる支援者が数百人程度集まる全国規模の交流大会が予定されており，毎月実行委員会会議が行われていた．私と森下氏，Cさんはその実行委員会に参加していたが，その会議において森下氏が最も問題としていたのは，その会議の支援者の中心メンバーたる支援者たちに対して「当事者のことを分かっていない」（フィールドノート，2011年11月）と感じることであった．森下氏はその実行委員会で垣間見ていた支援者たちを，「上下関係や閉鎖的な関係を望み，当事者と積極的に関わろうとせず，一方的に考えを押し付けようとしている」と評し，「そういう関係が嫌で自分もひきこもった面がある」と述べ，そこでの支援者たちの言動や対応を批判していた（フィールドノート，2012年2月）．この文脈を踏まえると，森下氏にとって「分かってくれない支援者」とは，「支援する／される」という二分法を前提としたうえで社会復帰のために当事者の方を一方的にトレーニングするという支援者像であると理解できる.

　そしてそのような支援者が「ひきこもりの当事者」を「ケース（利用者・事例）」として扱い，「どの支援に発達上の効果があるか」という第1節で指摘した専門家的な支援言説をむしろ前提としながら支援を実践し「未熟な若者の問題」として「ひきこもり」を捉えていることに対し，森下氏はいみじくも「働くようにとか言われるの分かってて来うへんし，実際行ったとしても大体の支援機関はそんな現状やし」と批判する．また実際に自助グループに集まる「ひきこもり当事者」もすでに第1節で触れた「発達」等といった「専門家的な言説」に対して「余計なお世話」であり「ウンザリ」しているとも語っている（フィールドノート，2012年2月）．しかし現状の「ひきこもり支援」は，第1節で厚労省が示す「当事者には年齢相応の社会経験が無い」という言説にもとづいた専門家的な支援原理のなかで実践されており，森下氏らはそのことを現状の専門家による「ひきこもり支援」におけるアポリアと見做している．ゆえに森下氏らは自らの〈支援〉活動を展開していると理解できるのだ.

　したがって，専門家的な言説や「専門家／当事者」といったカテゴリーに縛られない支援を実践している人々が森下氏の言う「分かってくれる支援者」であるともいえるだろう．この森下氏の語りでは坂上先生や国中氏らの支援者が「分かってくれる支援者」とされているが，ここでの語りにおいて彼らは「な

おそう（＝治療）」とか「教育，トレーニング」をする「専門家らしい支援者」というよりは，荻野が言う「外部社会」を能力主義ではない別の形で示す人，すなわち森下氏が語る「新しい生き方」を「理解してもらえる場」を提供したり「理解者」であったりする人であることが示されている．そしてここで重要なのは，森下氏がそのような支援者を志向して「当事者としての〈支援〉活動」を実践している点だ．この「新しい生き方」とその「理解者」をめぐっては以下のように語られている．

　私：新しい生き方というのは具体的なイメージとしたらどういう？
　森下：自分的には古い生き方っていうのもやっぱりねえ．〔古い生き方は〕まあ勉強して，でまあ良い学校行って，そんでまあちゃんと就職して，でまあ結婚して，子ども産んで，でまあ家建てて，でゆくゆくは親の面倒見て，でまあ家を守ってゆく，引き継いでいく，まあ親孝行とか．……やっぱり言いたいことを我慢したり，やりたいことを我慢して家とか家族のために尽くしていくというイメージも〔古い生き方には〕やっぱりあるよな．……まあ貧しい時代はまあそういう生き方しをするのが良しとされたんやし，それしか無かったんやろうけど．まあ豊かになってきたんやし，例えばボランティアなんかしてそんなかで少し収入も得て生きていくというか．まあ物質的，金銭的にはまあ豊かではないけど，そういう人もあってええんちゃうかなーと．（インタビュー，2011年7月）

　ここでは「新しい生き方」が「古い生き方」との対比で語られている．「古い生き方」は「勉強→良い学校→ちゃんと就職→結婚→出産→家を建てる→親の介護」という具合に，いみじくも厚労省が示した「年齢相応の社会経験」をなぞったものであり，森下氏にとってそれは「言いたいこと」，「やりたいこと」を我慢するものとして捉えられている．このような「古い生き方」を「トレーニング」を通じて再チャレンジ（「社会に戻す」）させ「同世代の大半」と同化させることが「専門家的なひきこもり支援」において目指されていることはすでに見てきたとおりだ．
　だが森下氏は，自らの「新しい生き方」，例えばボランティアや在宅ワークといった「雇われない生き方」等という観点からそれを批判し，たとえ物質的，金銭的に豊かではないにせよ「古い生き方」を目指さない人があってもよいと理解している．「就労」や「結婚」という社会への再適応を目指した分かりや

すい「回復の物語」（Frank 1995＝2002：114）は「専門家的なひきこもり支援」に
おいてよく語られ，専門家自身もそれらの語りに対しては良い聞き手となりう
るだろうが，むしろ森下氏自身はこれまでの「専門家的なひきこもり支援」が
目指す生き方とは異なる「新しい生き方」があるということ，そして自らはそ
のような「新しい生き方」を志向しながら生きていることをその身体をもって
呈示しており，むしろこの「その身体をもって新しい生き方を『ひきこもり当
事者』として呈示する」という点を突き進めることで「支援する／される」と
いう「ひきこもり支援」にありがちな二分法的な関係性を見直そうとしている．

3.2　「当事者」カテゴリー内における立場性

　ただ森下氏らが二分法的な関係性を見直していく志向性を持っていたとして
も，実際の自助グループ等の〈支援〉活動においては，そこに集う当事者同士
の微妙な立ち位置の違いがあらわれ，むしろそれが「当事者としての〈支援〉
活動」を支えている側面がある．森下氏らが〈支援〉の場において「当事者」
の側に寄ろうとする一方で，どうしてもその場における「支援者」としての側
面が顔をのぞかせてしまうことがあるのだ．このことを次のCさんの語りか
ら検討する．

　　C：〔当事者活動で〕反応あるっていうのが一番やっぱり嬉しくって，……
　　　親にぶつかるっていうのと〔反応は〕一緒で．今親の家族会（当事者活動とは
　　　別の活動）とかやってるやろ，そういう人らいうたらうちの親やん．で，
　　　ひきこもりの人らは，当事者は〔親の家族会には〕やっぱり反応してないの
　　　よね．
　　私：あいだの何かがないですよね．
　　C：そうそうそう，でそのあいだを〔支援者は〕支援しとんやけど，ちゃう
　　　のよ．……支援者が当事者と親の関係を良好するのも一つ〔の方法〕，どう
　　　なんやろ？，〔支援者は〕当事者を〔外に〕出そうとしてんのかな？．ホンマ
　　　に．
　　私：支援者の色がありますよね……．
　　C：そうそうそうそう，そういう意味では，もうだからこの支援者という
　　　のはもうそれはもう立場上どうしようもないんやと思うねん．うん，だか
　　　ら俺ら〔ノア〕がどこが動かせるんやろとなったときに，森下さん動かせ

るん当事者本人やから，当事者本人はなんとか，はじけさせるというか，反応を入れるというか，なんでもええのよホンマに．……親は多分動かなくてもいいのよね，当事者本人が何も動かなかったらどうしようもないから．当事者は当事者で動いとったらええのよ．親らのこと考えんでいいのよある意味，親らがどうなろうと．……当事者を満足させて親も満足させてとか考えよったら，それは今までと一緒なのよ．（インタビュー，2011年7月）

　ここでの「俺ら」とは，このインタビューノアに参加している私とCさんとのやりとりであり，かつ話題においてノアを主宰する森下氏を中心人物として登場させていることから，「俺ら＝ノア」を指していると理解できる．そしてここでは支援における立場性が問われている．

　Cさんはここで「支援者／当事者本人」というカテゴリー対と「俺ら（ノア）／当事者本人」というカテゴリー対を提示し，それぞれの違いを分析する．Cさんの言う「支援者」の「当事者と親（家族）のあいだを支援し両方を満足させるような今までの支援」とは異なり，「俺ら（ノア）」の活動は「当事者本人」を「反応（はじけ）」させるものであり親（家族）を満足させるものとしてあるわけではないということだ．要するに，従来の支援はむしろ親の存在が重要視されてきたが，当事者的な〈支援〉にとっては「当事者は当事者で動いとったらええ」ということである．親の存在は余り「考えなくてもいい」．つまりここでは，従来の「ひきこもり支援」における「当事者」と「家族」，「支援者」という関係性とは別様の，「俺ら（ノア）」と「当事者本人」という関係性が提案されている．

　Cさんのこれらの分析や提案はそれ自体が「俺ら（ノア）」の〈支援〉活動の正当性の呈示であると理解できるが，そもそもこのような正当性の呈示がこの語りで可能であるのは，Cさんがここで想定する「支援者」が「立場上どうしようもない」存在のものとして想定されている一方で，Cさんが言う「当事者」は，「俺ら（ノア）」でもあり，「当事者本人」でもあり，あるいはそのどちらをも含みうるカテゴリーでもあると想定できるようにあえて曖昧に使われており，かつCさんは自らをそのいずれの「当事者」とも取れるように語っているからだ．

　すなわちCさんが言う「支援者」は「支援する／される」という二分法を

前提として示されているのに対し，Ｃさんが言う「当事者」は，「支援する／
される」という二分法ではなく，「当事者」というカテゴリー内における立場
性をめぐるポリティクスを意識しつつ，その立場性を単に「支援する／される」
という関係に落とし込まないように，あるいは「支援する／される」という関
係を見えづらくさせるために使用されているのだ．ゆえに「当事者は当事者で
動いとったらええ」と自らも「当事者」に含めうるように語ることが可能とな
るわけである．

　無論このように曖昧に「当事者」を使用していたとしても，実際の自助グルー
プ等の場ではその場の文脈に応じて自らがどのような「当事者」であり，かつ
他者がどのような「当事者」であるのかが改めて問い直され，一枚岩としての
「当事者」像が解体され，「当事者のなかのより当事者的存在」あるいは「当事
者を支援する当事者的存在」といった「当事者」カテゴリー内の立場性があら
わになる．先のＣさんの語りでも「俺ら」と「当事者本人」がカテゴリー対
として提示されているが，これは実際の自助グループ等での「当事者」カテゴ
リーの使用が決して一枚岩なものではなく，それぞれの立場性が問われてしま
うがゆえに「俺ら」と「当事者本人」が分けられてしまうことを示している．

4　語りと身体による共同性の模索

4.1　自らの語りと身体を呈示する実践

　本節では「ひきこもりの当事者としての〈支援〉」の実際を見ていくことで，
第二の課題である，〈支援〉がいかにして営まれているのかを見ていく．とく
に，機能論的・物語論的側面だけでなく，これまで論じられてこなかった〈支
援〉する人々の身体レベルでの実践に注目する．

　　Ｃ：俺は，なんかこう〔自分自身を〕見せていきたいというのがあるのよ．
　　なんかこう，〔見せていくことが〕使命感ていうのは変なんかもしれんけど，
　　なんか当事者というのが，なんていうのかなー，生きていくっていう一つ
　　の，当事者って将来どうなるって俺分からへん，ひきこもって，あのーひ
　　きこもりから脱出した人って，あんまり俺聞いてないというか，まああある
　　意味森下さんの集まり，ある意味それはもう今のグループ〔ノア〕なのか
　　もしれんけど，脱出して動いてるのが今のグループなのかもしれんやろう

けど，そういうのがなんか一つ大事なんちゃうんかなっていう．そしたら，少なくとも何かになるんちゃうんかなと，何かは分かんないよ？．

　私：それはやってみないと分かんないですよね？．

　C：そうそうあとなんか，当事者として思いというか，なんかそういうのをこれからは示していかなアカンのちゃうかなていうのは，多分俺じゃなくて森下さんが一番良く感じて思ってる．（インタビュー，2011年7月）

　ここでは「ひきこもり」の当事者団体であるノア自体の必要性と同時に，その活動を「見せていきたい」と，「ひきこもりの当事者」として社会に呈示することの重要性が指摘されている．先の森下氏も「ひきこもりの話って，支援者とか研究者の話，あと家族の話が多くって，やっぱり当事者からも発言していきたい」と述べる（フィールドノート，2011年7月）が，そのような実践によってもたらされるのは，「ひきこもりから脱出した人って，あんまり俺聞いてない」等，これまで不在だと想定されている「当事者の声」を社会に対して示すことにある．このCさんと同様のことを森下氏自身も以下のように語る．

　森下：自分的にはそういう当事者の会とか当事者の法人とかいっぱいあるし〔当事者として〕発言する人もいっぱいいると思ってたんやけど，〔実際には〕意外といなくて．……やっぱり社会にひきこもりを伝えるのはメディアが主やけど，やっぱなんか，あんまり見いひんけど，〔メディアが伝えているのは〕なんかこう歪んでる．（インタビュー，2011年7月）

　実際にメディアが歪んだ「ひきこもり」像を伝えているかはともかく，少なくとも森下氏もCさんと同様に「ひきこもり当事者」として自らの身体を呈示する人々がこれまで存在しなかったことを問題化する．ここで自らの活動は，「ひきこもりの当事者」自体が「当事者」自身によって社会に対して呈示されることを通じて「ひきこもり」の社会的イメージを刷新しようとする実践，すなわち「トラウマの環状島」の〈尾根〉に立ち〈外海〉に向け「当事者の声」を伝えるものと理解できるが（宮地2007），その必要性を森下氏らはすでに認識している．

　実際森下氏らは，ひきこもった経験を持つ人たちの体験発表や第三者を交えた未来志向の対話の場としてのフューチャー・セッション等を積極的に行っている．そこでは主に，様々な立場の人々をバランスよく小グループに分けてそ

れぞれが車座になって行うワークショップが行われており，講演会等での一方通行的な知識の伝達よりも，むしろ参加者の意見交換が重視された〈対話の場〉が演出されている．

　このような場を演出することを通じて，森下氏らは，固定的な「ひきこもり」像をただ伝達するのではなく，多様な「ひきこもり」像をリフレクシヴに構築し参加者が共同で「ひきこもり」をめぐるイメージをつくっていく過程を実践しており，結果的にこのような「当事者としての〈支援〉活動」は「ひきこもり」の社会的イメージを刷新する実践となっている．

　またどちらかというと支援を受ける側に立たされている「ひきこもり当事者」からもこのような活動を通じて「（『ひきこもり』というものを）自分も否定的に捉えている側面があったんだけどイメージがすごい変わった」（フィールドノート，2012年2月）という意見が示されたりする[2]．

　前節でみたように「ひきこもり当事者」というカテゴリーは，実際は一枚岩ではないが，Cさんと森下氏は，社会に対してはあえて自らを「出られた」，「脱出して動いてるひきこもり当事者」と一枚岩的に自己呈示することで，自らの活動は「ひきこもり当事者の活動」であり，支援者や研究者，家族の活動とは異なるものとしてカテゴリー化し，かつ自らの活動に対して正当性を付与している．つまりこの活動は「自室に閉じこもるひきこもり」等という社会一般に流通する「ひきこもり」に対するイメージを，自らを「ひきこもりの当事者」として呈示し「ひきこもり」のカテゴリーを自己執行（Sacks 1979＝1987）的に使用することを通じて突き崩す実践であると理解できるのだ[3]．「当事者としての〈支援〉活動」自体が「ひきこもりの当事者」の「社会参加の仕方」を呈示する実践だということである．

　そもそも「ひきこもり」が社会的な問題として扱われるのは，「当事者」が「社会参加」とくに「就労」（や「結婚」）を実践していない／できていないためとされるが（斎藤1998），じつは「当事者」としての〈支援〉活動は，それ自体きわめて社会的なものである．むしろ「社会参加の仕方」をその身体をもって「当事者として」実践するうえで，また「就労」以外の形式を呈示するものとして，当事者活動としての〈支援〉活動があるともいえる．

　要するに「俺ら（ノア）」は，自らの「ひきこもり」カテゴリーの自己執行的な使用を通じて「当事者本人」に対して「一般的な社会参加の仕方」を揺るがす実践をしており，「当事者として〈支援〉する」ことは「当事者本人」が「俺

ら（ノア）」を参照しながら社会と関わることによって相互的に達成されているのだ．加えて，そもそもこのような実践自体が，「当事者」に対して「居場所」と外部社会とのつながりを呈示することであり，いみじくも森下氏が志向していた「分かってくれる支援者」の試行でもあると理解できる．

　さらに，このような自らを「ひきこもり当事者」として呈示する活動は，石川良子が両立することが難しいと指摘する「共感的理解が可能な他者との関係性」の獲得と「自己を語るための語彙」の獲得（石川良子 2007：107-29）の両方をむしろ目指しているといえる．森下氏にとっては，例えひきこもっていた人が対人関係を獲得して「就労」や「結婚」といった既存の「ひきこもり支援」での「回復目標」を達成していたとしても，それが森下氏の言う「古い生き方」を踏襲している限り「ひきこもりの問題」として捉えられるものなのだ．ゆえに森下氏らの〈支援〉では，結果的にひきこもっていた人に対する「共感的理解の可能性」を担保しつつ，一見「回復」したかに見える人も「ひきこもり」と定義づけることを可能にしている．このように「ひきこもりの当事者としての〈支援〉活動」は，当事者自身の新しいストーリーを受け入れる活動となっている．

4.2　共同性の起点として

　もちろん「未熟な若者の問題」という「全体社会」のマスター・ナラティブに抵抗する「ひきこもり当事者」のモデル・ストーリー（「新しい生き方」をしている自身とその語り）を呈示する実践は，様々な社会運動のコミュニティにおいても同種の活動としてみられる（桜井 2005）．ゆえに桜井厚の議論に沿うならば，森下氏らの活動が自己物語を語るための典型例として示されることには両義性を持つと思われる．なぜなら，確かに「ひきこもり」という経験を語るための物語として森下氏らの自己物語が参照され，実際森下氏の発話を受けた自己物語の展開は自助グループではありふれているが，そうであるがゆえに森下氏のようなモデル・ストーリーにはそぐわない語りが抑圧されてしまう側面も見出されるからである（桜井 2005：51）．この点を自助グループの集会ではいかに対処しているのか．

　ノアの自助グループの集会では，まず最初に簡単な自己紹介から始まる．それぞれの参加者は，自分がどの経緯でこの場に集まったのかを話し，この場における正当なメンバー（＝当事者）であることがその場で確認される．この時

点ではまだ，古株のメンバーや新規のメンバーということは意識されてはいるものの，それぞれのメンバー間での差異はそれほど明確ではない．ただ会自体が進行するにつれ，またその時に話されている話題によって，その場の関係が分化・変化してゆく．近隣の支援機関についての情報提供は，その事情に詳しい森下氏の役どころではあるが，例えば就職活動や会社勤めの話題になると，そこでの苦労や自身の対処法といったことは，森下氏よりも他のメンバー，時には新規メンバーの方がその辺りの事情に詳しいため，森下氏はむしろそこで出たアイデアを「勉強する」こととなる．また森下氏が「何かいいやり方がないですか」と自分自身の相談事を持ち出してくることもあり，その際は参加メンバーでアイデアを出し合うことになる．

　このような自助グループでのやり取りを通して見えてくるのは，ノアで行っている自助グループの集会は，当日の進行の仕方や司会の役割等を明確にしていないということも手伝って，例え森下氏が自助グループの世話役であったとしても，話題によっては，彼はむしろストーリーの聞き手に回ることがあり，時には新参のメンバーがストーリー・テリングの主導権を担うこともあるということだ．つまり集会の最中では，それぞれのメンバーが持つ経験や知識，語りたいことをリソースとしたメンバー間の役どころの分化や変化が起こるが，その分化や変化の仕方はその場での話題に依存しており，決して固定的ではないということだ．

　ここでは，二分法的な関係を前提として立ち現われてくる「専門家／素人」(Sacks 1972＝1989) というカテゴリー化実践とは明らかに異なるものが想定できる．第3節2項でも示したように，ここではむしろ，「先輩／後輩」や「同輩」というカテゴリー対が想定されている．ここでは加えて，自らがどのカテゴリーを用い，かつ他者をどのようにカテゴリー化しているかは，その場の状況において決まるということが分かる．つまり，その場における話題に対応して自らの経験や知識をもとに語ることを通じて，その場のメンバーを「先輩／後輩」や「同輩」とカテゴリー化しつつ，状況に応じた関係が構築されているわけである．

　また，自らの過去の経験について話題になることが多いが，そこでは森下氏らを含めた古株のメンバーがむしろ自らの経験を積極的に呈示することを通じて，新しい参加者に対して自らの経験について語ることを誘っている．例えば森下氏は，自己紹介も兼ねて「自分的にはひきこもった経験は……だ（だった）」

ということをよく語る。このような森下氏の発話は「自分的」と示すことで自分の経験もあくまで一例に過ぎないことを呈示しつつも、同時にひきこもった経験をいかにして語るのかを例示し、かつ「あなたの場合はどうか？」という問いかけにもなっている。

ただここで注意すべきは、確かにここでは森下氏の語りがモデル・ストーリーとして参照される仕掛けが見受けられる一方で、ストーリーの聞き手の経験もここではかなり意識されているということだ。「自分的」というエクスキューズは、確かに自分の経験が一例でありかつモデルであることを示しているが、同時に聞き手が持つ経験との不連続性や共感不可能性をも示している。要するに森下氏のようなモデル・ストーリーが「ひきこもりの自助グループ」等において絶対的な位置を占めるわけでは無いのである。

無論、「ひきこもりの自助グループ」では「専門家的な支援」でよく見受けられる「回復の物語」の語り手／聞き手に対するオルタナティヴが求められている。しかし森下氏のような生き方もまた「社会参加の仕方」を相対化させるものとして示されている一方で、実際にはそのように開き直って生きられている人は余りいない。それにそもそもたとえしゃべらなくても毎回参加する人々は、自己物語を参照はすれども共有してはいない。

結局、自己物語が共有され得ない以上、「ひきこもりの自助グループ」は否定的な自己イメージを書き換える可能性を持つものの、決して肯定的な方向へと変容させるわけでは無い。そのうえ、たとえ「就労」や「結婚」をしていたとしても参加し続ける人々は「ひきこもりの自助グループ」ではありふれている。このような状況は「ひきこもりの自助グループ」の社会的な布置を「物語の共同体とその外部社会」として措定することに再考を促す。「外部社会」に身をゆだねているような人々が参加している以上、もはや「ひきこもりの自助グループ」と「外部社会」という区分は意味を持たず、「外部社会」が対照化されない以上「ひきこもりの自助グループ」も共同体たり得ない。

それでは「ひきこもりの自助グループ」において人々を結びつけているのは何であろうか。それは自助グループが、まず石川良子がアンソニー・ギデンズを引きながら言う〈実存的疑問〉（石川良子 2007：219）を直面させる場となっていること、加えてその〈疑問〉に対する参加メンバーへの「安心感」を達成する場となっていることにある。集う場では、様々な人の様々な生き様を目の当たりにし、「こんな生き方もあるのか」とか「この生き方は真似できない」と

いう経験が積まれる．そして自分とは異なった生き方もあることを知ることで，「たとえ自分の生き方が行き詰ったとしても別様の生き方がある」という安心感を得たり，また真似できない生き方をも参照することで自らの生き方を見つめ直す機会となったりしている．メンバー間の役割が流動的であり，語り手だけでなく聞き手も必要とすることがこの結びつきの仕組みを支えている．

　加えて自助グループが他人と交流する機会となることも重要だ．私自身余りしゃべる参加者ではなかったが，話したいから行くというよりも聞きたいとか会いたいという理由で自助グループに参加した．そもそも「ひきこもりの自助グループ」はただ話に耳を傾けたりその場の雰囲気に身をゆだねるだけの参加であっても歓迎されるために，しゃべらない人に対しても「居場所的な安心」を達成しやすくなっている．

　現在ではしゃべることが「コミュニケーション・スキル」と見做され，しゃべらない人は存在自体を無視されたり，しゃべることへと煽られがちだが，「ひきこもりの自助グループ」はむしろ聞き手が必要とされており，しゃべらずに話を聞くだけの人も多い．自助グループはしゃべらない人でも他人と交流する格好の場となっているわけだ．確かに「居場所的な場」に留まり続ける当事者は問題視されることもあるが（石川良子 2007：31-2），「ひきこもり」においてはむしろ受け身に見える存在こそが必要とされる．

　このように，「ひきこもりの自助グループ」はそれぞれの参加者の価値観や自己物語を不断にかつ相互的に問う場として設定されており，普段の日常生活では気にも留めない「社会参加の仕方」や「生き方」への疑問というものを，自助グループに自らの身体を通わせ続けることによってあえて直面させる機会となっている．そして同時に，それら〈実存的疑問〉に対する「安心感」も，受け身的にせよメンバーの物語を聞いたり身体をその場に置くことで達成されているのである．「ひきこもりの自助グループ」の参加者は，「その場に集まること」を結着点とし，集まることによって「安心感」を得つつ，同時に自らの価値観や自己物語を相対化させる（「はじけさせる」）ことに意義を見出しているということだ．そして森下氏やCさんら「当事者的な支援者」はそのような共同性の起点となってわけである．

5　ま と め

　ここまで，「ひきこもり支援」における，「当事者としての〈支援〉活動」についての考察を行ってきた．「ひきこもり」は「未熟な若者の問題」として専門家による支援が要請されているが，自らを「当事者」と名乗りながらの〈支援〉は，専門家による支援を，当事者を「トレーニング」することを通じて「社会へ再適応を目指す」実践であると捉え，そのような「回復の物語」にそった支援に対するオルタナティヴとして展開されている．本章ではこのようなオルタナティヴ性を「専門家／当事者」あるいは「当事者同士」における立場性という側面から分析しつつ，現状の「ひきこもり支援」にありがちな「支援する／される」という二分法的な関係性をいかにして対処しようとしているのかを検討した（第3節）．そこでは「専門家的な支援」が「古い生き方」への再適応を志向することに対してその身体をもって「新しい生き方」を示していること（第3節1項），しかし「当事者同士」という実践はともすると二分法的な関係性へ回帰しがちな危ういところで営まれていること（第3節2項）を見てきた．

　そして実際の〈支援〉では，「当事者の声」の必要性という認識から自らの語りと身体を呈示することを通じて一般的な「ひきこもり」像や「社会参加の仕方」を問うていることを明らかにした．森下氏らの〈支援〉は，たとえ「就労」や「結婚」をしていたとしても「ひきこもり問題」となりうる可能性を示すものとして営まれており（第4節1項），その多様な「ひきこもり」を語る場として「ひきこもりの自助グループ」が設定されているのだ．

　そしてそこでのそれぞれの参加者は，経験や立場性，あるいはその場で何が話題となりその話題の主導権を誰が担うかによってその場における役どころが分化・変化させられること，加えてその場は「専門家的な支援」における発達論的な価値観でもなく，また自己物語の共有でもなく，ただ語りと身体によって共同性が構築されることによって逐次的に達成されていること（第4節2項）が明らかになった．

　とくに本章では，現場の状況を内側から当事者的振り返ることによって，これまで「しゃべらない人」のような一見他者に向けての行為を行っていないように捉えられてきた「ひきこもり当事者」が，その実多様な相互行為を達成している事実を示すことができたと考える．

注

1) 当事者活動における〈支援〉は，一般的な支援が目指している「社会への再適応」を必ずしも試行していないため，本章では区別のためにヤマ括弧〈 〉で括る．

2) 障害者の自立生活運動の調査研究をもとに石川准は，1980年代以降にヨーロッパで展開された「新しい社会運動論」を参考にしながら，「新しい社会運動」が持つ「制度変革」と「自己変革」の二つの志向性に注目する（石川准 1988）．石川准によれば，逸脱のスティグマを貼られた人々の社会運動はとくに，「社会制度や社会意識を変えていこうとすると同時に，自分達のアイデンティティやライフスタイルを変えていこう」（石川准 1988：155）とするが，このような取り組みは，本章で示した「ひきこもり」当事者活動においても有効な枠組みと思われる．なお石川准は，その二つの志向性の同時達成は「戦略的ディレンマ」を抱えていると指摘するが（石川准 1988：157-62），ノアが志向する〈対話〉的アプローチはこのディレンマへの一つの回答とみなせるように思える．

3) 「ひきこもり」は1990年代以降に精神科医等によって他者執行的に用いられ始めたカテゴリーである（井出 2007：35-41）．ただ現在では，むしろ自己執行的なカテゴリーとして読み替えることによって，「ひきこもり」は他者と接続する語彙となっている．

第11章
社会運動としての「ひきこもり」当事者活動
——自分の価値を取り戻すための集合的戦略

1　本章の課題

　「ひきこもり」への支援の整備が進む一方で，かつて「ひきこもり」を経験した人々が自らを「ひきこもり当事者」と定義づけつつ様々に実践される取り組み（「当事者活動」）が各地で広がってきている．本章の目的は，前章で論じた「ひきこもり」の当事者活動が，「ひきこもり」への支援に対する批判的視点を保持しつつ，社会における既存の価値観を変えようとする社会運動となっていることを明らかにすることである．

　そこで本章では，まず「ひきこもり」の当事者活動をマイノリティの社会運動として捉える視点を検討する（第2節）．ついで，2000年代の自己変革から2010年代の制度変革へと当事者活動を支える言説状況が変化したことを考察する（第3節）．そして，価値を取り戻す社会運動として当事者活動が拡大していく過程を，私の当事者としての経験を踏まえて，当事者発信の台頭，対話型イベントへのシフト，ネットワーク形成の3点を通じて論じる（第4節）．

2　マイノリティの社会運動としての「ひきこもり当事者活動」

2.1　社会運動として「ひきこもり」の当事者活動を捉える視点

　「ひきこもり」の当事者活動については，関水徹平がセルフアドボカシーとしての側面を提示したが（関水 2018），私はさらにもう一歩議論を進めて，「社会運動」として当事者活動を理解する枠組みを提示したい[1]．

　社会運動の類型論としては，H.クリージの社会運動組織の4類型が知られている（Kriesi 1996：153；西城戸 2004：87）．クリージは，組織がどこから利益を求めるのかを縦軸に（対構成員指向—対当局指向），活動に対する構成員の直接参[2]

加の有無を横軸に（構成員が直接参加しない―構成員が直接参加する）とり，社会運動を①構成員が直接参加する対当局指向の政治的社会運動組織，②構成員は直接参加しないが対当局指向の代表制政治，③構成員は直接参加しない対構成員指向のサービス組織，④構成員が直接参加する対構成員指向の自助・利他的活動に分類する．それぞれ代表的なものとしては，①はデモ行進のような抗議，②は代表者を議会に送り出すこと，③は福祉サービスの提供事業，④は自助グループやボランティアが該当する(西城戸 2004：86-9)．本章との関係でいえば，①と④は構成員が直接参加する点において当事者活動とも重なる．

　この類型を「ひきこもり」の文脈に引き付けると，③は支援機関によるサービス提供，④は自助グループでの当事者活動が該当するであろうが，いずれも構成員，すなわち当事者に対する働きかけであり，社会に対する働きかけとしては弱い．だが，運動組織は状況に応じて変化する可能性をもつ．

　実際，当事者活動は，④だけでなく，情報発信やイベント開催等①に分類される活動が近年目立つ[3)]．私は前章で，当事者活動を行う人々は，現在はひきこもっていなくともあえて「当事者」と名乗ることで，現在ひきこもっている人々に対して「仲間」として振る舞い，カテゴリーの同一性を基軸に働きかけていると論じた．それと同時に，当事者活動が「支援する／される」という二分法的な関係性を問い直すことで，多数派の生き方への再適応を目指す支援に対する異議申し立て活動となっていることに注目した．

　この異議申し立て活動において当事者は，自らの経験や身体を呈示することを通じて，支援の前提でありかつマスメディアによって流通する固定的な「ひきこもり」像（未成熟な若者像）を揺るがしていることを論じた．この活動は，クリージの類型に従えば①に分類されるものであろう．当事者活動は社会を指向する運動として再定義されうるのである．

2.2　マイノリティの社会運動における私的戦略と集合的戦略
──当事者の存在証明戦略

　社会運動としての性質をもつ「ひきこもり」の当事者活動は，活動の担い手が少数者または「逸脱者」という点において，マイノリティの社会運動としても位置づけられる．そこで，マイノリティの社会運動に焦点を当てた石川准の議論を検討しておきたい．

　障害者の自立生活運動をもとに石川准は，1980年代以降で欧州で展開された

新しい社会運動がもつ制度変革と自己変革の二つの志向性に注目した（石川准
1988）．石川准は，逸脱のスティグマを貼られた人々の社会運動はとくに，「社
会制度や社会意識を変えていこうとすると同時に，自分達のアイデンティティ
やライフスタイルを変えていこう」（石川准 1988：155）とするが，自己変革と制
度変革それぞれの最適な戦略は互いに背反するため，同時達成は「戦略的ディ
レンマ」を抱えていると指摘した．

　では，逸脱者の存在証明戦略としてはどのようなものがあるだろうか．石川
准は E. ゴフマンの演劇論をもとに，逸脱者の存在証明戦略として「印象操作」
「補償努力」「他者の価値剥奪」「価値の取り戻し」および「存在証明からの自
由」をあげている（石川准 1996：172-4）．前の三つは，社会における逸脱の定
義は変更せず，自己の否定的評価のみを書き換えようとする私的戦略であり，
「ひきこもり」の文脈でいえば就労支援との親和性が高い．以下，「ひきこもり」
の文脈に引き付けて検討してみよう．

　当事者は，自らのひきこもった経歴を他者に悟られまいとひきこもった経験
を隠す（印象操作）（石川良子 2007：83-106）．支援機関や自助グループなど支援コ
ミュニティでは自らを「ひきこもり」として語ることができたとしても，就労
する際に参入する能力主義的なイメージを抱かれる「（支援空間に対照化される）
外部社会」（荻野 2007）においては，他者からの軽蔑を避けようと自分の経歴を
偽るか（「資格試験の勉強をしていた」），そういった印象操作自体ができず自己防
衛としてさらにひきこもる（石川良子 2007：100-1）．結果，当事者は「『わたし』
の自尊心を激しく傷つける」ことになる（石川准 1996：173）．

　印象操作は表層的な解決にしかならない．不全感を抱えた当事者は，自己へ
の否定的評価を補償するアイデンティティを獲得するために補償努力を重ね
る．だが，「ひきこもり」への否定的評価が社会的に存在する限り，当事者は
自身の経験に不全感を抱き続け，補償努力は永続する．就労後に過剰労働で燃
え尽きる当事者の姿は永続的な補償努力の帰結だ．

　補償努力は完全な解決とはならず，そもそも努力自体に取り組めない当事者
も存在する．ゆえに「他者の価値剥奪」が行われることもある．例えば就労し
た際に，「自分はもう働いているからあいつらよりマシだ」とすることでこれ
を達成することもあれば，ひきこもっている際に「外に出ている時点であいつ
らは偽者のひきこもりだ」とすることで自らの「ひきこもり」カテゴリーへの
帰属を正当化することもある．あるいは他の逸脱とされるカテゴリーを差別し，

自己の安定を図る（「自分はあいつらよりまともだ」）こともあろう.

　以上が,「ひきこもり」の当事者の存在証明における私的戦略である. いずれも社会に対する問題意識は弱く, 異議申し立てという性質はもたない. だが, 当事者が「ひきこもり」を否定的に捉える社会によって「ひきこもらされている」（石川良子 2007：103）のであれば, 当の社会に対して働きかけていく必要がある.

　この社会に働きかける方策として, 石川准がいう「価値の取り戻し」に注目したい. これは, 石川准によれば,「社会の支配的な価値を作り替えることによって, これまで否定的に評価されてきた自分の社会的アイデンティティを肯定的なものへと反転させることで, 自分の価値を取り戻そうとする」こととされる（石川准 1996：174）. そして石川は,「価値の取り戻し」の集合的戦略の展開過程を以下のように述べる.

　　価値剥奪のために深刻なアイデンティティ問題を負った人々は, 目前のアイデンティティ問題の緩和のために, 印象操作や補償努力, あるいは他者の価値剥奪のような, 既成の存在証明規範に同調する方法に頼りもする. だが, アイデンティティ問題が深刻であればあるほど, あるいは被差別と向き合う体験を通して事の本質――印象操作や補償努力や他者の価値剥奪が担う社会的機能――を実感すればするほど, 価値の取り戻しを求めるようになる. そしてさらに, ネットワークやリーダーシップや社会的環境といった集合行為生成のための条件が整えば, 彼ら／彼女らは〈アイデンティティの政治〉を開始するようになる.（石川准 1996：175）

　これは, この20年ほどの当事者活動の展開と重なり合う. ゆえに次節では,「ひきこもり」の当事者活動が自己変革から制度変革へ, かつ私的戦略から「価値の取り戻し」を求める集合的戦略へとシフトすることを支えた言説状況を考察したい.

3　自己変革から制度変革へ
──当事者活動における言説状況の変化

3.1　2000年代における当事者活動の言説状況
──「ひきこもり」は「マイナス体験」

「ひきこもり」の当事者活動としては，1990年代後半から首都圏や関西で自助グループが草の根で展開されており（塩倉 2000），同時期には当事者への取材による著作も刊行された（塩倉 1999；田辺 2000；池上 2001等）．2000年代初頭には当事者による手記が出版され（上山 2001；勝山 2001等），当事者による発言がなされ始めた．

この時期に当事者として発言を始めた上山和樹は，自身の「ひきこもり」経験を「マイナスの体験」としつつも，以下のように書く．

> 私にとって，「ひきこもり」は，はずかしい中でももっともはずかしい話題であり，傷の中でももっとも耐えられない最悪の傷でした．私はいま，いわばそれを逆手に取る形で社会活動をしている．／私自身もそうですが，つらい体験をした人間は，たいていの場合，周囲の人から「忘れなさい」「過去のことなんだから」「前を向いて生きていこう」……こうした言葉を，おそらくは好意によってかけられています．しかし，こうした「ポジティブな」発言が，どれほど当事者たちを苦しめることか……．（上山 2001：232）

ここには自身の「ひきこもり」経験を梃子に自分の価値を取り戻そうとする上山の志向性が読み取れるが，周囲の人はそのような上山の志向性を尊重しない（と少なくとも上山は認識する）．むしろ周囲の人は，「ひきこもり」経験を過去のものとして忘却させることを通じて，当事者活動それ自体を抑止するものともとれる．価値を取り戻すための活動も，他者からの承認がなされない以上，存在証明の戦略としては成立しない．

実際，2000年代において当事者が認識していた「ひきこもり」問題の焦点は，親の高齢化を背景として，対人関係が築ける居場所以外にどのように活動の場を広げて経済的自立を果たすかという点にあった（石川良子 2016：97）．ゆえに，自助グループや居場所といった対構成員指向の自己変革としての活動は活発であっても，対当局指向の制度変革としての活動は現在ほど活発ではなかった．

　この状況の中で2000年代半ばに登場したのが「ニート」言説であり，「ニート」言説を主導した玄田有史らが唱えた「働く意味に拘泥せずにとりあえず働いてみる」という処方箋だった（石川良子 2007：156-7）．この「ニート」という言葉は，当時の新自由主義的な考え方（自己責任論）を背景に人口に膾炙し，「ニート」やそれと混同された「ひきこもり」に対する否定的な見方が広がっていった．この「ニート」言説の影響は大きく，「ひきこもり支援」は「ニート支援」に組み入れられ，居場所に参加していた「ひきこもり」の当事者たちは自らを「ニート」と再定義し，「ひきこもり」の活動からは疎遠になっていった（石川良子 2007：65-7）．参加者減少で東京近郊の自助グループ等が相ついで閉鎖・活動休止していく一方で（石川良子 2007：24），当事者を就労へと押し出そうとする動きは「一段と大きくなった」（石川良子 2007：69）．この時期の当事者の存在証明戦略は，就労支援という名の私的戦略（「印象操作」「補償努力」「他者の価値剥奪」）に向けられており，「価値の取り戻し」を集合的に社会に要求する意識はそれほど高まらなかった．

3.2　2010年代における当事者活動の言説状況
###　　──「ひきこもりでもやっていける」

　「ニート」言説の台頭によっていったん衰退した当事者活動も，2010年代以降に再び活発化するようになった．これは，2008年リーマン・ショックや2011年東日本大震災等の影響で経済が悪化するなか，厳しい労働環境に疲弊した人々が仕事を辞め「ひきこもり」になると同時に，いったん就労した人々が再び自助グループ等に戻ってきたためである（池上 2014；石川良子 2016）．2010年代以降，そもそも職自体が失われる社会状況が到来したため，これまで行われてきた支援自体が問い直されていくことになる．[4]

　2000年頃から当事者として発言を続けてきた勝山実は，このような社会状況を捉え，2011年に刊行した著作で以下のように書く．

　　現在はひきこもり支援の転換期といえましょう．ひきこもり支援は，社会復帰への手っ取り早い近道のつもりで，就労支援をおこないましたが，目的は果たせませんでした．これからは，ひきこもりが普通の人の何倍もの我慢と忍耐で，社会復帰を目指すのではなく，ひきこもり本人が，自分にとっての幸せ，生き方を模索し，ひきこもり生活の質，そのものを高め

ていくものにしなければなりません.（勝山 2011：115）

　そして，就労支援ではない方向性として，勝山は「ひきこもり」経験を「資産」に転換する視座，すなわち，「お寒いつまらない脱ひきこもり物語」や「陳腐な立身出世ストーリー」ではない「わがままで，怠けていて，一銭の価値もない」自分の「ひきこもり」経験を語り続ける（「資産運用する」）ことを通じて，同じように「ほろ苦い思い」をもつ人々とつながっていく視座を提案する（勝山 2011：134-41）.

　加えて勝山は以下のようにも書く.

　　　ひきこもり支援は，現代の社会を維持したまま社会の外側にいる人間を社会の内側に放り込むのではなく，社会を変化させるものでなくっちゃいけない.ひきこもりでもやっていけるぞ，そんな気骨が大切なのです.（勝山 2011：225）

　既存の「ひきこもり支援」に対する痛烈な批判だが，それと同時にこの二つの語りにおいては，「ひきこもり」そのものが肯定的に捉えられている.このある種の開き直りは，先の上山の語りと比較した際により鮮明になる.そもそも上山が「マイナスの体験」として「ひきこもり」を捉えるのは，その経験が他者によって価値剥奪されているゆえに起こる.「ひきこもり」に対する周囲の否定的な見方が，「ひきこもり」を「はずかしい体験」とし，「最悪の傷」にさせるわけだ.勝山はそのような周囲の「ひきこもり」に対する見方自体を問題視すると同時に，「ひきこもりでもやっていける」という開き直りを通じて，ひきこもった自分の価値を取り戻そうとしている.

　自身の経験を語ることを通じて，他者とつながり，自分の価値を取り戻す.この勝山の見方は，次節で示す2010年代の当事者活動において広く浸透することとなる.以前と比較すると対照的だが，そもそも失業不安や介護問題等，従来のルーティーンが通用しなくなったことで生じる存在論的不安は，当事者やその家族だけでなく，平成期を通じて社会全体に広がっている（小熊編 2019）.つまり，能力主義的なイメージが抱かれる「外部社会」や，「ひきこもり」を問題視する見方それ自体が問い直され始めたわけだ.制度変革を求める当事者活動が各地で展開されるようになった背景として，2010年代以降の社会状況の変化は無視できない.

　それでは，制度変革を求め，自分の価値を取り戻す集合的な実践として，当事者活動はどのように展開しているだろうか．次節では，発信，対話，協働の3点から検討したい．

4 「価値の取り戻し」の実践
——発信，対話，協働

4.1　当事者発信の台頭——「ひきこもり」の実像を伝える

　2010年代は，ブログやSNS等を通じた個人発信や他者交流が盛んになり，当事者も社会に対し発信することが目立つようになった．私もひきこもった経験のある当事者としてSNSにおける当事者グループに参画しており，日本だけでなく世界中から当事者の投稿を閲覧し，交流できるようになった．これまで研究者やジャーナリストの取材を介してアクセスしていた「当事者の声」が，インターネットを介して容易にアクセスできるようになったわけである．

　当事者活動による新聞や雑誌も創刊された．2014年には，長崎の当事者たちが同人誌『不登校・ひきこもり情報誌　今日も私は生きてます．』を刊行し，現在まで不定期に4号刊行された．2016年には，当事者たちが編集会議を組織し，不登校専門誌『不登校新聞』に範をとって『ひきこもり新聞』が創刊され，[5] 2018年には，『ひきこもり新聞』の編集メンバーによって雑誌『HIKIPOS』が定期的に刊行されるようになった．[6]「ひきこもり」をめぐって当事者によるオルタナティヴメディアが台頭してきた．[7]

　なぜ当事者発信が必要とされたのか．それは，マスメディアや「ひきこもり支援」，あるいは社会に対して制度変革を求め，かつ当事者の意思が尊重される社会を目指すためである．『ひきこもり新聞』創刊号（2016年11月1日）1面で創刊発起人の木村ナオヒロは，『ひきこもり新聞』を発行し，「ひきこもり当事者の声を世の中に伝える」理由を二つ上げる．一つは，「マスメディアがひきこもりの実像をきちんと伝えていない」ためであり，もう一つは，「当事者の意思を尊重した支援が広がるように当事者の声を伝えていきたい」ためである．

　「ひきこもり」の支援をめぐっては，当事者の部屋に強制的に踏み入り，施設（寮）に入所させる手法がなされることがあった．それは，以前より暴力的と批判されつつも（芹沢編2007），マスメディアにおいて好意的に取り上げられ

てきた. これに対し木村は,「問題のある人間」として「ひきこもり」が報道
されることで「世間の憎悪」が高まり,「より一層ひきこもっているものを追
い詰める」と問題を提起する. また, 就労支援に対しては,「就労させること」
が重視されるあまり, 本人のペースや「生きざま」が置き去りにされ(丸山 2014),
本人が主観的に判断する生活の質が軽視されているという批判 (関水 2016) が
あり, 木村もそれらの批判を共有しつつ,「ひきこもりが抱える問題は, 他者
が強制的に解決する問題ではなく, 本人の生き方や気持ちに寄り添って解決し
ていくべき問題」と語っている.

4.2 「対話」重視イベントへのシフト
——「対話」を通じた「ひきこもり」像の変容

　しかし, ただ情報を発信するだけでは, 社会が抱く「ひきこもり」への否定
的なイメージを変容させることは難しい. 2011年より私が当事者であると同時
に研究者として参与観察をしていた当事者団体グローバル・シップスこうべ
(ノア) の代表森下徹氏も, これまでの講演会やシンポジウムの「(支援者や当事
者といった) 発表者から聴衆 (多くは親や当事者) への一方的な知識伝達」ではな
く,「対等な関係での対話」が必要という問題意識をもっていた(2012年1月フィー
ルドノート). この問題意識によって行われ始めたのが,「ひきこもり」問題に
関するフューチャーセッション (FS) とひきこもり大学である.

　FSとは, 第三者を交えた様々な関係者を集め, 対等な対話を通じて相互に
問題解決と社会変革を志向する実践・場である (池上 2014 : 191-2). FS では,
ファシリテーターを入れることで様々なステークホルダー同士の対等なやり取
りを促すワークショップ的な仕掛けがあったが, これは, これまでの「ひきこ
もり」のイベントにはみられない特徴だった. また「ひきこもり」FS では,
従来のイベントでは多数を占めていた家族や当事者, 支援者だけでなく, 一般
市民やプロボノ (自らの専門知識や技術を社会貢献に生かす市民活動) としての参加
者, 社会的企業や CSR で「ひきこもり」問題に取り組みたい人々も多くみら
れた (2012年6月フィールドノート). FS は,「ひきこもり支援」の枠組みを超え
て, 広く一般市民を活動に巻き込もうとする活動であったといえる.

　2012年のノアでの「ひきこもり」FS 開催を皮切りに, 各参加者が自分の地
元で FS を開催する流れが起こった. その中の一つである東京の FS「庵—IORI
—」に参加していた当事者のアイデアから生まれたのが,「ひきこもり」の経

験の価値を取り戻そうとするひきこもり大学だ[9]．これは，当事者を講師役とし，
「『ひきこもり』体験を通じた見識や知恵，メッセージなどを，関心のある人た
ちに向けて講義する」ことで，「当事者ならではの捉え方を共有」し，「ひきこ
もり期間を通じて得たものへの価値を見出し，様々なネガティブな誤解を解い
ていく」ものだ[10]．このひきこもり大学は，2013年に東京で開催されて以降，FS
における「開かれた対話の場」という要素を取り入れながら全国展開すること
になる．

4.3 当事者活動の協働——ネットワーク形成を通じた運動の拡大

　ここまで，当事者活動を，発信と対話を通じて社会を変革する運動として検
討してきたが，さらに注目すべきは，複数の団体が協働しネットワークを形成
している点だ．先にみたように，『不登校新聞』に範をとったのが『ひきこも
り新聞』であり，『ひきこもり新聞』の編集メンバーが創刊したのが『HIKIPOS』
である．イベントも当事者団体同士あるいは親の会，支援機関，ジャーナリス
トや研究者との協働によって行われている．
　制度変革を集合的戦略として展開するにあたっては，ネットワークが欠かせ
ない．この点について石川准は以下のように述べる．

　　　スティグマ共同体が政治化するためには緊密な社会的ネットワークが必
　　要である．スティグマ共同体はその内部に濃密な社会的紐帯を組織しては
　　じめて，これまで存在証明の私的戦略に余念のなかった人々を，アイデン
　　ティティの政治に動員することができる．共同体はネットワークを通じて
　　便益や解放イデオロギーを成員に供給し，参加を動機づけ，傍観者となる
　　ことを抑制する．(石川准 1996：180)

　当事者は，そのネットワーク内で自分の価値を取り戻すと同時に，社会に対
しても自分の価値を政治的に求めることになる．ネットワークが広がるほど，
情報が流通し，イベントが多発する．次第に活動が社会的に可視化されていき，
一般市民もそれに巻き込まれていく．それはまさしく社会運動の過程であり，
「ひきこもり」の価値を取り戻そうとする存在証明の集合的戦略が仕掛けよう
とするものにほかならない．
　ネットワーク形成のあり方は様々だが，私が当事者として参与観察していた
関西では二つの活動があった．一つは，2013年頃にあった，関西に点在する当

事者団体同士で連携し協議会や交流会を設ける等，当事者活動をネットワーク化する活動である．もう一つは，2015年に立ち上がった，当事者らが主体となって関西圏の各支援機関や当事者団体を取材してマップに落とし込む「ひきこもり・若者支援マップ作成プロジェクト」である[11]．前者では，まず SNS を通じてコミュニケーションを図ったり，それぞれの団体の参加者同士で一堂に会して交流することから始められ，次第に今後の連携のあり方としての「関西ひきこもり自助グループ協議会」設置が模索されるようになった．後者では，関西に点在する支援機関や当事者団体が可視化され，機関同士のネットワークが形成されると同時に，取材した機関とつながりのあった当事者も，マップ作成に関わったり，可視化された当事者団体の活動に参加するようになった．

　この二つの活動によって関西圏における当事者間交流が促進され，二つの活動に参画していた当事者団体が相乗りで主催する大規模イベント[12]が定期的に開催されるに至った．最近では，全国的な当事者ネットワーク形成の試み（2018年5月設立の Node）や，ホームレスや障害など様々な背景を持つ人々で試合を行うフットサル大会であるダイバーシティカップ（NPO 法人ダイバーシティサッカー協会主催）へのチーム派遣等，ネットワーク形成の試みが拡大してる．「ひきこもり」の価値を取り戻す社会運動が，地域や支援という枠を超えて広がっている．

5　まとめと今後の課題
　　　──「アイデンティティからの自由」が可能な活動に向けて

　本章では，「ひきこもり」の当事者活動について，それをマイノリティの社会運動として捉える視点を検討しつつ（第2節），2000年代の自己変革から2010年代の制度変革へと当事者活動を支える言説状況が変化したことを考察した（第3節）．ついで「ひきこもり」の実像を伝えるための当事者発信の台頭，「対話」を通じた「ひきこもり」像の変容を達成するための対話型イベントへのシフト，当事者活動を協働することによるネットワーク形成の3点を通じて，当事者活動が価値を取り戻す社会運動として拡大していく過程を論じた（第4節）．「ひきこもり」の当事者活動は，「ひきこもり」に対するかつての逸脱のイメージを転換するために，発信，対話，協働を通じて社会における既存の価値観を変えようとする社会運動としての側面をもつことが明らかとなった．

　もちろん当事者活動にも課題がないわけではない．そもそも「ひきこもり」は，「社会参加していない」といった否定形によって表される状態カテゴリーであり，存在証明（私は～だ）の語彙としては矛盾をはらむ．また，「ひきこもり」というカテゴリーに縛られ，その人のアイデンティティの可変性や複数性が軽視され[13]，活動で疲弊していく当事者も後を絶たない．

　また，ひと口に「ひきこもり」といっても経験は多様だ．最近では，「男性のひきこもり」ばかりに焦点があてられることで不可視化されてきた「女性のひきこもり」を，実態調査によって可視化したり，参加資格を女性に限定した「ひきこもり女子会」が定期的に開催されるようになった（ひきこもりUX会議2018）．さらには，LGBTQといった性的マイノリティとしての経験への「特化・配慮」（林2020）も求められるようになるなど，「ひきこもり」のアイデンティティとジェンダーやセクシュアリティに関わるアイデンティティとを交錯させる試みが始まっている．

　カテゴリーを引き受けて当事者活動を実践することと「存在証明からの自由」（石川准1996：181）とをいかにして結びつけていくのか，また，アイデンティティの可変性や複数性をいかにして達成していくのか，今後の課題としたい．

注
1）　当事者側の活動ではなく，就労支援等が中心の支援機関側の実践を社会運動と捉える議論としては荻野（2006）がある．
2）　「当局」とは，社会運動組織が集合的利益を要求する相手先のことであり，一般的には行政や議会のことを指す．だが「ひきこもり」の当事者活動においては，集合的利益を求める相手先は「ひきこもり」を否定する社会そのものに求められる．
3）　②の活動としては，自身のひきこもった経験を前面に出して選挙に出馬する事例が複数ある（2015年4月千葉市議会議員選挙，2016年11月つくば市議会議員選挙等）．また，行政が設置する「ひきこもり」の支援に関する審議会や協議会等において当事者が委員として参画する例もある（東京都や長崎県，兵庫県等）．
4）　大阪の当事者団体ウィークタイ代表の泉翔は，就労後も苦しむ当事者の姿を報告し，「生きる意欲の回復」を目指す当事者活動の必要性を論じている（泉2019）．
5）　『ひきこもり新聞』Web版は「ウェブ版ひきこもり新聞」を参照のこと〈http://www.hikikomori-news.com/〉2020年6月20日取得．
6）　『HIKIPOS』Web版は雑誌ホームページを参照のこと〈https://www.hikipos.info/〉2020年6月20日取得．
7）　当事者発信は，文芸や現代アート，インタビュー活動等，多様である（林・斎藤編

2020）.

8）　木村の発言の背景には，強制的な支援手法を好意的に取り上げた当時のテレビ番組
　　に対する，当事者や支援者による反論の記者会見等の動きがある（『朝日新聞』2016年
　　4月5日朝刊「テレ朝の番組，専門家ら異議　ひきこもり特集，経験者も声明」）.

9）　石川良子（2016）も勝山（2011）における「資産運用」の実践として「ひきこもり
　　大学」の様子を報告している.

10）　「ひきこもり大学KHJ全国キャラバン」より引用〈http://www.khj-h.com/khj-c.net/a
　　ctivities/〉2021年3月24日取得.

11）　このプロジェクトやその母体である社会的ひきこもり若者支援近畿交流会の活動は，
　　同会のFacebookページを参照のこと〈https://www.facebook.com/kinki.koryukai/〉2021
　　年10月6日取得.

12）　2016年3月11日大阪府立男女共同参画・青少年センター（ドーンセンター）にて開
　　催された「むすぶ. つなぐ. ひろげる. 当事者研究大会」（定員100人）や，2017年2
　　月25日，26日豊中市千里文化センター・コラボにて開催された「若者当事者全国集会
　　──ひきこもってた当事者，経験者，豊中で集まろう！」（定員150人）等があげられ
　　る.

13）　横浜の当事者団体ひき桜を運営する割田大悟は，自らの活動経験をもとに，「当事者
　　と呼べるような呼べないような」曖昧な立ち位置がもたらす疎外感を論じている（割
　　田 2020）.

おわりに

　ここで再び，本書冒頭で示した，ある「ひきこもり」の当事者からの私への問いかけに立ち返ってみたい．

　「伊藤さんって，ふだんなに考えてるか分からへんよね」

　本書で行ってきたことは，基本的にはこの問いかけに対する私なりの応答である．私自身がなにを考え，どのような活動を行ってきたか，そのことについて読者に伝えるために書かれたといってもよい．

　そのために本書では，「ひきこもり」というテーマのもとで，当事者学・当事者研究の検討と私自身の自己探求を行い（第Ⅰ部，第Ⅱ部），その自己探求をふまえて「ひきこもり」をめぐる生きづらさのあり方を検討し（第Ⅲ部），そしてそのような「生きづらさ」に対抗してどのような活動が当事者によって担われているのかを論じてきた（第Ⅳ部）．社会的なものの探求であると同時に，自己探求のための書でもあることを目指した本書は，社会学的な部分もありつつも，どうしてもそこからはみ出してしまうところがある．無論，はみ出しそうなところをも社会学的な領域に収めようと方法的な部分の検討も行ってはいるが（第1章，2章），まだまだ論じるべき点は多いようにも思う．

　これまでの社会科学的な著作においては，自然科学的なアプローチを範とする意識が強いためか，自己探求に関して本書のようにテキストとして読者に提示するようなことはあまり重視されてこなかったように思う．もちろんそこには，社会科学においては，そもそもの研究対象として自己探求が想定されてこなかった事情もあるだろう．対象とすべきは〈研究する私〉の外部にあるものごと（例えば，法の運用や市場のメカニズム，政治的決定の過程，生産性の向上や効率性の追求など）であり，〈研究する私〉自体を自己探求する回路自体が余り意識されてこなかったのではないだろうか[1]．

　ともすれば「客観的ではない」として敬遠されがちな自己探求ではあるが，社会科学の中でも社会学においては，実は重要なテーマになり得ると思われる．もちろんこの理由としては，社会学自体が他の社会科学と比べて哲学や文学と

いった人文学に近接しており，サイエンス的側面だけでなく，アート的側面を
も持ち合わせているという特色も関係している．社会学は社会的なものを探究
するわけではあるが，その社会的なものを探究する自己をも問い直すという自
己言及的な性質が社会学には備わっている．そしてこの性質は，おそらく他の
社会科学と比しても社会学においては特段強いものとしてあるだろう．

　もちろん，「社会学とは何か」を定義することは極めて困難であり，これま
でも多くの論者が様々な言説を提起してきたが，そのなかでも「社会学的想像
力」（C.W. ミルズ）は，古典的でありつつも重要な社会学のツールであろう．私
的な問題がいかに公的な問題と結びついているのか．その結びつき方を，自ら
の個人史と社会の歴史，社会構造とを交錯させながら思考することによって，
〈研究する私〉の自己と社会の捉え方はアップデートされていく．社会学にとっ
て自己探求は，社会探求との両輪でなされることで強力なツールになり得るの
である．

　そしてさらに本書においては，〈研究する私〉がいかにして自己探求と社会
探求を行ってきたのかについて，読者に対して開かれることを企図した．おそ
らく単なる研究論文をまとめるだけの著作であったら，本書でいえば第Ⅲ部と
第Ⅳ部のみで事足りるはずである．しかし，本書において第Ⅰ部と第Ⅱ部をあ
えておいたのは，論文としてまとめられる以前の私自身の原問題や自分史とい
うものを読者に対して提示することを通じて，私がいかにして「ひきこもり」
というテーマとかかわり，いかにして自己と社会に対する捉え方をアップデー
トしてきたのか，論文からだけでは伝えることができないそのプロセスを，読
者も追体験することができるように仕向けたかったからである．もちろん，ま
だまだ力不足な面もある．また本書を通して読者が私についての理解をどのよ
うに達成したか，それを私が本書を執筆している現時点で知ることはできない．
今後，読者との対話を重ねてさらに社会と自己の探求をすすめていく必要があ
ろう．

　さて，最後になるが，そもそも本書のような研究に終わりというものがある
のか疑問に思うこともある．もしかしたら生涯にわたって追い続けるものなの
かもしれないし，場合によっては中途で投げ出してしまうようなものなのかも
しれない．また本書では「ひきこもり」をテーマとしたが，今後は別の側面か
ら自己と社会を探求するプロジェクトを始める可能性にも開かれている．ゆえ
に本書で行った研究は，いまだ生成途上のものであり，未完の研究ともいえる．

しかし，いまだ生成途上であるからこそ，この研究は「生きた社会学」であり，今後も他者との絶え間ない対話を通じて更新されていくものである．

注
1）　もちろん社会科学者でも，例えば自らの病の経験を記述したり，受けてきた被害を描写するなど，当事者としての経験を書く人は多く存在している．ただここで注意したいのは，それらのテキストが，その著者が属する分野においてどのように評価されるかということである．ありていにいえば，それらのテキストがその分野の業績としてどの程度受け入れられているのかということである．このことについては，社会科学における社会学とほかの分野との特色の違いを踏まえてさらに検討する必要があろう．今後の課題としたい．

あとがき

　本書は，2017年3月に関西学院大学大学院社会学研究科に提出した博士論文（「『ひきこもり当事者』の社会学的研究——主体から問う『ひきこもり』と社会」）を構成した各論考に，2010年1月に関西学院大学社会学部に提出した卒業論文（「『ひきこもり』の自分史——『ひきこもり』現象の社会学的考察」）の自分史の部分，および博士論文では用いなかった論考を追加して再構成したものである．各論考の初出は以下の通りであるが，本書をまとめるにあたって大幅に加筆修正を行っている．

はじめに　2011,「当事者として『ひきこもり』と『社会／個人』を問う視点——「実存的問題」と「社会的問題」のあいだで」『KG/GP 社会学批評』（関西学院大学大学院社会学研究科大学院GP）第4号, pp. 5-14.

序　章　書き下ろし

第1章　書き下ろし

第2章　書き下ろし

第3章から第5章　「『ひきこもり』の自分史——『ひきこもり』現象の社会学的考察」2009年度関西学院大学社会学部卒業論文, 2010.

第6章　「『生き方』をめぐる若者の規範的なアイデンティティ——『ひきこもり』における社会適応の語り」『KG 社会学批評』（関西学院大学先端社会研究所・大学院社会学研究科）第4号, 2015, pp. 37-52.

第7章　「『ひきこもり』と親密な関係——生きづらさの語りにみる性規範」『社会学評論』（日本社会学会）第66巻4号, 2016, pp. 480-497.

第8章　書き下ろし

第9章　書き下ろし

第10章　「『ひきこもり』の当事者として〈支援〉するということ——『当事者というカテゴリー』を読み替える実践」『理論と動態』（NPO法人社会理論・動態研究所）第7号, 2014, pp. 134-151.

第11章　「社会運動としての『ひきこもり』当事者活動——自分の価値を取り戻す集合的戦略」『社会学評論』（日本社会学会）第71巻2号, 2020,

pp. 281–296.
おわりに　書き下ろし

また，本研究を遂行するにあたって，以下の資金の援助を受けた．記して感
謝したい．

日本学生支援機構第一種奨学金返還免除（全額免除）（2010年4月～2012年3月）
関西学院大学大学院支給奨学金「ベーツ特別支給奨学金」（2010年度）
関西学院大学大学院支給奨学金「ベーツ第1種支給奨学金」（2011年度，2014
　　年度）
関西学院大学大学院　博士課程後期課程研究奨励金　研究代表者（2012年度，
　　2013年度）
日本学術振興会　科学研究費助成事業　特別研究員奨励費「『ひきこもり』
　　における親密な人間関係にかんする社会学的研究——当事者活動を事例
　　に」（13J02766）研究代表者（2013年4月～2015年3月）
関西学院大学　大学院奨励研究員研究奨励金「『ひきこもり支援』における
　　当事者をめぐる政治性——当事者活動／研究と社会学的実践」研究代表
　　者（2016年4月～2017年3月）
長崎県立大学　学長裁量教育研究費「長崎県における若者支援システム構築
　　の研究——地域社会資源のネットワーク化を中心に」研究代表者（2018
　　年4月～2019年3月）
日本学術振興会　科学研究費助成事業　若手研究「『ひきこもり支援』をめぐ
　　る包摂と排除の社会学——〈新しい生き方〉に着目して」（19K13917）研
　　究代表者（2019年4月～2023年3月）

なお，本書は，長崎県立大学佐世保校学術研究会学術出版助成金の交付を受
けて刊行されたものである．

＊　＊　＊

2019年末より世界的に大流行した新型コロナウイルス感染症（COVID-19）に
よる社会状況の中で，このあとがきが書かれている．本書にも収めた自分史を

書いたのが2010年1月だったので，それから10年余りも経ったことになる．その間私は，大学院に入り，フィールドワークとして現場と大学を往復しつつ学位を取得した．その後，2018年春には就職と結婚，関西から佐世保への引っ越しという三つのイベントをほぼ同時期に経験した．現在の佐世保の職場に着任後も，公私ともに様々な出来事を経たために博士論文を刊行する時期が遅れてしまったと感じているが，こうして何とか本書の刊行にこぎつけることができた．惜しむらくは，この10年間の出来事を自分史として書き上げられなかったというところだが，おそらくそれも，近い将来には日の目を見ることになるだろう．他者からもたらされた愛や生きがい，あるいは悪や不正義を忘れないためにも，それは必要な作業だと考えている．

　さて，本書を執筆するにあたり，ここでは記しきれないほど多くの方々にご協力いただいた．この10年余りの中で，大学においてもフィールドにおいてもかけがえのない人々に出会うことができたのは，間違いなく私の自分史を豊かにしたと思う．とくに，参与観察やインタビューで調査に協力していただいた方々との出会いが無ければ，本書は存在しなかった．厚く御礼申し上げたい．

　本書のもととなった博士論文の審査をしていただいた三浦耕吉郎先生（主査），佐藤哲彦先生（副査），貴戸理恵先生（副査），好井裕明先生（副査）に深く感謝したい．博士論文から本書へと大幅に修正がなされる過程でも，多くの励ましやアドバイス，論考の発表機会などをいただいた．ゼミや研究会，学会，飲み会の場で交わした多くの言葉や経験は，昨今のCOVID-19の社会状況下においては一層際立った記憶となっている．

　ほかにも，三浦耕吉郎ゼミ，佐藤哲彦ゼミ，古川彰・松田素二ゼミ，好井裕明ゼミ（夏季集中）でお世話になった方々をはじめ，関学の先生方，先輩・同期・後輩の方々，スタッフの方々には，大変お世話になった．ときおり不安定になりつつも研究を続けることが出来たのは，間違いなく皆さんのおかげである．また，大学院GP（ポストGP/GSSP）や先端社会研究所による各種プログラムやサポートは，研究者としての第一歩を踏み出すにあたってとても貴重な機会や経験を与えてくれた．とくに，大学院GPのスタッフであった川端浩平氏や白石壮一郎氏らをはじめ，稲津秀樹氏や山北輝裕氏らGPメンバーとの関わりは，今でも忘れることはできない大切なものである．

　フィールドワークや社会学との出会いにおいて，学部の1，2年生の時にお世話になった大阪商業大学の先生方も忘れることはできない．その際に学んだ

社会学や社会調査の考え方，あるいは学生相談室やハンセン病国立療養所菊池恵楓園でのフィールドワークの経験は，現在の私を形作る重要なピースとなっている．

　学会や研究会などでは，他大学の方々と有意義な時間を過ごさせていただいた．とりわけ，長生き研，「生命の哲学」研究会，サロン・ド・京都，関西エスノグラフィックデータセッション，関西データセッション研究会，京都大学倉石一郎ゼミに参加された方々，佐藤貴宣氏からは研究上多くのコメントをいただいた．また，『理論と動態』(NPO法人社会理論・動態研究所)では，院生時代，ジャーナルへの掲載のリジェクトを2回経験し，当時腐りかけていた私に，丁寧な査読と発表の機会を与えていただいた．本書が皆さんから受けた学恩に報いることができていればと思う．

　「ひきこもり」研究の先達の方々からは，研究会・学会大会やフィールドでお会いするたびに良い刺激をいただいている．とくに石川良子氏からは，本書のもととなった博士論文に対する有意義なアドバイスやコメントをいただいた．また，本書が利用した長崎県立大学佐世保校学術研究会の出版助成の審査にあたっては，三浦耕吉郎先生，貴戸理恵先生，伊藤泰郎先生に査読のご協力をいただいた．本書の完成度が高くなっているとすれば，それは皆さんの的確なアドバイスのおかげだと思う．

　また，フィールドでともに活動した森下徹氏をはじめNPO法人グローバル・シップスこうべの皆さん，NPO法人情報センターイシス神戸の皆さん，NPO法人神戸オレンジの会の皆さん，NPO法人わかもの国際支援協会の皆さん，泉翔氏はじめNPO法人ウィークタイの皆さん，社会的ひきこもり若者支援近畿交流会／ひきこもり・若者支援機関マップ作成プロジェクトチームの皆さん，PSIカウンセリングルーム代表の竹内佑一氏とPSI主催勉強会の皆さん，生きづらさからの当事者研究会（づら研）・なるにわ・NPO法人フォロの皆さん，てる君，長崎県ひきこもり家族会花たばの皆さん，山北眞由美氏はじめNPO法人フリースペースふきのとうの皆さん，NPO法人ダイバーシティサッカー協会の皆さん，一般社団法人若者協同実践全国フォーラム（JYCフォーラム）で出会った方々，NPO法人KHJ全国ひきこもり家族会連合会で出会った方々，登校拒否・不登校問題全国連絡会（全国のつどい）で出会った方々，ほかフィールドで出会った多くの方々と交わした言葉や経験が，本書の議論を支えている．

　出版にあたっては，晃洋書房編集部西村喜夫氏に大変お世話になった．今回

は私にとって初めての単著の刊行であり，企画当初は出版について右も左もわからない状態であったが，西村氏の的確なアドバイスとご尽力のおかげで本書を世に送り出すことができた．

　最後に家族への感謝を述べたい．とりわけ，関西から慣れない佐世保に移り住み，苦楽をともにするようになった妻・梨加へ．君なしにこの本は存在し得なかった．ありがとう．なお，本書市販版表紙・カバーの見事な題字は妻の書である．

　　2021年12月

伊藤康貴

参 考 文 献

阿部謹也, 2005, 『阿部謹也自伝』新潮社.

秋風千恵, 2013, 『軽度障害の社会学——「異化&統合」をめざして』ハーベスト社.

天野義智, 1992, 『繭の中のユートピア——情報資本主義の精神環境論』弘文堂.

有末賢, 2012, 『生活史宣言——ライフヒストリーの社会学』慶応義塾大学出版会.

浅野智彦, 2001, 『自己への物語論的接近——家族療法から社会学へ』勁草書房.

————, 2002, 「〈自己のテクノロジー〉としての自分史」『現代社会理論研究』12：39-49.

————, [2013] 2015, 『「若者」とは誰か——アイデンティティの30年〔増補新版〕』河出
書房新社.

綾屋紗月編, 2018, 『ソーシャル・マジョリティ研究——コミュニケーション学の共同創造』
金子書房.

綾屋紗月・熊谷晋一郎, 2008, 『発達障害当事者研究——ゆっくりていねいにつながりたい』
医学書院.

Bateson, G., 1972, Steps to an Ecology of Mind, New York : Ballantine.（＝佐藤良明訳, 2000,
『精神の生態学　改訂第2版』新思索社.）

Baudrillard, J., 1970, La societe de consommation, Paris : Gallimard.（＝今村仁司・塚原史訳,
1979, 『消費社会の神話と構造』紀伊國屋書店.）

Becker, Howard S., 1966, "Introduction," Shaw, Clifford R., [1930] 1966, *The JACKROLLER : A
delinquent Boy's Own Story*, University of Chicago press : v-xviii.（玉井眞理子・池田寛訳,
1998, 「序文」『ジャック・ローラー——ある非行少年の物語』東洋館出版社 : 1-19.）

Berger, P. L. and T. Luckmann, 1966, *The social construction of reality : a treatise in the sociology of knowl-
edge*, New York : Doubleday.（＝山口節郎訳, 2003, 『現実の社会的構成——知識社会学
論考』新曜社.）

Clifford, J. and G. Marcus eds., 1986, *Writing Culture : The Poetics and Politics of Ethnography*, Ber-
keley : University of California Press.（＝春日直樹・和邇悦子・足羽與志子・橋本和也・多
和田裕司・西川麦子訳, 1996, 『文化を書く』紀伊國屋書店.）

Ellis, Carolyn, and A. Bochner, 2000, "Autoethnography, Personal Narrative, Reflexivity : Re-
searcher as Subject," Denzin Norman K. and Yvonna S. Lincoln. eds., *Handbook of Qualitative
Research*, 2nd ed., California, Sage Publications : 733-68.（＝藤原顕訳, 2006, 「自己エスノ
グラフィー・個人的語り・再帰性——研究対象としての研究者」平山満義監訳, 大谷尚・
伊藤勇編訳『質的研究ハンドブック　3巻　質的資料の収集と解釈』北大路書房 : 129-
64.）

Emerson, R. M. and S. L. Messinger, 1977, "The micro-politics of trouble." Social Problems, 25 :
120-34.

Erikson, E. H, 1959, *Identity and the Life Cycle*, New York : International Universities Press.（＝西平直・中島由恵訳，2011,『アイデンティティとライフサイクル』誠信書房.）

Frank, A. W., 1995, *The Wounded Storyteller : Body, Illness, and Ethics*, Chicago : The University of Chicago Press.（＝鈴木智之訳，2002,『傷ついた物語の語り手――身体・病・倫理』ゆみる出版.）

玄田有史・曲沼美恵，2004,『ニート――フリーターでもなく失業者でもなく』幻冬舎.

Girard, R., 1961, *Mensonge romantique et vérité romanesque*, Paris : Bernard Grasset.（＝古田幸男訳，1971,『欲望の現象学――ロマンティークの虚像とロマネスクの真実』法政大学出版局.）

―――., 1972, *La violence et le sacré*, Paris : Bernard Grasset.（＝古田幸男訳，1982,『暴力と聖なるもの』法政大学出版局.）

―――., 1976, *Critique dans un souterrain*, Lausanne : l'Age d'Homme.（＝織田年和訳，1984,『地下室の批評家』白水社.）

―――., 1978, *Des choses cachées depuis la fondation du monde*, Paris : Grasset and Fasquelle.（＝小池健男訳，1984,『世の初めから隠されていること』法政大学出版局.）

Goffman, Erving, 1963, *Stigma : Notes on the Management of Spoiled Identity*, New Jersey, Prentice-Hall Inc.（石黒毅訳，2001,『スティグマの社会学――烙印を押されたアイデンティティ』せりか書房.）

羽渕一代，2012,「現代社会の若者の恋愛とその機能」小谷敏・土井隆義・芳賀学・浅野智彦編『若者の現在　文化』日本図書センター：275-303.

Hacking, I., 1995, *Rewriting the Soul : Multiple Personality and the Sciences of Memory*, Princeton : Princeton University Press.（＝北沢格訳，1998,『記憶を書きかえる――多重人格と心のメカニズム』早川書房.）

林恭子，2020,「横並びで同じ未来を見る――ひきこもり女子会から見えてきたもの」林恭子・斎藤環編『いまこそ語ろう，それぞれのひきこもり』日本評論社：68-76.

林恭子・斎藤環編，2020,『いまこそ語ろう，それぞれのひきこもり』日本評論社.

林尚実，2003,『ひきこもりなんて，したくなかった』草思社.

樋口明彦，2008,「『ひきこもり』と社会的排除――社会サービスの不在がもたらすもの」荻野達史・川北稔・工藤宏司・高山龍太郎編『「ひきこもり」への社会学的アプローチ』ミネルヴァ書房：239-65.

ひきこもり大学出版チーム編，2020,『特別講義「ひきこもり大学」――当事者が伝える「心のトビラ」を開くヒント』潮出版社.

ひきこもり UX 会議，2018,『女性のひきこもり・生きづらさについての実態調査2017報告書』.

Holstein, James. A and Jaber F. Gubrium, 1995, *The Active Interview, California*, Sage Publications.（＝山田富秋・兼子一・倉石一郎・矢原隆行訳，2004,『アクティヴ・インタビュー――相互行為としての社会調査』せりか書房.）

本田由紀・内藤朝雄・後藤和智，2006,『「ニート」って言うな！』光文社.

星加良司，2014，「特別セッションを終えて」『障害学研究』10：81-3．

ひょうごユースケアネット推進会議，2011，『ひきこもりに悩むあなたへ——兵庫県ひきこもり調査結果から』．

兵庫県ひきこもり対策検討委員会，2020，『兵庫県ひきこもり対策検討委員会報告書』．

井出草平，2007，『ひきこもりの社会学』世界思想社．

————，2009，「書評に応えて（書評　井出草平著『ひきこもりの社会学』）」『ソシオロジ』53（3）：159-63．

————，2016，「10人に1人がひきこもりを経験——内閣府ひきこもり調査を読み解く」『シノドス』2016. 11. 14 Mon〈http : //synodos.jp/society/18471〉2017年3月25日取得．

池上正樹，2001，『「引きこもり」生還記——支援の会活動報告』小学館．

————，2012，「『引きこもり』するオトナたち第114回今話題の『フューチャーセンター』が引きこもり界に——多様な人々との対話で引きこもる社会は変えられるか」，ダイヤモンド・オンライン，〈http : //diamond.jp/articles/-/21100〉2013年3月31日取得．

————，2014，『大人のひきこもり——本当は「外に出る理由」を探している人たち』講談社．

————，2016，『ひきこもる女性たち』ベストセラーズ．

井上俊，1996，「物語としての人生」井上俊・上野千鶴子・大澤真幸・見田宗介・吉見俊哉編『岩波講座現代社会学　9　ライフコースの社会学』岩波書店：11-27．（再録：2000，『スポーツと芸術の社会学』世界思想社：145-66．）

色川大吉，[1975] 2010，『ある昭和史——自分史の試み』中央公論新社．

————，1992『自分史——その理念と試み』講談社．

————，2000『"元祖"が語る自分史のすべて』草の根出版会．

石原孝二，2013，「精神病理学から当事者研究へ——現象学的実践としての当事者研究と〈現象学的共同体〉」石原孝二・稲原美苗編『共生のための障害の哲学——身体・語り・共同性をめぐって』（UTCP Uehiro Booklet, No. 2）：115-137．

石川准，1988，「社会運動の戦略的ディレンマ——制度変革と自己変革の狭間で」『社会学評論』39（2）：153-67．

————，1988，「社会運動の戦略的ディレンマ——制度変革と自己変革の狭間で」『社会学評論』39（2）：153-67．

————，1996，「アイデンティティの政治学」井上俊・上野千鶴子・大澤真幸・見田宗介・吉見俊哉編『岩波講座現代社会学15　差別と共生の社会学』岩波書店：171-85．

————，1988，「社会運動の戦略的ディレンマ——制度変革と自己変革の狭間で」『社会学評論』39（2）：153-67．

————，1996，「アイデンティティの政治学」井上俊・上野千鶴子・大澤真幸・見田宗介・吉見俊哉編『岩波講座現代社会学15　差別と共生の社会学』岩波書店：171-85．

石川良子，2003，「パッシングとしての〈ひきこもり〉」『ソシオロジ』48（2）：39-55．

————，2007，『ひきこもりの〈ゴール〉——「就労」でもなく「対人関係」でもなく』

青弓社.

————, 2009, 「『分からないことが分かる』ということ——調査協力者への共感をめぐって」『質的心理学フォーラム』1：23-31.

————, 2010, 「『ひきこもり』から家族と社会を問い直すために」『家族研究年報』35：29-42.

————, 2014,「ライフストーリー研究に何ができるか——10年間の足跡を辿りながら」『日本オーラル・ヒストリー研究』10：19-28.

————, 2016, 「『ひきこもり』からの問題提起」好井裕明編『排除と差別の社会学　新版』有斐閣：93-113.

石岡丈昇, 2016, 「参与観察」岸政彦・石岡丈昇・丸山里美『質的社会調査の方法——他者の合理性の理解社会学』有斐閣：95-153.

伊藤絵美・向谷地生良, 2007, 『認知行動療法, べてる式.』医学書院.

伊藤康貴, 2010, 「『ひきこもり』の自分史——『ひきこもり』現象の社会学的考察」2009年度関西学院大学社会学部卒業論文.

————, 2011, 「『ひきこもり』の当事者たちのセクシュアルな語り——『ひきこもり』の自分史・補遺」『KG/GP 社会学批評別冊共同研究成果論集』：245-56.

————, 2014, 「『ひきこもり』の当事者として〈支援〉するということ——『当事者というカテゴリー』を読み替える実践」『理論と動態』7：134-51.

————, 2015, 「『生き方』をめぐる若者の規範的なアイデンティティ——『ひきこもり』における社会適応の語り」『KG 社会学批評』4：37-52.

————, 2016, 「『ひきこもり』と親密な関係——生きづらさの語りにみる性規範」『社会学評論』66（4）：480-97.

————, 2020, 「社会運動としての『ひきこもり』当事者活動——自分の価値を取り戻す集合的戦略」『社会学評論』71（2）：281-96. 伊藤美緒, 1991, 「漱石文学に表れたコケットリー」『思想の科学　第 7 次』140：25-37.

伊藤智樹, 2009, 『セルフヘルプ・グループの自己物語論——アルコホリズムと死別体験を例に』ハーベスト社.

泉翔, 2019, 「当事者だからできる永久支援——『ひきこもり』自助グループの活動」『都市問題』110（4）：27-32.

片瀬一男, 2005, 『夢の行方——高校生の教育・職業アスピレーションの変容』東北大学出版会.

勝山実, 2001, 『ひきこもりカレンダー』文春ネスコ.

————, 2011, 『安心ひきこもりライフ』太田出版.

川北稔, 2014, 「ひきこもり経験者による空間の獲得——支援活動における空間の複数性・対比性の活用」『社会学評論』65（3）：426-42.

————, 2019, 『8050問題の深層——「限界家族」をどう救うか』NHK 出版.

川又俊則, 2002, 『ライフヒストリー研究の基礎——個人の「語り」にみる現代日本のキリ

スト教』創風社.

KHJ, 2017, 『長期高年齢化したひきこもり者とその家族への効果的な支援及び長期高年齢化に至るプロセス調査・研究事業　報告書』.

貴戸理恵, 2004, 『不登校は終わらない――「選択」の物語から〈当事者〉の語りへ』新曜社.

――――, 2010, 「学校に行かない子ども・働かない若者には『社会性』がないのか」佐藤俊樹編『労働――働くことの自由と制度（自由への問い第 6 巻）』岩波書店：218-38.

――――, 2011, 『「コミュニケーション能力がない」と悩むまえに――生きづらさを考える』岩波書店.

――――, [2012] 2019, 「教育――子ども・若者と『社会』とのつながりの変容」小熊英二編『平成史【完全版】』河出書房新社：389-456.

小林多寿子, 1997, 『物語られる「人生」――自分史を書くということ』学陽書房.

――――, 2000, 「人生の語りとナラティヴ・アプローチ」大村英昭編『臨床社会学を学ぶ人のために』世界思想社：71-91.

――――, 2002, 「物語のなかの他者性」亀山佳明・冨永茂樹・清水学編『文化社会学への招待――〈芸術〉から〈社会学〉へ』世界思想社：184-204.

厚生労働省, 2010, 『ひきこもりの評価・支援に関するガイドライン』.

――――, 2013, 『平成25年版厚生労働白書――若者の意識を探る』.

――――, 2019, 『平成30年版厚生労働白書』.

Kriesi, H., 1996, "The Organizational Structure of New Social Movements in a Political Context", in D. McAdam, J. D. McCarthy and M. N. Zald eds., *Comparative Perspectives on Social Movements : Political Opportunities, Mobilizing Structures, and Cultural Framings*, Cambridge : Cambridge University Press : 152-84.

工藤宏司, 2008, 「ゆれ動く『ひきこもり』――『問題化』の過程」荻野達史・川北稔・工藤宏司・高山龍太郎編『「ひきこもり」への社会学的アプローチ――メディア・当事者・支援活動』ミネルヴァ書房：48-75.

――――, 2013, 「『ひきこもり』社会問題化における精神医学――暴力・犯罪と『リスクの推論』」中河伸俊・赤川学編『方法としての構築主義』勁草書房：17-35.

工藤定次, 1997, 『おーい, ひきこもりそろそろ外へ出てみようぜ――タメ塾の本.』ポット出版.

熊谷晋一郎, 2014, 「当事者研究に関する理論構築と自閉症スペクトラム障害研究への適用」東京大学大学院工学系研究科先端学際工学専攻2014年度博士論文.

――――, 2020, 『当事者研究――等身大の〈わたし〉の発見と回復』岩波書店.

草柳千早, 2004, 『「曖昧な生きづらさ」と社会――クレイム申し立ての社会学』世界思想社.

李洪章, 2016, 『在日朝鮮人という民族経験――個人に立脚した共同性の再考へ』生活書院.

間淵領吾, 1998, 「職業カテゴリーによる日本人の職業の序列付け――「職業に貴賤なし」意識の現在」都築一治編『1995年 SSM 調査シリーズ 5　職業評価の構造と職業威信ス

コア』科学研究費補助金特別推進研究（1）「現代日本の社会階層に関する全国世論調査研究」成果報告書，1995年SSM調査研究会：153-80.

Margolin, L., 1997, *Under the Cover of Kindness : The Invention of Social Work*, Charlottesville & London : University of Virginia. (＝中河伸俊・上野加代子・足立佳美訳，2003，『ソーシャルワークの社会的構築——優しさの名のもとに』明石書店.)

丸山康彦，2014，『不登校・ひきこもりが終わるとき——体験者が当事者と家族に語る，理解と対応の道しるべ』ライフサポート社.

Mills, C. W., 1959, *The sociological imagination*, Oxford University Press : New York, (＝1995，鈴木広訳『社会学的想像力』紀伊國屋書店).

三島亜紀子，2007，『社会福祉学の〈科学〉性——ソーシャルワーカーは専門職か？』勁草書房.

見田宗介，2006，『社会学入門——人間と社会の未来』岩波書店.

三浦耕吉郎，2004，「カテゴリー化の罠——社会学的〈対話〉の場所（フィールド）へ」好井裕明・三浦耕吉郎編『社会学的フィールドワーク』世界思想社，201-45.

————，2006，「〈構造的差別〉のソシオグラフィにむけて——手紙形式による人権問題講義」三浦耕吉郎編『構造的差別のソシオグラフィ——社会を書く／差別を解く』世界思想社：1-38.

————，2010，「理論の外へ，もしくは〈対話〉としての社会学」『フォーラム現代社会学』9：60-8.

宮台真司，1997，『まぼろしの郊外——成熟社会を生きる若者たちの行方』朝日新聞社.

宮地尚子，2007，『環状島＝トラウマの地政学』みすず書房.

宮内洋，2010，「はじめに」宮内洋・好井裕明編『〈当事者〉をめぐる社会学——調査での出会いを通して』北大路書房，i-xi.

宮内洋・好井裕明編，2010，『〈当事者〉をめぐる社会学——調査での出会いを通して』北大路書房.

聞風坊，2005，『こもって，よし！——ひきこもる僕，自立する私』鉱脈社.

森真一，2000，『自己コントロールの檻——感情マネジメント社会の現実』講談社.

諸星ノア，2003，『ひきこもりセキララララ』草思社.

内閣府，2010，『若者の意識に関する調査（ひきこもりに関する実態調査）』.

————，2014，『平成26年版子ども・若者白書』.

————，2016，『若者の生活に関する調査報告書』.

————，2019，『生活状況に関する調査（平成30年度）』.

中村英代，2011，『摂食障害の語り——「回復」の臨床社会学』新曜社.

中村好孝，2005，「支援活動からみたひきこもり——ある民間支援団体の事例を手がかりにして」『年報社会学論集』18：136-240.

中村好孝・堀口佐知子，2008，「訪問・居場所・就労支援——『ひきこもり』経験者への支援方法」荻野達史他編『「ひきこもり」への社会学的アプローチ——メディア・当事者・

支援活動』ミネルヴァ書房：186-211.

中西正司・上野千鶴子，2003，『当事者主権』岩波書店.

中野卓，1981，「個人の社会学的調査研究について」『社会学評論』32（1）：2-12.（再録：
　　2003，『生活史の研究』東信堂：23-45.）

————，1992，『「学徒出陣」前後――ある従軍学生のみた戦争』新曜社.

————，[1992] 2003，「他者の自分史と自己の自分史――歴史と虚構」『生活史の研究』
　　東信堂：71-100.

————，1995，「歴史的現実の再構成――個人史と社会史」中野卓・桜井厚編『ライフヒ
　　ストリーの社会学』弘文堂.（再録：2003，『生活史の研究』東信堂：101-32.）

————，2003，「ライフ・ヒストリーの研究」『生活史の研究』東信堂：3-9.

中谷文美，1997，「『女性』から『ジェンダー』へ，そして『ポジショナリティ』へ――フェ
　　ミニスト人類学の系譜」青木保・内堀基光・梶原景昭・小松和彦・清水昭俊・中林伸
　　浩・福井勝義・船曳建夫・山下晋司編『岩波講座文化人類学　第4巻　個からする社会
　　展望』岩波書店：227-322.

成瀬健生，2014，「雇用ポートフォリオ提言とこれからの雇用問題（特集『新時代の「日本
　　的経営」』から20年）」『DIO：data information opinions 連合総研レポート』295：5-8.

西城戸誠，2008，『抗いの条件――社会運動の文化的アプローチ』人文書院.

————，2004，「ボランティアから反戦デモまで――社会運動の目標と組織形態」大畑裕
　　嗣・成元哲・道場親信・樋口直人編『社会運動の社会学』有斐閣：77-93.

野村恭彦，2012，『フューチャーセンターをつくろう――対話をイノベーションにつなげる
　　仕組み』プレジデント社.

織田年和，1986，「欲望の模倣とモデル＝ライバル論（R・ジラール）」作田啓一・井上俊編
　　『命題コレクション社会学』筑摩書房：86-91.

————，1991，「羨望と差異化」『思想の科学　第7次』140：13-24.

————，2008，「欲望の模倣，R.ジラール『欲望の現象学』」井上俊・伊藤公雄編『社会学
　　ベーシック1　自己・関係・他者』世界思想社：75-84.

小川一平，2021，『動くと，死にます.――ひきこもり当事者は語ることができるのか？』

荻野達史，2006，「新たな社会問題群と社会運動――不登校，ひきこもり，ニートをめぐる
　　民間活動」『社会学評論』57（2）：311-29.

————，2007，「相互行為儀礼と自己アイデンティティ――『ひきこもり』経験者支援施
　　設でのフィールドワークから」『社会学評論』58（1）：2-20.

————，2008a，「『ひきこもり』と対人関係――友人関係をめぐる困難とその意味」荻野
　　達史・川北稔・工藤宏司・高山龍太郎編『「ひきこもり」への社会学的アプローチ――
　　メディア・当事者・支援活動』ミネルヴァ書房：127-58.

————，2008b，「『ひきこもり』は男性に多い？」荻野達史・川北稔・工藤宏司・高山龍
　　太郎編『「ひきこもり」への社会学的アプローチ――メディア・当事者・支援活動』ミ
　　ネルヴァ書房：182-4.

————, 2008c, 「『ひきこもり』と精神医療——民間支援活動の示唆するもの」荻野達史・川北稔・工藤宏司・高山龍太郎編『「ひきこもり」への社会学的アプローチ——メディア・当事者・支援活動』ミネルヴァ書房：212-238.

————, 2013, 『ひきこもり　もう一度，人を好きになる——仙台「わたげ」，あそびとかかわりのエスノグラフィー』明石書店.

荻野達史・川北稔・工藤宏司・高山龍太郎編, 2008, 『「ひきこもり」への社会学的アプローチ——メディア・当事者・支援活動』ミネルヴァ書房.

小熊英二編, 2019, 『平成史（完全版）』河出書房新社.

小倉千加子, [1988] 1995, 『セックス神話解体新書』筑摩書房.

岡知史, 1999, 『セルフヘルプグループ——わかちあい・ひとりだち・ときはなち』星和書店.

Okely, Judith, 1996, *Own or Other Culture.* New York : Routledge.

落合恵美子, 2013, 「東アジアの低出生率と家族主義——半圧縮近代としての日本」落合恵美子編『親密圏と公共圏の再編成——アジア近代からの問い』京都大学学術出版会：67-97.

Riesman, D., [1950] 1961, *The Lonely Crowd : A Study of the Changing American Character*, 1st abridged ed, New Haven : Yale University Press.（＝加藤秀俊訳, 2013, 『孤独な群衆〈上〉』みすず書房.）

Rogers, C., 1970, *Carl Rogers on Encounter Groups*, New York : Harper & Row.（＝畠瀬稔・畠瀬直子訳, 1982, 『エンカウンター・グループ——人間信頼の原点を求めて』創元社.）

Sacks, H., 1972, "An initial investigation of the usability of conversational data for doing sociology," D. Sudnow, ed., *Studies in Social Interaction*, New York : The Free Press, 31-74.（＝北澤裕・西阪仰訳, 1989, 「会話データの利用法——会話分析事始め」北澤裕・西阪仰編訳『日常性の解剖学』マルジュ社：93-173.）

Sacks, H., 1979, "Hotrodder : A Revolutionary Category," G. Psathas, ed., *Everyday Language : Studies in Ethnomethodology*, New York : Irvington Publisher, 23-53.（＝山田富秋・好井裕明・山崎敬一訳, 1987, 「ホットロッダー——革命的カテゴリー」『エスノメソドロジー——社会学的思考の解体』せりか書房.）

斎藤環, 1998, 『社会的ひきこもり——終わらない思春期』PHP.

————, 2002, 『ひきこもり救出マニュアル』PHP.

————, 2003, 『ひきこもり文化論』紀伊國屋書店.

桜井厚, 2002, 『インタビューの社会学——ライフストーリーの聞き方』せりか書房.

————, 2005, 『境界文化のライフストーリー』せりか書房.

作田啓一, 1981, 『個人主義の運命——近代小説と社会学』岩波書店.

————, 1991, 「羨望・嫉妬・憧憬」『思想の科学　第7次』140：4-12.

佐藤俊樹, 2011, 『社会学の方法——その歴史と構造』ミネルヴァ書房.

Sedgwick, E. K., 1985, *Between Men : English Literature and Male Homosocial Desire*, New York : Columbia University Press.（＝上原早苗・亀澤美由紀訳，2001，『男同士の絆――イギリス文学とホモソーシャルな欲望』名古屋大学出版会.）

盛山和夫，1995，『制度論の構図』創文社.

関水徹平，2011，「『ひきこもり』問題と『当事者』――『当事者』論の再検討から」『年報社会学論集』24：109-20.

――――，2014，「『ひきこもり』経験の社会学的研究――主観的意味に着目して」早稲田大学文学学術院2014年度博士論文.

――――，2016，『「ひきこもり」経験の社会学』左右社.

――――，2018，「ひきこもり経験者による当事者活動の課題と可能性――当事者概念の再検討を通じて」『福祉社会学研究』15：69-91.

芹沢俊介編，2007，『引きこもり狩り――アイ・メンタルスクール寮生死亡事件／長田塾裁判』雲母書房.

新エネルギー・産業技術総合開発機構，2008,『平成19年度調査報告書　欧州におけるイノベーションと知的資産活用等に関する調査報告書（欧州のフューチャーセンターに関する実態調査）』.

清水幾太郎，1949，『私の読書と人生』要書房.

塩倉裕，1999，『引きこもる若者たち』ビレッジセンター出版局.

――――，2000，『引きこもり』ビレッジセンター出版局.

杉山春，2016，『家族幻想――「ひきこもり」から問う』筑摩書房.

住田正樹，2004，「子どもの居場所と臨床教育社会学」『教育社会学研究』74：93-109.

高塚雄介，2002，『ひきこもる心理とじこもる理由――自立社会の落とし穴』学陽書房.

高山龍太郎，2008，「不登校から『ひきこもり』へ」荻野達史・川北稔・工藤宏司・高山龍太郎編『「ひきこもり」への社会学的アプローチ――メディア・当事者・支援活動』ミネルヴァ書房：24-47.

玉野和志，2004，「魅力あるモノグラフを書くために」好井裕明・三浦耕吉郎編『社会学的フィールドワーク』世界思想社：62-96.

田辺裕，2000，『私がひきこもった理由』ブックマン社.

富田富士也，1992，『引きこもりからの旅立ち――登校・就職拒否から「人間拒否」する子どもたちとの心の記録』ハート出版.

月乃光司，2004，『家の中のホームレス――神様，僕を引きこもりにしてくれたことを感謝します』新潟日報事業社.

鵜飼正樹，1991，「これは『社会調査』ではない――参与観察をめぐる五通の手紙」仲村祥一編『現代的自己の社会学』世界思想社：94-108.

植村要，2015，「当事者性が関わるインタビュー調査についての方法論からの考察」『保健医療社会学論集』26（1）：48-57.

上野千鶴子，2008，「当事者とは誰か？――ニーズ中心の福祉社会のために」上野千鶴子・中西正司編『ニーズ中心の福祉社会へ――当事者主権の次世代福祉戦略』医学書院：10

-37.

―――, 2010, 『女ぎらい――ニッポンのミソジニー』紀伊國屋書店.

―――, 2011, 『ケアの社会学――当事者主権の福祉社会へ』太田出版.

―――, 2013a, 『〈おんな〉の思想――私たちは，あなたを忘れない』集英社.

―――, 2013b, 「『当事者』研究から『当事者研究』へ」副田義也編『シリーズ福祉社会学 2　闘争性の福祉社会学――ドラマトゥルギーとして』東京大学出版会：25-46.

―――, 2017, 「当事者研究としての女性学」熊谷晋一郎編『臨床心理学増刊第 9 号　みんなの当事者研究』金剛出版：66-71.

上山和樹, 2001, 『「ひきこもり」だった僕から』講談社.

―――, 2016, 「動詞を解放する技法」『こころと文化』15（1）：59-65.

浦河べてるの家, 2002, 『べてるの家の「非」援助論――そのままでいいと思えるための25章』医学書院.

―――, 2005, 『べてるの家の「当事者研究」』医学書院.

割田大悟, 2017, 「ひきこもり当事者活動の実践と今後の展望」『月刊社会教育』61（10）：23-27.

―――, 2020, 「グレーゾーンの苦しみ，ピアサポートの可能性」林恭子・斎藤環編『いまこそ語ろう，それぞれのひきこもり』日本評論社：10-7.

Weber, M., 1919, "Wissenschaft als Beruf,"（＝尾高邦雄訳, 1980, 『職業としての学問』岩波書店.）

矢吹康夫, 2008, 「調査する当事者のリフレクシヴィティ――アルビノ当事者の私がアルビノ当事者のライフストーリーを聞き取る」『社会学研究科年報』15：19-30.

―――, 2016, 「仲間内の『あるある』を聞きにいく――個人的な経験から社会調査を始める方法」前田拓也・秋谷直矩・朴沙羅・木下衆編『最強の社会調査入門――これから質的調査をはじめる人のために』ナカニシヤ出版, 14-24.

―――, 2017, 『私がアルビノについて調べ考えて書いた本――当事者から始める社会学』生活書院.

山北輝裕, 2011, 『はじめての参与観察――現場と私をつなぐ社会学』ナカニシヤ出版.

山本耕平編, 2011, 『「ひきこもり事例効果的アウトリーチ確立」に関する研究報告書』財団法人京都市ユースサービス協会委託研究報告集, 立命館大学.

好井裕明・三浦耕吉郎編, 2004, 『社会学的フィールドワーク』世界思想社.

Young, K. Galloway, 1987, *Taleworlds and Storyrealms*：the Phenomenology of Narrative. Martinus Nijhoff.

索　　引

《著者紹介》

伊藤 康貴（いとう こうき）

1984年　福井県吉田郡永平寺町生まれ.
2015年　関西学院大学大学院社会学研究科博士課程後期課程単位取得満期退学.
2017年　博士（社会学）（関西学院大学）.
2018年より長崎県立大学地域創造学部公共政策学科講師.
専門は社会学, 当事者研究.

主要業績

「社会運動としての『ひきこもり』当事者活動——自分の価値を取り戻すための
　集合的戦略」『社会学評論』71（2）, 2020年.
「『ひきこもり』と親密な関係——生きづらさの語りにみる性規範」『社会学評論』
　66（4）, 2016年.
「『ひきこもり』の当事者として〈支援〉するということ——『当事者というカテ
　ゴリー』を読み替える実践」『理論と動態』（7）, 2014年.

　「ひきこもり当事者」の社会学
　　——当事者研究×生きづらさ×当事者活動

2022年3月20日　初版第1刷発行　　＊定価はカバーに
2022年5月25日　初版第2刷発行　　　表示してあります

　　　　　著　者　　伊　藤　康　貴 ©
　　　　　発行者　　萩　原　淳　平
　　　　　印刷者　　藤　森　英　夫

　　発行所　株式会社　晃　洋　書　房

〒615-0026 京都市右京区西院北矢掛町7番地
　　　　電話　075(312)0788番(代)
　　　　振替口座　01040-6-32280

装幀　HON DESIGN（北尾 崇）　　印刷・製本　亜細亜印刷㈱
ISBN978-4-7710-3618-5

JCOPY〈(社)出版者著作権管理機構 委託出版物〉
本書の無断複写は著作権法上での例外を除き禁じられています.
複写される場合は, そのつど事前に, (社)出版者著作権管理機構
（電話 03-5244-5088, FAX 03-5244-5089, e-mail : info@jcopy.or.jp）
の許諾を得てください.